高等学校经管类规划教材

国际服务贸易与案例

主 编 竺杏月 狄昌娅

东南大学出版社
·南京·

图书在版编目(CIP)数据

国际服务贸易与案例 / 竺杏月,狄昌娅主编. — 南京:东南大学出版社,2018.6
ISBN 978-7-5641-7624-2

Ⅰ.①国… Ⅱ.①竺…②狄… Ⅲ.①国际贸易—服务贸易—案例 Ⅳ.①F746.18

中国版本图书馆 CIP 数据核字(2018)第 014288 号

国际服务贸易与案例

出版发行：	东南大学出版社
社　　址：	南京市四牌楼 2 号　邮编：210096
出 版 人：	江建中
责任编辑：	史建农
网　　址：	http://www.seupress.com
电子邮箱：	press@seupress.com
经　　销：	全国各地新华书店
印　　刷：	大丰科星印刷有限责任公司
开　　本：	787mm×1092mm　1/16
印　　张：	15
字　　数：	373 千字
版　　次：	2018 年 6 月第 1 版
印　　次：	2018 年 6 月第 1 次印刷
书　　号：	ISBN 978-7-5641-7624-2
定　　价：	49.00 元

本社图书若有印装质量问题,请直接与营销部联系。电话:025-83791830

目 录

第一章 导论 1
本章要点 1
引导案例 1
第一节 服务与服务业 1
第二节 国际服务贸易概述 9
第三节 国际服务贸易的产生与发展 17
第四节 国际服务贸易统计 24
本章小结 27
思考练习题 28

第二章 世界与我国服务贸易发展 31
本章要点 31
引导案例 31
第一节 发达国家服务贸易发展 31
第二节 发展中国家服务贸易发展 35
第三节 我国服务贸易发展 37
本章小结 45
思考练习题 45

第三章 国际服务贸易规则 48
本章要点 48
引导案例 48
第一节 服务贸易总协定 48
第二节 服务贸易区域性协议 55
第三节 多哈回合服务贸易谈判及其进展 63
本章小结 68
思考练习题 68

第四章 国际服务贸易理论 70
本章要点 70
引导案例 70
第一节 比较优势理论与国际服务贸易 70
第二节 服务外包理论 76
第三节 服务业对外直接投资理论 79
本章小结 82

思考练习题 ·· 82

第五章　服务贸易竞争力 ·· 85
　　本章要点 ·· 85
　　引导案例 ·· 85
　　第一节　国际服务贸易竞争力内涵 ·· 85
　　第二节　国际服务贸易竞争力决定因素 ··· 86
　　第三节　服务贸易自由化与国家竞争力 ··· 88
　　第四节　国际服务贸易竞争力评价方法 ··· 90
　　本章小结 ·· 92
　　思考练习题 ·· 93

第六章　自然人流动服务贸易 ·· 96
　　本章要点 ·· 96
　　引导案例 ·· 96
　　第一节　自然人流动概述 ··· 96
　　第二节　自然人流动对发达国家的影响 ··· 100
　　第三节　自然人流动对发展中国家的影响 ·· 104
　　第四节　我国自然人流动服务贸易发展 ··· 107
　　本章小结 ··· 114
　　思考练习题 ··· 114

第七章　国际旅游服务贸易 ·· 117
　　本章要点 ··· 117
　　引导案例 ··· 117
　　第一节　旅游服务贸易概述 ·· 117
　　第二节　世界各国旅游服务贸易发展现状 ·· 121
　　第三节　我国旅游服务贸易发展 ··· 127
　　本章小结 ··· 132
　　思考练习题 ··· 132

第八章　国际金融服务贸易 ·· 135
　　本章要点 ··· 135
　　引导案例 ··· 135
　　第一节　金融服务贸易概述 ·· 135
　　第二节　金融服务贸易自由化与资本流动 ·· 140
　　第三节　商业银行国际经营动因理论 ··· 145
　　第四节　我国金融服务贸易发展 ··· 148
　　本章小结 ··· 150
　　思考练习题 ··· 150

第九章　国际运输服务贸易 ·· 153
　　本章要点 ··· 153
　　引导案例 ··· 153

  第一节 国际运输服务贸易概述 …………………………………………………… 154
  第二节 海运服务贸易 …………………………………………………………… 155
  第三节 我国运输服务贸易发展 ………………………………………………… 160
  本章小结 …………………………………………………………………………… 162
  思考练习题 ………………………………………………………………………… 163

第十章 国际文化服务贸易 …………………………………………………………… 165
  本章要点 …………………………………………………………………………… 165
  引导案例 …………………………………………………………………………… 165
  第一节 国际文化服务贸易概述 ………………………………………………… 166
  第二节 版权贸易 ………………………………………………………………… 167
  第三节 我国文化服务贸易发展 ………………………………………………… 171
  本章小结 …………………………………………………………………………… 175
  思考练习题 ………………………………………………………………………… 176

第十一章 专业性服务贸易 ………………………………………………………… 178
  本章要点 …………………………………………………………………………… 178
  引导案例 …………………………………………………………………………… 178
  第一节 专业性服务贸易概述 …………………………………………………… 179
  第二节 会计服务贸易 ………………………………………………………… 180
  第三节 法律服务贸易 ………………………………………………………… 183
  第四节 咨询服务贸易 ………………………………………………………… 187
  本章小结 …………………………………………………………………………… 191
  思考练习题 ………………………………………………………………………… 191

第十二章 国际服务外包 …………………………………………………………… 194
  本章要点 …………………………………………………………………………… 194
  引导案例 …………………………………………………………………………… 194
  第一节 服务外包概述 ………………………………………………………… 194
  第二节 印度服务外包发展 …………………………………………………… 198
  第三节 我国服务外包发展 …………………………………………………… 205
  本章小结 …………………………………………………………………………… 211
  思考练习题 ………………………………………………………………………… 211

第十三章 服务业对外直接投资与服务业跨国公司 …………………………… 214
  本章要点 …………………………………………………………………………… 214
  引导案例 …………………………………………………………………………… 214
  第一节 服务业对外直接投资概述 …………………………………………… 215
  第二节 我国服务业对外直接投资发展 ……………………………………… 216
  第三节 服务业跨国公司 ……………………………………………………… 219
  本章小结 …………………………………………………………………………… 224
  思考练习题 ………………………………………………………………………… 224

参考文献 ……………………………………………………………………………………… 227
参考答案 ……………………………………………………………………………………… 231

第一章 导 论

本章要点

1. 服务的定义与特征、服务业的定义与分类
2. 国际服务贸易的定义、供应模式、分类与特征
3. 国际服务贸易的产生与发展
4. 国际服务贸易的统计方法

引导案例

当前,我国经济正进入需要积极发展服务业的阶段,政府相关产业政策也在服务业上有所倾斜。2017年5月28日,商务部相关负责人介绍了我国在推动服务业和服务贸易领域的开放、改革与创新等方面上的积极成就。2016年,我国服务贸易总额达到6 575亿美元,规模居世界第2位。

在区域开放布局上,设立了上海等11个自贸试验区,在天津等15个地区开展服务贸易创新发展试点,在北京开展服务业扩大开放综合试点。在行业开放布局上,提出放宽银行、证券、期货、保险等领域外资准入限制,放开会计审计、建筑设计、评级服务等领域外资准入限制,推进电信、互联网、文化、教育、交通运输等领域有序开放。此外,2016年,中国服务业实际使用外资885.6亿美元;我国对外直接投资1 832亿美元,同比增长43.6%,其中服务业投资占比超过70%。在"一带一路"政策方面,其总结道:"一带一路"倡议提出以来,我国对沿线国家的服务业投资超过300亿美元,带动了各国经济发展,创造了大量就业机会。

未来5年,我国预计还将从全世界进口超过2.2万亿美元的服务。面对未来,该负责人表示,希望加快重点领域的务实合作,围绕技术、文化、金融、建筑、医药、服务外包等重点领域,共同打造新的贸易增长点。

第一节 服务与服务业

一、服务的定义

"服务"是经济学中一个极具争议性的范畴,许多与之有关的基本理论问题以及实际操作

问题可以说迄今为止尚未解决;"服务"又是人们日常生活中经常使用的词语,这一词语使用的相对简单性与经济分析中服务确切定义的困难性形成了鲜明的对比。

在日常用语中,服务通常被认为是"为集体或为别人工作";在英语词典里,service 有两个相近的解释:work or duty done for someone 和 an act or job done in favor of someone,意思都是"为某人做某事",中心词 work 或 act 都表示一种活动即 activity,与产品的主词 thing 相对应。《辞海》的解释是:"服务"亦称"劳务",不以实物形式而以提供劳动的形式满足他人某种特殊需要;认为服务是相对于产品的一个经济学概念,是以提供劳动形式满足他人某种需要并取得报酬的活动。《企鹅经济学字典》的定义是:"服务"主要是不可捉摸的、往往在生产的同时就被消费的消费品或生产品。自古典经济学产生以来,经济学家就试图在经济分析范围内给服务一个明确的含义,但始终未得到令人满意的答案,许多经济学家围绕服务给出了若干解释。服务是人们生活中的常见现象,它是随着社会分工的不断深化而发展起来的。由于社会分工的发展,一部分人不从事工农业生产,只为他人提供非工农业实物产品的效用或有益活动。随着这部分活动日益频繁,对经济和社会的影响日益加深,并形成一种专门的社会分工,人们便把这种现象称为"服务"。在服务的发展过程中,很多国内外学者都对服务的定义提出了自己的想法。

科特勒(P. Kotler)对服务下的定义是:"一方能够向他方提供在本质上是无形的,不带来任何所有权的某种活动或利益。其生产也许受到物质产品的约束,也许不受约束。"他的定义的缺陷在于,服务作为一种社会存在,总是具有一定形式的。"无形"只是服务的形式,而不是它的"本质"。此外,从服务的提供者来说,服务的提供或让渡是有条件的,服务归提供者所有,交换或赠送都关系着所有者的利益。任何服务的生产都受到物质产品的约束,只是存在受物质约束的大小之分,没有物质作为依托,任何服务都是无法生产的。

哥伦卢斯(C. Gronroos)说:"在顾客与服务业服务员之间,或者与物质资源或产品之间,或者与服务提供者的系统之间的相互作用,虽然不能说是必然,但通常多多少少要产生一些无形性质的活动或一系列的活动。而且,它是为解决顾客的问题而提供的。"哥伦卢斯看到了服务是可以买卖的商品的这一服务的特点,但是服务是由商品服务和非商品服务两部分组成的,他过于强调了商品服务的部分而忽视了非商品服务部分,所以他的定义也是有欠缺的。

马克思说:"由于这种劳动所固有的物质规定性,由于这种劳动的使用价值,由于这种劳动以自己的物质规定性给自己的买者和消费者提供服务。对于提供这些服务的生产者来说,服务就是商品。服务有一定的使用价值和一定的交换价值。"马克思肯定服务是商品,有价值和使用价值。这是我们对服务下定义的理论依据,再结合服务活动过程的特征,便可以得到比较符合实际的认识。此外,服务的提供或生产过程中有消费者参与,而工农业产品的生产过程是独立于消费者的,或者说是远离消费者的,这也是服务生产和货物生产的根本区别所在。

根据上述情况,我们做如下定义:服务是人们在消费者支配下为满足其需要而创造某种效用的活动。这样,服务首先具有效用,是一种商品,用于自我服务是非商品服务产品;用于交换,则为商品,即服务商品;其次,服务产品或服务商品是在消费者参与下生产或提供的,有别于货物的生产、流通和消费过程;最后,服务多以活动形式满足消费者的需要,因而多以无形产品的形式存在。

二、服务的特征

经济学把人类必须付出努力才能得到的物品称为经济物品,在人类社会生活中占有相当重要的地位并且数量有限的经济物品有两种基本的存在形态:实物形态和非实物形态。实物形态的经济物品就是商品,非实物形态的经济物品就是服务。服务作为非实物的使用价值,与一般商品相比,具有以下被普遍认可的特征:

(一) 服务的无形性

商品的存在形式是直观的、确定的、有形的,其生产、供给、消费伴随着它的空间形态而产生、转移和消逝。作为非实物形态的经济物品,服务也具有在特定时间和地点生产和消费,并随之消逝的特点,但服务的消费者无法根据服务的空间形态直接判断其价值或价格,这一方面是因为服务的存在形态基本上是不直接可视的、不固定的、无形的,服务提供者通常无法向消费者介绍空间形态确定的服务样品;另一方面,服务消费者在未购买服务之前,往往不能感知服务,购买服务后也只能感觉到服务的结果,或是要经过一段时间后,方能感觉到服务的作用与质量。服务的这一特性决定了服务交易面临着严重的信息不对称问题,相应产生相关的逆向选择和道德问题;这种信息不对称也为服务提供者创造了一个向消费者展示服务品牌和服务质量的机遇。随着科学技术的进步,服务无形性也并非是绝对的,在服务无形性基础上产生了"物化服务",如电影碟片、软件等;但作为服务产品的载体,其自身价值相对于所提供的整个价值很小,其价值主体仍是物化其上的服务。

(二) 服务的异质性

在社会化大生产的条件下,产品质量基本上是稳定的,消费者在不同地点、不同市场购买的同类型产品,其消费效果和品质通常是均质的。而服务行业是以"人"为中心的产业,即使是同一服务提供者提供同种类型的服务,服务消费者的效用或满足程度也是不同的。这一方面是由于服务提供者的服务技术和服务态度往往因人、因时、因地而异;另一方面是由于服务消费者的不同服务要求,造成对服务质量满意程度的差异。对于一般服务而言,制定一个统一的标准是可行的,但对于特殊的、个别的服务,难以制定一个这样的标准,这使得服务质量具有很大的弹性。服务质量的差异性或者弹性,为服务行业创造优质服务提供了广阔的空间,也为劣质服务留下了活动的余地。此外,服务的异质性还表现为服务价格的弹性,因为服务的价格多取决于服务消费者的主观效用和意愿支付水平。

(三) 服务生产与消费的时空一致性

商品进入市场体系或流通领域便成为感性上独立的交易对象,生产与消费的过程在时间和空间上是相互分离的。而服务是一种具有双向性质的活动,一般具有不可分离的特征,即服务的生产过程与消费过程同时进行,两者在时空上是不可分离的,例如,教育服务中的教师和学生、医疗服务中的医生和患者。当然,由于远距离通信系统的发展,使服务的提供者与消费者获得了同时但异地服务的可能;物化服务的出现,使服务提供者与消费者在时间和空间维度可以分离,这些现象都增加了人们认识服务时空一致性的难度。但是,这只是一种特殊现象,并没有改变服务生产与消费时空一致性的本质。此外,服务的一致性还表现为提供者与消费者之间存在的互动关系,例如,教育过程既需要教师的讲授能力,也需要学生的接受领悟能力。

(四) 服务的不可储存性

商品从生产领域制造出来以后,不进入消费领域,这种储存状态不一定会给所有者带来损失,或造成商品价值的降低。但服务一旦被生产出来,就要立即被消费或者立即进入消费领域;如果服务不被使用,则既不能给消费者增加效用,也不能给提供者带来收益。汽车、火车、飞机的空位不会产生服务收入,医院、饭店、商店、银行等没有顾客光临,就会带来巨大的经济损失。但是,服务的不可储存性并不意味着服务不可被运输传递,如电力供应系统提供的服务;不可储存的服务产品的消费过程可能在时间维度上持续相当长的时期,如保险服务;现实生活中一些服务表现出物理性质方面的可储存性,如自动电话应答系统提供的服务。因此,服务的不可储存性不是物理性质上的不可能,而是逻辑上的不可能。这些现象大多归因于现代技术在服务领域的应用,随着现代技术水平的提高与发展,具有这些特殊形式的服务所占的比重会逐步增加。

(五) 服务所有权的不可转让性

所有权的不可转让性是指服务的生产和消费过程中不涉及所有权的转移。既然服务是无形的且不可贮存,服务产品在交易完成后便消失了,消费者并没有实质性地拥有服务产品。以银行取款为例,通过银行的服务,顾客手里拿到了钱,但这并没有引起任何所有权的转移,因为这些钱本来就是顾客自己的,只不过是"借"给银行一段时间而已。缺乏所有权会使消费者在购买服务时感受到较大的风险。因此,服务这一特征导致服务交易风险较商品交易风险要大,服务交易更加复杂。

(六) 服务的经验特征和信任特征

1970年,美国经济学家F.尼尔森(F. Nelson)将产品品质区分为两大类,即寻找品质和经验品质。寻找品质是指顾客在购买之前就能够确认的产品属性(如颜色、款式、手感、硬度、气味等)及产品价格;经验品质是指只有在购买之后或者在消费过程中才能体会到的产品属性,包括味道、耐用程度、满足程度等。

1973年,达比(Darby)和卡内(Canet)两人又在这种商品品质二分法的基础上增加了信任品质,它是指顾客即使在购买和消费之后也很难做出评价的属性。譬如阑尾炎手术,由于通常不具备足够的医学知识(此病专家患了该病除外),病人即使在接受手术之后,也很难判断手术是否必要或者手术实施得是否得当,病人只能相信医生的诊断,认为手术确实为自己带来了所期望的利益。

很显然,不同的产品表现出不同的品质特征。像服装、家具、珠宝等有形产品,顾客在购买之前就可以借助其颜色、款式、手感、硬度、价格等对其质量进行评判,因此具有较强的寻找特征;像度假、餐饮等服务产品,其品质只有在顾客度完假和用完餐之后,或者在度假和用餐的过程中才能感知到,因而具有较强的经验特征;其他一些技术性、专业性较强的服务,如汽车修理、电器维修、医疗、法律咨询等,由于消费者常常缺乏足够的专业知识(这些方面的专家除外),即使在购买和消费之后也很难对其质量做出评价,从而表现出较强的信任特征。如图1-1所示,从有形产品到服务,再到专业性服务,产品的特征逐渐从较强的寻找特征向经验特征和信任特征过渡;伴随着这一过渡,消费者对商品的评价由易变难,同时,消费者在购买或消费时所承担的风险也在逐渐加大。这一变化的根本原因在于服务的无形性和异质性特征。

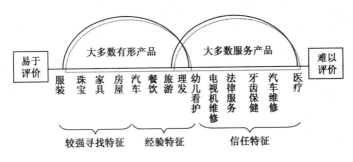

图 1-1 三类产品特征

三、服务业的定义与分类

（一）服务业的定义

服务业是生产或提供各种服务产品的经济部门或企业的集合。对于服务业有很多不同的划分，但是对服务业分类的最终目的是帮助我们更好地认识服务业的本质，方便我们对服务业进行研究。只有对服务业的范围和分类有了清晰的认识，我们才能更好地了解国际服务贸易的范畴。

（二）服务业与第三产业

服务业概念的提出与第三产业这一概念有密不可分的关系。现代社会对国民经济产业结构的划分，是根据20世纪30年代英国经济学家费希尔（A. Fisher）和克拉克（C. Clark）提出的经济增长阶段论的观点，按照三次产业分类的。1935年，在新西兰奥塔哥大学任教的费希尔在其著的《安全与进步的冲突》一书中，提出了三次产业分类法。他认为，第一产业为人类提供满足其基本需求的食品；第二产业提供满足其他更进一步的物质需求；第三产业满足人类除物质需求以外的更高级的需求，如生活上的便利舒适、娱乐休闲等各种精神上的需求。随后，克拉克在《经济进步的条件》一书中，进一步按产业与自然资源的关系、产品特点、生产过程与消费过程的关系，对三次产业理论做了进一步论述。20世纪50年代以后，这一分类标准逐渐成为国际通用的国民经济结构分类与统计方法之一。按照克拉克的三次产业分类法，以初级产品生产产业为主的农业是第一产业，当它在国民经济中的比重最大时为农业经济社会；以初级产品加工产业为主的工业为第二产业，当它在国民经济中的比重最大时为工业经济社会；两者之外的其他所有产业部门都归属第三产业，服务业作为第三产业，当它在国民经济中的比重最大时就是服务经济社会。克拉克在对产业进行分类的同时还指出，就业结构的中心将由第一产业向第二产业再到第三产业依次转移。这就是著名的"威廉-克拉克定律"。世界各国经济发展的历史经验证明，确实存在由第一产业向第二产业再到第三产业发展的产业升级规律。但目前对于哪些属于第三产业，存在着一些明显的差别。比如，建筑业的归属问题，有的国家将其归属于第三产业，在我国2003年颁布的行业分类中属于第二产业。第二产业与服务业有密切的联系，但并不等同，服务业所包含的行业要少于第三产业。第三产业与服务业的主要区别在于以下方面。

首先，界定的方式不同。正如上文所指出的，第三产业的界定采用的是剩余法，这种方式界定的第三产业的范围往往难以确定。而服务业的界定是以其能否提供或生产各种类型的服务产品为标准的,提供不同服务产品的企业属于不同的产业部门。由于服务产品的界定是清晰的,根据服务产品来定义的服务业就比较稳定和明晰。

其次,三次产业划分思想的出发点是经济体系的供给分类,而服务业则是以经济体系的需求分类为基础。三次产业本身暗含着各个产业层层供给层层需求的关系,即第二产业的发展依赖于第一产业提供的原材料,第三产业又依赖于第一产业和第二产业提供的产品和市场。而服务业是从服务产品满足消费者的消费需求角度出发的,强调服务产品的生产同消费的关系。所以服务业同其他产业之间是一种相互依赖的关系,而不是单向的依赖关系。

最后,第三产业的经济意义主要是相对于国内经济结构而言的,而服务业的经济意义是以市场为基础,面向国内和国际两个市场。另外,第三产业的提出是根据一国经济发展的进程和产业结构的变迁,从产业演化的角度界定的。服务业是从产品的特性及生产与消费的相互联系方面提出的,所以服务产品的消费具有与其他产品不同的特点。我国对服务业的界定主要是通过统计分类来划分的。我国国家统计局在 1994 年的《中国统计年鉴》中首次对服务业做出了两级分类:农、林、牧、渔服务业;地质勘探、水利管理业;交通运输、仓储及邮电通信业;批发零售和餐饮业;金融、保险业;房地产业;社会服务业;卫生体育和社会福利业;科学研究和综合技术服务业;国家机关、党政机关和社会团体。这些是第一级,另外还包括许多二级部门。与上面的服务业定义相比较,我国第三产业的界定如下。2003 年在《行业划分规定》的通知中明确提出:"第三产业是指除第一、第二产业以外的其他行业。第三产业包括:交通运输,仓储和邮政业,信息传输、计算机服务和软件业,批发和零售业,住宿和餐饮业,金融业,房地产业,租赁和商务贸易业,科学研究、技术服务和地质勘探业,水利、环境和公共设施管理业,居民服务和其他服务业,教育,卫生、社会保障和社会福利业,文化、教育和娱乐业,公共管理和社会组织,国际组织。"

(三)服务业的分类

服务业中的许多行业在产业性质、功能、生产技术与经济发展的关系等方面都存在着很大的差异,服务业理论中最为人们所质疑的就是该产业所包含的各种类别的行业,因此,服务经济学家们很早就开始试图对服务业进行分类。分类就需要有一个分类标准,不同的标准有不同的分类方法,服务业的分类也不例外。一般来说,对服务业的分类既可以根据各服务业在经济发展阶段的不同特点来分类,也可以根据各服务业的不同功能来分类。诚如布莱逊(Bryson)和达尼尔(Darnill)所说:"有多少服务理论研究者就有多少服务业的分类方法。"服务业分类的主要目的:一是要揭示服务业内部结构的变化;二是要揭示不同服务业的经济性质,研究各服务业与整体经济增长的关系以及对经济增长的贡献,制定正确和准确的产业政策。

1. 从消费角度分类

从消费角度看,可把服务业划分为生产资料服务业和生活资料服务业两大类。所谓生产资料服务业是指那些把创造出来的服务产品直接加入生产性消费领域的服务经济部门,如广告业、科学研究和综合技术服务业、咨询服务业等。这种服务实际上是作为生产过程的一个环节发挥作用的,构成有形产品不可缺少的组成部分,服务产品的价值量也融入最终产品价值之中。由此可知,服务业与其他产业是相互依存、相互促进的关系。当然,有许多服务产业既进入生产消费领域,也进入生活资料消费领域,如邮电服务业等。考察某一服务业是否属于生产资料服务业,主要是看其服务产品的消费者是什么样的市场活动主体——是企业还是个人,用于购买服务产品的货币是资本还是个人工资收入。如果购买者以企业为主,则属于生产资料服务业,否则就属于生活资料服务业。生活资料服务业是指其产品主要进入生活消费领域,服务对象以居民个人消费者为主。如旅馆业、美容业、客运业、家庭服务业、餐饮业等。当然,生活资料服务业和生产资料服务业的划分并不是绝对的,随着社会经济的发展及居民个人收入水平的提高,特别是消费支出结构的变动和需求偏好的变化,有些原来只是被团体所购买的服务逐渐成为个人消费的对象,最明显的是旅游业。

2. 从服务业产生的时间顺序分类

从服务业产生的时间顺序看,服务业又可划分为传统服务业和新兴服务业两大类。属于传统服务业的主要有饮食业、理发业、旅馆业、医疗卫生业等;属于新兴服务业的主要有咨询服务业、美容业、电信业等。对不同的国家和地区来说,传统服务业和新兴服务业往往有着不同的内容,它们提供的服务产品质量、品种及价格也各不相同。这主要取决于一国的经济发展水平、历史文化传统及消费者的消费偏好因素等。

3. 以功能为基础的分类

经济发展表现为经济资源在部门间的转移,依据经济发展过程中服务业内部结构的变化,经济学家辛格曼(Joachim Singelman)使用了一种四类分类法,将服务业划分为流通服务、生产者服务、社会服务和个人服务,这种分类法的依据主要是基于服务的功能。

流通服务包括交通业、仓储业、通信业、批发业、零售业(不含饮食业)、广告业以及其他销售服务业。流通服务与第一产业和第二产业加起来就是商品从原始自然资源经过提炼、加工、制造、销售最后到消费者的整个生产、流通、消费的完整过程;流通服务随着商品规模的扩大而增长。

生产者服务又称生产性服务,是生产者在市场上购买的中间服务。生产者服务是围绕企业生产活动进行的,包括银行、信托、保险及其他金融业、房地产业、工程和建筑服务业、会计和出版业、法律服务以及其他营业服务。从实际情况看,生产者服务并非完全是作为商品生产的中间投入,也有一些是为最终消费者服务的,但其重要性和规模远远不及中间投入;这类部门随着商品生产规模的扩大而发展,也会随着专业化程度的加深和产业组织的复杂化而不断从商品生产企业中"外部化"出来而扩大。

社会服务包括医疗和保健业、医院、教育、福利和宗教服务、非营利机构和政府、邮政及其他专业化服务。社会服务具有公共需求的特性,这种需求是物质文明高度发展的产物,它们的实现也必须借助于高度发达的物质生产条件,类似于新兴服务业,它们的显著发展出现在工业化后期。

个人服务也称消费者服务或者消费性服务,是指消费者在市场上购买的服务,包括家庭服务、旅馆和饮食业、修理服务、洗衣服务、理发与美容、娱乐和休闲以及其他个人服务。个人服务主要来自最终需求,大多是传统服务业,一般具有规模小、分散经营、人力资本和物质资本投入少、技术含量低等特点。

4. 市场营销学家对服务业的分类

按部门的分类难以反映服务业的共同特征,所以市场营销学家对产品分类进行大量的研究,提出了一系列根据产品分类的服务分类方法,主要包括科特勒分类法和拉夫洛克分类法,这两种方法有助于我们在做市场营销分析时对某种特定的服务进行研究。

科特勒(Kotler)从四个方面对服务进行了分类：一是根据提供服务的工具不同,分为以机器设备为基础服务和以人为基础服务两种。以人为基础的服务,又可分为非技术性、技术性和专业性服务等。二是根据顾客距离服务现场远近,分为顾客必须亲临现场的服务(如旅游、航空运输等)和不需要顾客亲临现场的服务(如会计服务等)。三是根据消费者把服务分成不同的类型,如为企业提供的服务和为居民个人提供的服务,因服务对象不同而可能收取不同的费用。四是根据服务机构提供服务的目的不同,分为营利性服务和非营利性服务,以及私人服务和公共服务等。

拉夫洛克(Lovelock)将服务分类同管理过程结合起来,从五个方面对服务进行划分：

(1) 根据服务活动的本质,分为作用于人的有形服务和作用于物的有形服务、作用于物的无形服务和作用于人的无形服务。

(2) 根据服务组织同顾客之间的关系,分为连续性、非正式关系的服务(如广播电台服务),间断的、会员关系的服务(如担保维修、电话服务),间断的、非正式关系的服务(如街头收费电话等)。

(3) 根据服务提供的方式及顾客的满意程度进行划分,如公共汽车服务和出租车服务,服务提供的方式不同,顾客的选择自由度不同,满意程度也可能不同。

(4) 根据服务供求的关系,分为需求波动较小的服务(如保险、银行服务)和需求波动幅度较大的服务(如交通运输、饭店等)。

(5) 根据服务推广的方法,分为消费者主动到服务现场接受的服务和服务机构主动向消费者提供的服务等。

【专栏】

服务业纳税超五成,我国进入"服务经济"时代

2017年上半年全国税务部门共完成税收收入70 789亿元(已扣减出口退税),同比增长8.9%,反映出今年以来我国宏观经济稳中向好的发展态势。上半年,我国第二、第三产业税收收入均实现较快增长,特别是第二产业税收收入由去年的下降转变为今年上半年较快增长,反映出实体经济好转;第三产业税收收入占全国税收的比重为57.6%,比2016年全年提高1.1个百分点,反映出我国经济结构继续优化。

前不久,国家统计局发布数据也显示服务业快速发展,继续发挥经济增长的主引擎作用。上半年,服务业增加值占全国GDP比重为54.1%,比上年同期高出0.1个百分点,比第二产业高出14.0个百分点。服务业增长对国民经济增长的贡献率为59.1%,比第二产业高出21.3个百分点。

从财税贡献率以及GDP占比、贡献率等经济指标都指向一个可喜的经济变化——我国今年以来服务经济加快发展,说明我国产业结构积极转型、新旧动能转换取得较好成绩,提示我国经济由"工业主导"向"服务业主导"转变的趋势非常明显,我国经济正在逐步摆脱投资、出口依赖,逐渐步入"服务经济"良性发展轨道。

以上数据充分说明我国经济已经步入"服务经济"时代,即第三产业在整个经济活动中居于首屈一指地位的现象,也被经济学界的不少人称为"经济服务化"现象。

从产业演进规律来看,"服务经济"是国家现代化和经济高级化的标志。农业是第一产业,

当它在国民经济中比重最大时为农业经济社会;工业为第二产业,其比重最大时为工业经济社会;其余所有产业归为第三产业。服务业作为第三产业,当其比重最大时就是服务经济社会。产业发展的历史顺序是由第一产业到第二产业,再到第三产业,这是产业成长和供给结构演变的一般规律。

服务业是我国经济社会发展中的"稳定器"和"助推器"。2016 年,服务业成为我国国民经济第一大产业。2016 年,我国服务业比上年实际增长 7.8%,在三个产业中继续领跑,增速比第二产业高出 1.7 个百分点。服务业占 GDP 比重已上升为 51.6%,比第二产业高出 11.8 个百分点。服务业对国民经济增长的贡献率为 58.2%,比第二产业高出 20.8 个百分点。

服务业对"保就业"发挥了重要作用。劳动力在产业之间的转换规律提示,第三产业(服务业)比制造业能够创造更多的就业。发达国家第三产业的就业人员常可占全部就业人员的 70% 至 80%。从三个产业就业人员的结构来看,2015 年中国第一、第二、第三产业就业人员的比重分别为 28.3%、29.3% 和 42.4%。据测算,服务业每增长 1 个百分点带动的就业人数大约比工业多 50 万人。

服务业还是投资最多、税收贡献最大的领域。2016 年,服务业投资仍保持两位数增长,比上年增长 10.9%,增速高出第二产业 7.4 个百分点;占全部固定资产投资比重为 58.0%,高出第二产业 19.1 个百分点;服务业新增投资占全部新增投资的 76.0%;服务业实际使用外资占全国实际使用外资总量的比重达 70.3%。2016 年服务业税收收入增长 6.6%,比全部税收收入增速高出 3.3 个百分点,高出第二产业税收收入增速 7.3 个百分点。服务业税收收入占全部税收收入的比重为 56.5%,比第二产业占比高出 13.2 个百分点。

这些数据不仅充分证明了我国经济正在步入服务经济时代,更揭示了服务经济在就业、税收、投资等国民经济增长、增进民众福利方面的重要作用。事实上,我国服务经济的增长空间和潜力还很大,但我们离服务强国还有不小的距离,这需要我们持续深化服务业改革,让服务业继续在我国经济社会发展中发挥"稳定器"和"助推器"作用,并向服务强国迈进。

(资料来源:南方都市报,2017 年 7 月 24 日。)

第二节 国际服务贸易概述

一、国际服务贸易的定义

虽然服务业作为一个传统的产业部门已有数千年的发展历史,但"国际服务贸易"这一概念的提出是相对于国际货物贸易而言的,是一件并不遥远的事情。

国际货币基金组织(IMF)在统计各国国际收支时将服务贸易列入无形贸易(invisible trade)一栏中,这种情况一直持续到 1993 年。国际服务贸易问题得到官方的认同是在 20 世纪 70 年代初。1971 年,许多主要的工业化国家的贸易政策制定者认识到有必要推进贸易进一步的自由化,时任经济合作与发展组织(Organization for Economic Cooperation and Development,OECD)秘书长埃米尔·范里纳普(Emile Van Lennep)就此召集了一些国家的专家开会,从长远的角度分析贸易以及相关问题。1972年9月他们提出一份《高级专家对贸易和有关问题的报告》,这份报告是为《关税与贸易总协定》(GATT)的东京回合谈判寻求知识界的共识;这篇报告中有一个不长的章节专门讨论了服务贸易,这是"国际服务贸易"(international trade in services)第一次出现在官方文件中,并以此讨论服务贸易问题,主张将服务贸易问题写入该报告的其中一人便是瑞典著名经济学家、诺贝尔经济奖获得者俄林(Bertil Ohlin)。该报告指出:"虽然服务部门的许多活动对国际间贸易影响不大……但却在一些重要的领域,国际间贸易发展迅猛,以与国际货物贸易相同的或更快的速度发展着……服务部门和工业部门一样正经历着一个国际化的相互渗透的过程。对有些国家来说,服务贸易至少与货物贸易同等重要,而在有些情况下比货物贸易更重要。"

由于服务本源的庞杂性,人们对服务贸易的认识各有千秋,定义也多种多样,加之服务跨国交易的复杂性,理论界对国际服务贸易的定义有着不同的表述形式,各种经济贸易文献里也没有统一的、公认的、确切的解释,以下是比较有代表性的表述。

(一)统计学家的表述

统计学家从国民收入、国际收支平衡出发,以国境为标准,将服务出口解释为将服务出售给其他国家的居民,将服务进口解释为本国居民从其他国家购买服务。"居民"是指按照所在国法律的规定,基于居住期、居所、总机构或管理机构所在地等负有纳税义务的自然人、法人和其他在税收上视同法人的团体;"贸易"是指销售具有价值的东西给居住在另一国家的人;"服务"是指任何不直接生产制成品的经济活动。

(二)联合国贸易与发展会议的表述

联合国贸易与发展会议利用过境来阐述服务贸易,将国际服务贸易解释为货物的加工、装配、维修以及货币、人员、信息等生产要素为非本国居民提供服务并取得收入的活动,是一国与他国进行服务交换的活动。狭义的国际服务贸易是指有形的、发生在不同国家之间,符合服务定义的、直接的服务输出与输入。广义的国际服务贸易是指既包括有形的服务输出与输入,也包括在服务提供者与消费者没有实体接触情况下发生的无形的国际服务交换。除了特定情况下,一般所说的服务贸易是指广义的国际服务贸易。

(三)《美加自由贸易协定》的表述

《美加自由贸易协定》是世界上第一个在国家间贸易协议上正式定义服务贸易的法律文件,它将国际服务贸易解释为由国家或代表其他缔约方的一个人,在其境内或进入一缔约方提供所指定的一项服务。

(四)《服务贸易总协定》的表述

《关税与贸易总协定》主持的乌拉圭回合谈判所签订的《服务贸易总协定》(GATS)按照服务的提供方式,将国际服务贸易解释为:跨越国界进行服务交易的商业活动,即服务提供者从一国境内向他国境内,通过商业或自然人的商业现场向消费者提供服务并取得外汇报酬的一种交易行为。

GATS的解释是一个权威性的定义,这个定义已为各国普遍接受。同时,GATS对服务贸易的判别有四个标准,即服务和交付的过境移动性(cross-border movement of services and payments)、目的具体性(specificity of purpose)、交易连续性(discreteness of transactions)、时间有限性(limited duration),从而可以较为有效地鉴别与理解服务贸易。

以上代表性的表述都采用说明性、非规范性的方式，说明了国际服务贸易的多样性和复杂性，反映了人们认识的差别和理解的深浅，也体现了人们不同的视角或方位。

二、国际服务贸易的供应模式

根据GATS定义，国际服务贸易包括四种供应模式。

（一）模式一：跨境交付（cross-border supply）

从一成员方的境内向另一成员方的境内提供服务，即跨境提供，这种服务不构成人员、物资或资金的流动，而是通过电信、邮政或计算机网络实现服务，如视听、金融和信息等。

（二）模式二：境外消费（consumption abroad）

在一成员方的境内向另一成员方的消费者提供服务，即境外消费，如接待外国游客、提供旅游服务、为国外病人或客户提供医疗服务、接收外国留学生等。

（三）模式三：商业存在（commercial presence）

一成员方的服务提供者在另一成员方境内设立商业实体提供当地化的服务，如投资设立合资、合作和独资服务型企业。

（四）模式四：自然人流动（movement of personnel）

由一成员方的自然人在另一成员方境内提供服务，即自然人流动，如一国的医生、教授或艺术家到另一国从事个体服务。

三、国际服务贸易的分类

国际服务贸易概念的代表性表述采用说明性、非规范性的方式，说明国际服务贸易的多样性和复杂性，许多经济学家和国际经济组织为了分析方便和研究的需要，从不同的角度对国际服务贸易进行划分，至今也未形成统一的分类标准。

（一）以移动与否来划分

按照服务是否在提供者与消费者之间移动，国际服务贸易可划分为分离式服务、消费者所在地服务、提供者所在地服务和流动服务。

分离式服务是指服务提供者与消费者在国与国之间不需要移动，只是借助于国内信息手段就可以实现的服务，也称为跨国境的远距离服务贸易。国际运输服务是分离式服务的典型例子。

消费者所在地服务是指服务的提供者转移后产生的服务。国际金融服务是消费者所在地服务的典型代表。

提供者所在地服务是指服务的提供者在本国国内为外籍居民提供的服务，一般要求服务消费者跨国接受服务，如国际旅游服务。

流动服务是指服务的提供者与消费者相互移动所提供和接受的服务，要求服务的提供者与消费者存在不同程度的资本和劳动力等生产要素的移动，如设在法国的美国诊所为英国病人提供医疗服务。

以移动与否作为划分国际服务贸易类型的核心,其本质涉及资本和劳动力等生产要素在不同国家间的移动问题。随着技术进步以及政府管制、供求关系、交易成本等因素的变化,国际服务贸易可能从一种类型转变为另一种类型。如放开教育管制后,外资进入东道国兴办教育,消费者不出国就可以接受外国的教育服务,此时的服务贸易就由提供者所在地服务转变为消费者所在地服务。

(二) 以生产过程为标准来划分

根据服务与生产过程之间的内在联系,国际服务贸易划分为生产前服务、生产服务和生产后服务。

生产前服务在生产过程开始前完成,涉及市场调研和可行性研究等,对生产规模及制造过程有着重要影响。

生产服务是指在生产或制造过程中为生产过程的顺利进行提供的服务,如企业质量管理、软件开发、人力资源管理等。

生产后服务是联结生产者与消费者之间的服务,如广告、营销、运输服务等;通过这种服务,企业与市场进行接触,了解产品是否适销、是否满足消费者需求等。

以生产过程作为划分国际服务贸易的核心,其本质涉及应用高新技术提高生产力的问题,这种划分有利于生产者能够对国际市场的变化迅速做出反应,以改进生产工艺,为消费者提供满意的产品或服务。

(三) 以商品为核心来划分

GATT乌拉圭回合服务贸易谈判期间,谈判小组曾于1988年6月提出依据服务在商品中的属性为标准来划分,将服务贸易分为以商品形式存在的服务、对商品实物具有补充作用的服务、对商品实物形态具有替代功能的服务和具有商品属性却与其他商品无关联的服务。

以商品或实物形式体现的服务称为以商品形式存在的服务,如电影、电视、书籍、计算机以及专用数据处理与传输装置等。

对商品价值的实现具有补充、辅助功能的服务称为对商品实物具有补充作用的服务,如商品储运、财务管理、广告宣传等。

对商品实物形态具有替代功能的服务是指伴随有形商品的移动,但又不是一般的商品贸易,不像商品贸易实现了商品所有权的转移,只是向服务消费者提供服务,如技术贸易中的特许经营、设备和金融租赁及设备的维修等。

具有商品属性却与其他商品无关联的服务是指具有商品属性,其销售并不需要其他商品补充才能实现的服务,如通信、数据处理、旅游、旅馆和饭店服务等。

依据服务在商品中的属性为标准来划分服务,将服务与商品联系起来,意味着从理论上承认无形服务与有形商品一样,既存在使用价值,也存在价值,服务的无形性可以在一定形式下以商品形式体现。

(四) 以服务贸易与商品贸易的关系为标准来划分

按照服务贸易是否伴随着有形商品贸易的发生,国际服务贸易划分为国际追加服务贸易和国际核心服务贸易。

国际追加服务贸易是指伴随商品贸易而发生的服务贸易。对于消费者而言,商品实体本身是其购买和消费的核心效用,服务则是提供或满足了某种追加的效用;在科技进步对世界经济的影响不断加深的情况下,追加服务对消费者消费行为,特别是所需核心效用的选择具有深远的影响。科技进步对生产的影响也不断扩大着生产要素的内涵和范围,除了资本、劳动力、土地等传统生产要素外,各种名目繁多的追加服务,如知识密集型服务、信息密集型服务、研究与开发型服务引起人们的高度重视,也被广泛应用于有形商品生产的各个阶段。对于生产者和经营者而言,不仅要开展商品的价格竞争和质量竞争,而且服务竞争也日趋激烈,服务成为促进商品销售的重要内容和手段,成为商品非价格竞争的重要因素,服务贸易与商品贸易相辅相成。这类追加服务大致可以分为生产前服务、生产服务和生产后服务。

国际核心服务贸易是指与有形商品的生产和贸易无关,是作为消费者单独所购买的、能为消费者提供核心效用的一种服务贸易。根据服务提供者与消费者是否直接接触,国际核心服务贸易又可分为面对面型国际核心服务和远距离型国际核心服务。面对面型国际核心服务是指服务提供者与消费者双方实际接触才能实现的服务;实际接触的方式可以是提供者流向消费者,也可以是消费者流向提供者,或是提供者与消费者的双向流动;面对面型国际核心服务伴随着生产要素中的人员和资本的跨国界移动,典型的面对面型国际核心服务包括国际旅游服务、劳务输出等。远距离型国际核心服务不需要服务提供者与消费者的实际接触,但一般需要通过一定的载体方可实现跨国界服务,如通过通信卫星作为载体传递进行的国际视听服务、数据处理、国际咨询等;在国际资本移动加快的推动下,加之计算机网络、遥控电信技术等应用于银行服务,一个由电脑数据处理、电子信息传递和电子资金转账系统为标志的金融服务体系已经形成,远距离国际金融服务在国际服务贸易中所占比重逐渐增大。随着科技与信息产业的发展,国际核心服务贸易的领域不断扩展,日益成为国际服务贸易的主体。

(五)以生产要素密集度为标准划分

沿袭商品贸易中密集使用某种生产要素的特点,有的经济学家按照服务贸易中对资本、技术、劳动力投入要求的密集程度,将服务贸易分为三类:一是资本密集型服务,包括空运、通信、工程建设服务等;二是技术与知识密集型服务,包括银行、金融、法律、会计、审计、信息服务等;三是劳动密集型服务,包括旅游、建筑、维修、消费服务等。

这种分类以生产要素密集程度为核心,涉及产品或服务竞争中生产要素,尤其是当代高科技的发展和应用问题。发达国家资本雄厚、科技水平高、研究与开发能力强,主要从事资本密集型、技术与知识密集型服务贸易,如金融、银行、保险、信息、工程建设、技术咨询等。这类服务附加值高、产出大。相反,发展中国家资本短缺、技术开发能力差、技术水平低,一般只能从事劳动密集型服务贸易,如旅游、建筑及劳务输出等。这类服务附加值低、产出小。因此,这种服务贸易分类方法从生产要素的充分、合理使用及各国以生产要素为中心的竞争力方面进行分析,具有一定的价值。不过,现代科技的发展与资本要素的结合更加密切,在商品和服务中对生产要素密集程度的分类并不是十分严格,也很难准确无误地区别,更不可能制定一个划分标准。

(六)按国际货币基金组织标准划分

国际货币基金组织按照国际收支统计将服务贸易分为四类。

1. 民间服务(或称商业性服务)

民间服务是指1977年国际货币基金组织编制的《国际收支手册》中的货运、客运、港口服务、旅游、其他民间服务和收益等。进一步分类如下。

(1) 货运:运费、货物保险费及其他费用。

(2) 客运:旅客运费及有关费用。

(3) 港口服务:船运公司及其雇员在港口的商品和服务的花费及租用费。

(4) 旅游:在境外停留不到一年的旅游者对商品和服务的花费(不包括运费)。

(5) 劳务收入:本国居民的工资。

(6) 所有权收益:版权和许可证收益。

(7) 其他民间服务:通信、经纪人、管理、租赁、出版、维修、商业、职业和技术服务等。

一般我们把劳务收入、所有权收益、其他民间服务统称为其他民间服务和收益。

2. 投资收益

投资收益是指国与国之间因资本的借贷或投资等所产生的利息、股息、利润的汇出或汇回所产生的收入与支出。

3. 其他政府服务和收益

其他政府服务和收益是指不列入上述各项的涉及政府的服务和收益。

4. 不偿还的转移

不偿还的转移是指因属单方面的(或片面的)、无对等的收支,即资金在国际间移动后,并不产生归还或偿还的问题。因此,不偿还的转移又称单方面转移,一般指单方面的汇款、年金、赠予等。根据单方面转移的不同接受对象,它又分为私人转移与政府转移两大类。政府转移主要指政府间的无偿经济技术或军事援助、战争赔款、外债的自愿减免、政府对国际机构缴纳的行政费用及赠予等收入与支出。私人转移主要指以下几类。

(1) 汇款:包括侨民汇款、慈善性质汇款、财产继承款等。

(2) 年金:从外国取得或对外国支付的养老金、奖金等。

(3) 赠予:教会、教育基金,慈善团体对国外的赠予,以及政府无偿援助等。

(七) 按 WTO 的标准划分

关于服务贸易的分类,联合国贸发组织、国际货币基金组织和 WTO 分别有相同或类似的分类。由于 WTO 对于服务贸易的分类已为各国普遍接受,因此在国际服务贸易中,采用《服务贸易总协定》项下的分类已成为一种惯例,而且成员也是按照该方法进行承诺的。乌拉圭回合服务贸易谈判小组在乌拉圭回合中期审评会议后,加快了服务贸易谈判进程,并在对以商品为中心的服务贸易分类的基础上,结合服务贸易统计和服务贸易部门开放的要求,在征求各谈判方的提案和意见的基础上,提出了以部门为中心的服务贸易分类方法,将服务贸易分为12 类。

1. 商业性服务

商业性服务是指在商业活动中涉及的服务交换活动,既包括个人消费的服务,也包括企业和政府消费的服务。主要包括以下方面。

(1) 专业性服务。专业性服务涉及的范围包括法律服务、工程设计服务、旅游机构提供的服务、城市规划与环保服务、公共关系服务等。专业性服务包括涉及上述服务项目的有关咨询服务活动、安装及装配工程服务(不包括建筑工程服务),如设备的安装、装配服务。设备的维修服务是指除固定建筑物以外的一切设备的维修服务,如成套设备的定期维修、机车的检修、汽车等运输设备的维修等。

(2) 计算机及相关服务。计算机及相关服务包括计算机硬件安装的咨询服务、软件开发与执行服务、数据处理服务、数据库服务及其他。

(3) 研究与开发服务。研究与开发服务包括自然科学、社会科学及人类学中的研究与开发服务,以及边缘学科的研究与开发服务。

(4) 不动产服务。不动产服务指不动产范围内的服务交换,但是不包含土地的租赁服务。

(5) 设备租赁服务。设备租赁服务主要包括交通运输设备(如汽车、卡车、飞机、船舶等)和非交通运输设备(如计算机、娱乐设备等)的租赁服务,但是,不包括其中有可能涉及的操作人员的雇用或所需人员的培训服务。

(6) 其他服务。其他服务包括生物工艺学服务,翻译服务,展览管理服务,广告服务,市场研究及公众观点调查服务,管理咨询服务,与人类相关的咨询服务,技术检测及分析服务,与农、林、牧、采掘业、制造业相关的服务,与能源分销相关的服务,人员的安置与提供服务,调查与保安服务,与科技相关的服务,建筑物清洁服务,摄影服务,包装服务,印刷、出版服务,会议服务和其他服务,等。

2. 通信服务

通信服务主要指所有有关信息产品、操作、储存设备和软件功能等服务。通信服务由公共通信部门、信息服务部门、关系密切的企业集团和私人企业间进行信息转接和服务提供。主要包括邮电服务,信使服务,电信服务(包括电话、电报、数据传输、电传、传真),视听服务,以及其他电信服务。

3. 建筑服务

建筑服务主要指工程建筑从设计、选址到施工的整个服务过程。建筑服务具体包括:选址服务,涉及建筑物的选址;国内工程建筑项目,如桥梁、港口、公路等的选址等;建筑物的安装及装配工程;工程项目施工建筑;固定建筑物的维修服务;其他服务。

4. 销售服务

销售服务是指产品销售过程中的服务交换。销售服务主要包括商业销售(主要指批发业务)、零售服务、与销售有关的代理费用及佣金等、特许经营服务和其他销售服务。

5. 教育服务

教育服务指各国间在高等教育、中等教育、初等教育、学前教育、继续教育、特殊教育和其他教育中的服务交往,如互派留学生、访问学者等。

6. 环境服务

环境服务是指污水处理服务、废物处理服务和卫生及相似服务等。

7. 金融服务

金融服务主要指银行和保险业及相关的金融服务活动,包括以下方面。

(1) 银行及相关的服务,银行存款服务,与金融市场运行管理有关的服务,贷款服务,其他贷款服务,与债券市场有关的服务(主要涉及经纪业、股票发行和注册管理、有价证券管理等),附属于金融中介的其他服务(包括贷款经纪、金融咨询、外汇兑换服务等)。

(2) 保险服务,货物运输保险(其中含海运、航空运输及陆路运输中的货物运输保险等),非货物运输保险(具体包括人寿保险、养老金或年金保险、伤残及医疗费用保险、财产保险服务等),附属于保险的服务(如保险经纪业、保险类别咨询、保险统计和数据服务),再保险服务。

8. 健康及社会服务

健康及社会服务主要指医疗服务、其他与人类健康相关的服务和社会服务等。

9. 旅游及相关服务

旅游及相关服务是指旅馆、饭店提供的住宿、餐饮服务、膳食服务及相关的服务，旅行社及导游服务。

10. 文化、娱乐及体育服务

文化、娱乐及体育服务是指不包括广播、电影、电视在内的一切文化、娱乐、新闻、图书馆、体育服务，如文化交流、文艺演出等。

11. 交通运输服务

交通运输服务主要包括：货物运输服务，如航空运输、海洋运输、铁路运输、管道运输、内河和沿海运输、公路运输服务；航天发射及运输服务，如卫星发射等；客运服务；船舶服务（包括船员雇用）；附属于交通运输的服务，主要指报关行、货物装卸、仓储、港口服务、起航前查验服务等。

12. 其他服务

不包含在以上 11 类服务的其他服务。

综上所述，无论从何种角度来表述国际服务贸易的定义和分类，国际服务贸易都存在着人员、资本、信息以不同的形式跨国移动，或在一定形式下存在于商品的跨国移动中。但国际服务贸易的复杂性以及与商品贸易的差异，使其表现出自身的特性。

四、国际服务贸易的特点

我们在前面研究过服务的特征，而服务贸易的基本特点就是由服务的特征决定的。与实物产品贸易相比，服务贸易作为非实物劳动成果的交易，具有以下特点。

（一）服务标的的无形性

国际服务贸易的标的是一种看不见、摸不着的生产和消费在时空上不可分离的活动或行为。这种活动或行为可以由人提供，也可以由物提供，例如，医生提供医疗保健服务、自动取款机提供取款服务等；活动或行为的接受对象可以是人的身体，也可以是人的头脑，还可以是有形物或无形物，如医疗、教育、设备维修、金融服务等。以物为接受对象的服务活动的购买者和最终受益者仍然是物背后的人，包括自然人和法人。作为一种无形产品，大多数的服务产品不能储存，不能运输，不能被包装，不能被反复转让。当然，随着科学技术的进步，一些服务活动已有了自己的物质载体，并使部分服务产品的生产和消费在时空上分离成为可能，使服务产品的储存和运输成为可能，例如，电子图书、软盘等已使图书馆提供的服务得以储存和运输，使图书馆服务的提供和消费在时空上分离成为可能，但从总体上来说，服务标的的无形性特性，是国际服务贸易最基本的特性。

（二）交易过程与生产和消费过程的同步性

服务价值的形成和使用价值的创造过程，与服务价值的实现和使用价值的让渡过程，以及服务使用价值的消费过程往往是在同一时间和地点完成的；在服务再生产过程中，服务交易具有决定性意义，服务交易的完成必须使两个主体共同存在于同一时间和同一地点。例如医疗服务，医师提供服务的过程，就是让渡服务产品的过程，没有病人，医师失去服务对象，也就不存在两个主体间的交易，服务就不能存在。随着科学技术的发展，有些服务活动可以通过有形的介质作为载体,形成一种有形商品,从而使服务产品的提供者和消费者得以分离,如大型国际体育赛事可以通过电视直播和录播的方式,使观众不必来到现场就可以欣赏。当然,即使科学技术高度发达,也仅仅是部分服务贸易可以通过有形商品的形式实现自身的价值。

(三) 贸易主体地位的多重性

由于服务交易过程与生产和消费过程的同步性,服务的卖方往往就是服务的生产者,并作为服务消费过程中的物质要素直接加入服务的消费过程;服务的买方则往往就是服务的消费者,并作为服务生产者的劳动对象直接参与服务产品的生产过程。例如,医师在为病人提供医疗服务的过程中,病人不仅作为医疗服务的消费者,同时又是作为医师的直接服务对象和劳动对象参与服务的生产过程。但是,有的国际服务贸易双方当事人的关系比较简单,如国际咨询服务,双方当事人的关系与商品贸易一样简单。

(四) 服务贸易涉及法律的复杂性

法律关系的复杂主要是由法律事件所涉及的主体关系、权属关系决定的。由于国际服务贸易涉及的主体比较复杂,权属关系盘根错节,适用于国际服务贸易领域的法律关系就显得尤为复杂,管辖这些法律关系的法律法规体系十分庞杂。例如,在会计服务中,会计师提供的服务不仅涉及服务消费者的利益,而且可能涉及广大投资者的利益,因而存在引发投资者对会计服务的提供者提出法律诉求的可能。在服务贸易中,服务提供者与消费者原则上进行的是所有权和使用权相分离的交易,很容易产生权属转让过程中的法律问题,如知识产权领域的贸易,一般许可方仅仅是转让使用权,而不是所有权。

(五) 贸易保护方式的刚性和隐蔽性

由于服务贸易标的的特性,各国政府对本国服务业的保护只能采取在市场准入方面给予限制或进入市场后不给予国民待遇等非关税壁垒形式,这种以国内立法形式实施的非关税壁垒,难以体现为数量形式,也往往缺乏透明度,使国际服务贸易受到的限制具有刚性和隐蔽性。

第三节 国际服务贸易的产生与发展

一、国际服务贸易的产生和初步发展

国际服务贸易是在一国生产力发展和产业结构调整的基础上随着国际分工和国际市场的形成而逐渐发展起来的。各国生产力的发展所引起的产业结构的高度化以及经济的服务化是国际服务贸易发展的客观基础,而国际分工和对外经济交流则是国际服务贸易产生和发展的直接动因。

历史上最初的服务贸易产生于原始社会末期、奴隶社会早期。这一时期在简单的商品经济条件下国际贸易以物物交换的货物贸易为主,同时也会伴随着一些服务贸易,主要是追加服务贸易,如运输、仓储、商业、饮食业等,由于在国际贸易中所占的份额很小,因此还不能称之为

真正意义上的国际服务贸易。具有一定规模的、真正意义上的近代国际服务贸易形成于资本主义机器大工业时代,它是在近代工业国际化延伸和发展的过程中形成的。

(一)国际服务贸易的萌芽阶段(地理大发现时期)

15世纪末到16世纪上半期的"地理大发现"和世界航运业的发展,不仅促进了西欧国家的个体手工业向工场手工业的过渡,为近代国际货物分工和世界货物市场的形成提供了地理前提,而且也带动了国际劳务贸易的发展。自此,具有资本主义殖民性质的大规模移民得到了进一步发展,服务的输出也主要以移民形式出现。在这一时期,西欧殖民者以暴力和其他超经济手段对美洲、亚洲和非洲进行掠夺,建立起了以奴隶劳动为基础、面向国外进行专业化生产的殖民主义经济体系。在这一过程中,殖民主义者开发"新大陆"需要大量廉价的劳动力,因此形成了历史上大规模的远距离的劳动力迁移的开端,产生了劳务输出和输入的服务贸易。当时的贸易自然也就打上了强烈的殖民主义烙印。历史上的三角贸易就反映了当时以劳动力买卖为主的服务贸易,实际上这一时期的国际贸易带有明显的掠夺性,与我们今天所讲的服务贸易有着实质性的差别。

【专栏】

三角贸易

新航路开辟以后,欧美商人以廉价工业品运到非洲换取奴隶,把黑奴运到美洲卖掉,从美洲购回生产原料(金银、工业原料),制成商品再运到非洲以换取奴隶的循环贸易活动。因其贸易涉及欧、美、非三洲,故称三角贸易。

美洲殖民者对印第安人实行种族灭绝政策,导致美洲劳动力大量的缺乏。15世纪末随着哥伦布发现美洲新大陆,欧洲美洲之间开辟了新航线。那时候,商业在发展,贸易在扩大,从世界范围来看,欧亚两洲商贸发达,对于西欧、北欧的国家来说,亚洲无疑是千里之遥,而美洲、非洲则近得多,这便为黑三角贸易提供有利因素。于是,葡萄牙、西班牙、英国、法国等国开始殖民扩张。他们在美洲创建种植园,开发金银矿,由于需要大量的廉价劳动力,在利润的驱使下,殖民者于是将贪婪的目光投向未开发的非洲大陆,开始了罪恶的奴隶贸易。

根据资料记载,1562年英国的约翰·霍金斯爵士从塞拉里昂装运奴隶,在海地换取兽皮和糖,在返航之后成为朴茨茅斯最富裕的人。由于利润高得惊人,所以伊丽莎白女王和枢密院官员也对他的第二次航行进行了投资。他遵循前次的步骤满载一船白银而回,成为英国最富裕的人。正是由于政府对奴隶贸易的默许,使得奴隶贸易越发猖獗。欧洲殖民国家无不参与。一些欧洲人看到有利可图,也纷纷加入这个行列。因此,三角贸易由此展开了。

三角贸易也称为黑奴贸易,它促进了英国资本主义的发展,给英国带来了巨额财富,推动了英国工商业的发展。同时,黑奴贸易为美洲殖民地的开发提供了大批廉价劳动力。然而,黑奴贸易对非洲人的摧残和对非洲社会经济的破坏却是不可估量的。为美洲提供廉价劳动力,使非洲丧失将近一亿的精壮劳动力,让欧洲资本主义得到充分发展。

(二)国际服务贸易的发展阶段(自由资本主义时期)

自18世纪工业革命开始到第二次世界大战之前,是服务经济发展的第二阶段,也是国际服务贸易的重要转折时期。18世纪后期的产业革命促进了产业结构的调整,以英国为代表的早期工业化国家急需利用国际市场弥补国内市场的不足,即从国际市场获得原材料,倾销其国内相对过剩的产品,这样就刺激了国际贸易迅速发展。同时,国际交换和国际支付体系的建立,又标志着世界市场的形成。在这一时期为商品贸易服务的国际金融和运输服务得到了迅猛发展,促进了国际服务贸易的发展,同时,在其国内建立了更具效率的服务基础设施。例如,19世纪初欧洲的金融服务和运输网络已初具规模,国际服务交换的内容和形式更加丰富,国际服务贸易的范围不断扩大。在资本主义进入自由竞争时期,世界市场范围扩大,科技革命改变了传统服务业的内容。铁路、海运、金融、通信和教育等服务基础设施得到加强,并且发生了革命性的变化,特别是电话、电报的发明,使远距离通信成为现实,缩短了人们经济活动的时空距离。运输和通信业的发展,使国际服务贸易变成了真正的全球性活动。可以说在这一时期,跨境交付、商业存在、自然人移动等服务贸易的形式已基本具备。

(三)服务贸易的形成阶段(垄断资本主义时期)

19世纪末20世纪初,自由竞争的资本主义进入垄断阶段,世界市场的范围和规模迅速扩展,为世界各国的经济发展提供了更广阔的场所和更丰富的资源。同时,产业革命的不断深入,使一些国家从农业社会进入所谓的工业社会,第二产业在国民经济中占据更为重要的地位。制造业的发展使运输业、批发业、零售业、金融业、保险业和房地产业等也得到了迅猛发展。经济的发展和居民人均收入水平的提高,使社会成员的消费结构发生了变化,用于家庭基本生活支出的部分开始下降,服务消费逐步增加,这就刺激了为个人及家庭服务的行业的发展,如旅游业、汽车服务业、修理业、文化娱乐及医疗保险等。以国际分工为基础,一些资本主义国家借助于国际交通运输和通信工具,以国际市场为依托,通过商品输出和资本输出,资本主义商品经济关系扩展到了世界各地,国际商品贸易的扩大直接带动了其所追加的服务的扩张,从而也就刺激了世界服务贸易的发展。两次世界大战期间,由于战争的需要,出现了军需产品的生产和运输、军事培训、伤病救护、情报信息传递等多种国际服务交换,并且发展速度很快。这一时期的服务贸易尽管具有临时性的特征,但其交换方式却具有现代国际服务贸易的重要特征。

二、第二次世界大战后国际服务贸易的发展

第二次世界大战后,第三次科技革命大大促进了劳动生产率的提高,1948年到1973年,世界劳动生产率年均增长3%。生产力水平的提高使得国际分工日益细化,混合型分工的迅速发展有力地带动了国际货物贸易和国际服务贸易的增长。按照第二次世界大战后国际服务贸易发展过程的不同特征,大致可分为三个发展阶段。

(一)作为货物贸易附属地位的服务贸易(二战结束—1970年)

这一时期,国际服务贸易基本上是以国际货物贸易附属的形式进行,如仓储、运输、保险等服务,人们尚未意识到服务贸易作为一个独立实体的存在。所以当时尽管存在着事实上的服务贸易,但是由于独立于人们的意识之外,也就缺乏有关服务贸易的具体的数量统计。

(二)服务贸易快速增长阶段(1970—1994年)

自20世纪70年代开始以美国为首的西方发达国家经济步入了长达十多年的"滞涨"时

期,世界经济增长速度缓慢,但另一方面,随着技术、运输、通信的发展,尤其是20世纪80年代以来信息技术的高度发达,一些原来被认为是不可贸易的服务变得可以输出和贸易了,因此,与举步维艰、发展缓慢的世界经济相对照,国际服务贸易则保持较快的增长速度。从20世纪70年代开始,国际服务贸易年均增长速度超过了国际货物贸易的年均增长速度,国际服务贸易在全部贸易总额中所占的比重逐步上升。

在增长速度方面,据 GATT《1990—1991年度国际贸易报告》,1980—1991年年间,世界货物贸易年均增长速度仅为5.5%,而同期世界服务贸易年均增长7.5%,1990年更是高达17%。在贸易份额方面,据 IMF 的统计数据,1970—1987年间,国际服务贸易在国际贸易中的份额已由1970年的29%上升至1987年的34%。在这一阶段,劳务输出、技术贸易、国际旅游、银行保险等国际服务贸易发展较快,使得国际服务贸易的整体增长速度提高。首先,在劳务输出方面,1985年全球劳务输出达2 000万人次,其中菲律宾、韩国、印度、巴基斯坦、埃及等国家的劳务输出均在140万人次以上;一些发展中国家的劳务输出人口在总人口中所占的比重达到了很高的程度,如埃及的劳务出口高达350万人次以上,约占全国人口的9%,巴基斯坦的劳务输出人口约占总人口的10.7%。发达国家虽然劳务输出人数不多,但由于主要是技术和管理人才的输出,因此劳务输出创收额比发展中国家高得多。如美国在20世纪80年代的劳务输出创收额占到全球劳务输出创收额的10%左右。其次,技术贸易保持较快的增长速度。全球技术贸易总额从20世纪60年代中期的27亿美元、20世纪70年代中期的110亿美元上升到20世纪80年代中期的400亿美元。再次,国际旅游业迅猛发展。1980年国际旅游人次为2.7亿人次,相对于1950年的2 500万人次,增长了10.8倍,年均增长率在36%左右,大大高于世界商品贸易的年增长率。另外,世界银行业和保险业也伴随着经济贸易的发展而异常活跃,涌现出多个世界性的金融中心,如纽约、伦敦以及我国的香港地区等。

从世界服务贸易的格局上看,这一时期发展最为迅速并占主导地位的是美国、法国、英国、日本和德国等发达国家。据国际货币基金组织的统计资料显示,全世界十大贸易出口国几乎全是发达国家,他们的服务贸易额约占国际服务贸易出口总额的65%。1990年美国服务贸易出口额为1 190亿美元,法国为819亿美元,英国为552亿美元,德国为518亿美元,整个欧共体为3 446亿美元。在各国服务贸易出口占出口贸易总额的比重方面,美国、法国、英国均超过20%,在服务进口方面,日本和德国均超过20%。在以投资为前提的"商业存在"贸易方式下,到20世纪80年代中期,在世界对外直接投资约7 000亿美元的总存量中,投资服务业的占40%左右(约3 000亿美元),而在20世纪70年代初只有25%,20世纪50年代初则不到20%,其中,发达国家在投资的流出和流入方面均处于绝对优势地位。就单一国别而言,无论在服务产品的进出口方面还是服务业投资的流出和流入方面,美国无疑是世界上最大的服务贸易大国。自1972年美国出现商品贸易逆差以来,该逆差部分地由服务贸易的顺差所弥补,美国在制造业比较优势逐步丧失的同时,服务业发展领先的优势日益明显。正是基于本国服务业的竞争优势,美国对内于20世纪70年代后期至20世纪80年代放松了对服务领域的各项限制,对外积极倡导服务贸易谈判,并最终通过第八轮乌拉圭回合谈判达成了规范服务贸易的多边框架体系《服务贸易总协定》(GATS)。

(三)服务贸易在规范中逐步向自由化发展阶段(1994年以来)

1994年4月 GATS 正式签署并于1995年1月1日正式生效,这标志着国际服务贸易的发展进入了一个新的历史时期。其后,除了1994年和1995年两年国际服务贸易的增长速度分别为8.03%和13.76%,略低于同期货物贸易的增长速度外,自1996年以来,国际服务贸易几乎和国际货物贸易同步增长并略高于国际货物贸易增长的速度。GATS在促进国际服务贸易在规范中逐步向自由化方向发展的同时,也大大地促进了国际货物贸易的发展。

三、当代国际服务贸易发展的特点

(一) 科技革命和专业化程度的提高推动全球服务贸易整体发展迅速

20世纪70年代以来,国际服务贸易发展迅速,规模不断扩大。1979年,全球服务贸易以24%的增长速度首次超过了增幅为21.7%的货物贸易。20世纪80年代以来,为了应对全球市场竞争,跨国公司不断调整资源配置和公司经营战略,按照成本和收益原则剥离非核心的后勤与生产服务业务,再加上技术的飞速发展,大大增强了服务的可贸易性,服务贸易增长异军突起,服务产品的生产也成了国际投资的重要领域。1980年至2015年,全球服务贸易出口总值已经从3 600亿美元增长到46 750亿美元。推动这一发展的两个基本因素,是服务外包和可贸易性提高。前者主要是专业化、社会分工深化,推动了制度安排的调整,进而产生了巨大的需求;后者主要是科学技术的作用,尤其是信息技术的导入,进而产生了巨大的供给。

(二) 服务贸易结构进一步优化,技术、知识密集化趋势日益明显

在过去的20多年中,许多新兴服务行业从制造业中分离出来,形成独立的服务经营行业,其中技术、信息、知识密集型服务行业发展最快,其他如金融、运输、管理咨询等服务行业,由于运用了先进的技术手段,也在全世界范围内迅速发展,以高新技术为核心的服务业已成为服务贸易发展的助推器。相应地,服务贸易在交易内容日趋扩大、服务品种不断增加的同时,其结构和竞争格局也发生了很大的变化,主要表现在:资本密集型、知识密集型服务贸易发展迅速,居服务贸易的主导地位,而传统服务贸易总体份额趋于下降。世界服务贸易已由传统的以自然资源或劳动密集型为基础的服务贸易,转向以知识、智力密集型或资本密集型为基础的现代服务贸易。在技术创新、制度创新的推动下,这些资本密集型、技术密集型或知识密集型的服务部门发展迅猛,成为当代国际服务贸易的主要增长点。

(三) 世界经济发展的不平衡导致国际服务贸易的国别和地区差异

从国别构成上看,长期以来,发达国家在国际服务贸易中占据绝对优势地位。近年来,发展中国家和地区尤其是一些新兴市场经济体的服务贸易有了长足的发展,在国际服务贸易中的地位也呈上升趋势,但与发达国家相比,无论在出口贸易规模还是结构上均存在很大的差距。以2015年为例,国际服务贸易出口额排在世界前5名的国家依次为美、英、中、德、法,发展中国家只有中国,服务贸易出口额占全球服务贸易出口总额的比重为4.9%,而美国这一比重达14.8%。

从发达国家和发展中国家的服务贸易结构上看,发达国家在金融、保险、通信、信息、专利许可、咨询、法律、广告等服务行业中所占比重较高,而发展中国家则在旅游、建筑工程承包、劳务输出、海上运输等服务行业中发展较快。虽然近年来发展中国家在一些技术、知识密集型服务行业也取得了较快发展,但与发达国家相比,还是有很大的差距。2015年欧洲在与生产相

关的服务、运输、旅游、保险和养老服务、金融、电信、计算机与信息服务、商业服务、文化娱乐服务出口中全球占比最高；特别是在保险和养老服务、金融、电信、计算机与信息服务、商业服务、文化娱乐服务方面，欧洲占据绝对优势，出口超过全球一半以上。亚洲在建设服务市场上具有较强的竞争优势，出口超过全球一半。北美则在技术服务上具有较强的竞争优势。

从服务贸易的地区构成上看，也呈现出明显的不平衡性。总体上，国际服务贸易主要集中在欧洲、北美和东亚三大地区。目前，欧洲、亚洲是全球第一和第二大服务贸易进出口市场，2015年两大区域在全球服务贸易出口市场的占比为73.6%，在服务贸易进口市场中占比为74.2%。

（四）服务贸易的全球化、自由化与贸易保护并存

各国产业结构的升级和服务业分工向国际化方向拓展必将推动服务贸易的发展，服务贸易的全球化、自由化是长期趋势。但由于各国经济发展水平和阶段不同，服务业的国际竞争力差异很大，各国通过服务贸易全球化、自由化所获得的利益是不平衡的，因此对待服务贸易自由化的态度也是不同的。发达国家由于服务业发展水平较高，具有较强的垄断竞争力或相对竞争力，因此，通过全球性、区域性的多边或双边贸易投资协定，对发展中国家以开放本国商品市场换取发展中国家的服务市场准入，对发达国家则是相互开放服务市场、通过国家间的贸易补偿积极推动服务贸易的自由化。另外，针对一些可能危及国家军事安全和可能削弱本国技术垄断地位的敏感性领域的服务出口则严格加以限制。发展中国家由于在服务贸易领域处于弱势地位，在服务贸易全球化和自由化过程中获利较小，出于保护国内某些幼稚服务产业乃至国家主权和安全以及本国文化、价值观的独立性、传承性的考虑，往往通过产品移动壁垒、资本移动壁垒、人员移动壁垒和商业存在壁垒等对开放本国服务市场施加更多的限制。

随着《服务贸易总协定》的签署与生效以及WTO体制下后续谈判的深入，近年来国际服务贸易壁垒有所降低，服务贸易自由化的程度有所提高。但是应该看到，每个WTO成员国服务贸易市场的开放是以其在服务贸易减让表中的具体承诺为基础的，因此各国对服务贸易市场的开放程度是不同的，即使在承诺开放的部门，也往往存在着开放程度、开放时间和开放范围等方面的限制。总体上，发达国家承诺的开放程度均较高，发展中国家的开放程度则较低且存在着较大的不平衡性。在谈判的主要诉求上，发达国家主要是要求取消对外资准入的限制，新兴国家则向发达国家提出开放劳动力市场的要求。同时，由于服务贸易壁垒隐蔽性的特点，实践中一些国家在市场准入条件方面缺乏透明度，或通过制定繁杂的审批条件和程序，或通过对服务供应商的服务经营设施实行各种形式的限制，进而达到对外国服务或服务提供者的限制和对本国服务业的保护。这些贸易壁垒隐蔽性强，涉及面广，而且难以甄别，是服务贸易壁垒的主要形式。因此，当代国际服务贸易自由化是有条件的、渐进的自由化，服务贸易全球化、自由化与贸易保护并存的格局将长期存在下去。

四、当代国际服务贸易的发展趋势

国际服务贸易的未来发展趋势一方面取决于服务的需求，另一方面取决于服务的供给。随着世界经济的发展和人们收入、消费水平的提高，服务需求的规模、速度、结构、形式等处于不断的发展和变化之中，同时，科技进步、产业升级以及专业化分工的深化使得服务供给在适应服务需求变化的同时也在不断地创造着新的服务需求。国际服务贸易在目前现有的基础

上,其未来将呈现出以下几个方面的发展趋势。

(一)国际服务贸易将继续保持快速增长

20世纪60年代以来,经济全球化迅猛发展,全球产业结构加快调整,有力地促进了全球服务业和国际服务贸易的发展,全球经济竞争的重心正从货物贸易转向服务贸易。特别是2003年以来,全球服务贸易加速增长。世界服务贸易之所以有这样的表现,原因主要包括以下几方面:信息技术革命降低了信息传递、获取和处理成本,也使一些原本不能转移或贸易的服务产品有了转移或贸易的条件;密集和通畅的网络连接打破了贸易的空间限制,推动了远程办公、远程服务等业务方式;各国在服务领域的开放度不断提高,服务贸易壁垒逐步降低,使跨境经济活动的制度交易成本大大降低。

自2009年以来,受国际经济环境不景气的影响,国际服务贸易有过一定的波动,但从长期来看,未来世界服务贸易仍将继续保持增长的态势。主要原因在于:世界产业结构升级将继续驱动服务贸易的发展,国际产业转移的速度与规模也将继续扩大,转移的中心将加速由制造业向金融、保险、旅游和咨询等服务业和信息、电子产业等技术密集型产业的转移;国际投资的重心倾向于服务业,为服务贸易尤其是"商业存在"形式的服务贸易以及生产者服务贸易的发展提供了强劲的动力;货物贸易的长期增长趋势会带动与之相关的运输、保险等服务贸易的增长。另外,科技的发展、离岸服务外包等贸易方式的发展以及WTO制度框架及多边贸易体制下全球及区域服务贸易壁垒的进一步削减也将会推动世界服务贸易的发展。

(二)国际服务贸易结构将进一步调整

20世纪80年代以来,世界服务贸易的结构发生了很大变化,表现为传统服务贸易部门如运输、旅游等随着世界经济与贸易、投资的发展保持稳定增长,但所占比重呈不断下降趋势,而新兴服务贸易部门增长迅速,在总体贸易中所占比重逐步上升。

席卷全球的信息技术革命一方面增强了服务活动及其过程的可贸易性,推动了通信、计算机和信息服务以及咨询等新兴服务行业不断扩张;另一方面也促进了一些新的国际服务贸易业务的产生。可以预见,随着服务创新活动的日益活跃以及服务的可贸易性的增强,服务产品、服务种类、服务方式等将会进一步增加,未来服务贸易结构将继续向知识、技术密集型方向转化。

(三)国际服务贸易地区不平衡格局仍将继续存在

由于发展阶段和发展水平的不同,各国在服务贸易规模和竞争力方面差异悬殊。发达国家长期处于国际服务贸易的绝对主导地位(根据WTO公布的数据显示,2015年,发达国家的服务贸易额在全球占比达到了64%)。近年来,虽然发展中国家和地区在国际服务贸易中的地位趋于上升,但与发达国家相比,在服务贸易整体规模方面还有相当大的差距,且它们大多是服务贸易逆差国。而且,这种区域性不平衡还将在较长时间内继续存在。

当前,广大发展中国家抓住新一轮国际产业转移的契机,开始基于比较优势大力发展本国服务业并积极开展国际服务贸易,试图在国际服务贸易的多边利益博弈中占有一席之地。未来一定时期,发展中国家将沿袭近年来服务贸易快速发展的势头,除在劳务输出、建筑工程承包、旅游等传统服务贸易领域通过提升竞争力继续保持一定优势外,也将结合本国产业结构的升级不断优化服务贸易结构,在通信、计算机和信息服务方面加大投入,发掘区位优势、人力资源优势和政策优势,积极承接发达国家的服务外包。但由于长期以来发展中国家和发达国家服务业和服务贸易发展的严重不平衡,发达国家占主导地位的总体格局短期内不会改变。

(四)服务外包进一步发展

20世纪90年代之后,随着经济一体化、专业分工的日益细化,以及市场竞争程度的不断提高,越来越多的企业纷纷将非核心服务活动外包给其他企业,以降低成本、优化产业链、提升企业核心竞争力。作为一种新的国际商务模式,全球服务外包进入快速发展时期,已成为国际服务产业转移的重要形式以及一些国家扩大服务贸易出口的重要途径。目前,世界发达国家和地区是主要服务外包输出地,发展中国家是世界服务外包的主要业务承接地,其中,亚洲是世界上最大的服务外包业务承接地。

尽管服务外包发展迅速,但仍未进入成熟的发展阶段,还有相当大的发展空间。未来几年中,国际服务外包无论在规模上,还是在广度上,仍会有很大的突破。

(五)"商业存在"形式的服务贸易规模将继续扩大

由于服务产品的生产、交换和消费的特点以及国际服务贸易市场的不完全竞争特征决定了以直接投资为前提的商业存在形式的服务贸易规模将继续扩大。在跨国公司新一轮产业调整中,资本向服务业转移的趋势越来越明显,同时全球跨国并购业务由传统制造业向服务业集中的趋势也不断增强。FDI加速向服务业转移以及服务业的跨国并购,使得通过商业存在实现的服务贸易规模日益扩大。同时,越来越多的服务离岸外包也带动了服务业跨国投资的发展,服务业转移由制造业追随型加速向服务业自主扩张型转变,众多跨国公司在全球范围内建立服务供应网络。

第四节 国际服务贸易统计

全球贸易自由化倾向的发展以及各国政府对经贸活动管制的放松,推动了国际投资和贸易在货物与服务领域稳定增长,对具有完备的、及时的、准确的、可比的国际服务贸易统计数据的需求也就越来越迫切。然而,由于长期缺乏统一的服务贸易概念和统计标准,加之世界各国服务贸易发展水平很不平衡,国际服务贸易统计远远落后于服务贸易的发展。

一、国际服务贸易统计的发展

1987年末,联合国统计局和国际货币基金组织(IMF)统计局联合向各国的统计局和国际收支统计汇编单位发送了《服务贸易统计问题调查表》,1988年和1989年又两次将各国答复意见的汇总情况发送各国征求意见,并据此对国际收支统计进行了改进。1993年,IMF在《国际收支手册》(Balance of Payments Manual,简称BPM)第五版即BPM5中首次将服务贸易单列,目前各国多以BPM6为指导编制本国的国际收支统计(Balance of Payments,简称BOP统计),并以此为基础建立相应的服务贸易统计。按照BOP统计原则,国际服务贸易统计仅是居民与非居民之间的服务性交易,即跨境交易。

1993年乌拉圭回合服务贸易谈判最终结束,各缔约方签署了第一套有关国际服务贸易且具有法律效力的多边规则GATS,各缔约方特定服务部门的具体承诺是根据跨境交付、境外消费、商业存在、自然人流动四种提供方式分别做出。按照GATS的统计原则,国际服务贸易统计既包括跨境交易(以跨境提供、境外消费、自然人流动方式提供),也包括境内交易(以商业存在方式提供)。

随着跨国投资和经济全球化的发展,已有超过一半以上的外国直接投资进入了服务业领域,外国附属机构(FATS)以商业存在的方式所提供的国际服务贸易越来越重要,并已经超过BOP统计的服务贸易,但大多数国家却没有将其纳入统计范围。鉴于此,要综合反映一国国际服务贸易的实际情况,就必须同时建立两套国际服务贸易统计标准:BOP统计和FATS统计。然而,碍于人力、财力、业务能力等方面的因素,各国的服务贸易统计发展非常不平衡,如美国在服务贸易统计方面居世界领先地位,不仅可以提供BOP统计数据,还可以提供FATS统计数据,并产生分产业、分国别的详细数据,但在按服务提供方式统计服务贸易方面进展缓慢;而多数发展中国家的服务贸易统计限于BOP口径的服务贸易数据,在FATS统计方面尚处于起步阶段。为了在服务贸易统计方面加强国际组织之间的合作,1994年联合国统计委员会批准成立了国际服务贸易统计机构间工作组,其任务是开发国际概念、定义和分类,促进国际服务贸易统计的可获性、质量和国际可比性。

1995年GATS的实施,以列举、描述的形式给国际服务贸易下了一个新定义,即国际服务贸易的四种提供方式,服务贸易的国际谈判、协议履行情况的检查都要围绕这四种方式进行。这样,贸易谈判者、政策制定者、市场开发者、经济分析者等都需要符合四种提供方式的服务贸易统计数据。

1996年,由来自联合国、欧洲共同体委员会、国际货币基金组织、经济合作与发展组织、联合国贸易和发展会议、世界贸易组织的专家组成的国际服务贸易统计机构兼工作组开始起草《国际服务贸易统计手册》,力求建立既有创意又与现行统计体系相一致的新的国际统计方法。1999年,针对手册与1993年国民账户体系(1993 SNA)分类的协调问题进行了审议,广泛征求各国统计部门和BOP汇编部门的意见,70多个国家给予了答复。2000年,联合国专家小组对手册的内容和结构进行了全面审议,于2001年3月提交统计委员会第三十二届会议,统计委员会批准了手册。手册详细阐述了国际服务贸易统计的概念框架,界定了FATS统计的相关统计指标,与其他相关统计体系如BPM5、1993 SNA等做了横向对比,明确了相互间的关系,最大限度地弥补了相关现行统计体系的不足。

二、国际服务贸易统计体系分析

(一) BOP统计

BOP统计是政府或专业机构收集的有关产业和具体部门的信息,反映一定时期内一国与外国或境外地区发生各种往来的流量和规模。

各成员经济体均应按国际货币基金组织编写的《国际收支手册》的统计口径和项目分类向其提交本国(地区)的国际收支平衡表。目前,国际货币基金组织与世界贸易组织两大国际经济组织对服务贸易的数据都来源于各国的BOP统计,但两者提供的数据并不完全相同。其主要区别在于,国际货币基金组织的统计包括政府服务,而世界贸易组织的统计则不包括此项内容。BOP中经常项目下的"业务"指的是居民与非居民之间的业务交易。一成员国的"居民"

通常被理解为在该成员国境内居住满1年的自然人和设有营业场所并提供货物或业务生产的企业法人。因此，BOP定义的国际服务贸易主要是业务的跨境交易。将BOP关于国际服务贸易的定义与《服务贸易总协定》的定义进行对比，可知后者把国际服务贸易的定义由前者的"居民和非居民之间的跨境交易"的涵盖范围延扩到作为东道国居民的"外国商业存在"同东道国其他居民之间的交易，即居民与居民之间的交易。

虽然目前各国在对服务贸易的统计上，BOP统计发挥着不可替代的作用，但从国际服务贸易的发展趋势来看，BOP统计存在着明显的不足之处：按照BOP统计的原则，国际服务贸易只是居民与非居民之间的服务性交易，其反映的主要是跨境交易（包括过境交付、国外消费及自然人流动），而对当今服务贸易中占据主导地位的以商业存在形式提供的服务贸易却没有反映。这是因为在商业存在形式中交易双方均处于法律意义上的同一国居民（当外国附属机构在一国设立的期限长于1年时）。BOP虽然提供了一种对服务贸易进行分类的标准，但它与《服务贸易总协定》中规定的分类标准还存在着较大差距。1994年，作为乌拉圭回合多边贸易谈判的最终成果之一，各参与方政府正式签订了《服务贸易总协定》，它对国际服务贸易的部门划分方法被称为"服务贸易谈判组分类法"（GNS），这是世界贸易组织服务贸易谈判组织根据各缔约方提出的150多个项目名单，参照联合国统计局的"中心产品分类法"制定的，将国际服务贸易具体划分为商业服务、通信服务、建筑及有关工程服务、销售服务、教育服务、环境服务、金融服务、健康与社会服务、与旅游有关的服务、文化与体育服务、运输服务及别处未提及的服务12类，共计155个部门。这与BOP划分无论是项目个数还是在统计内容上都存在明显的差别，传统的BOP统计显然无法适应《服务贸易总协定》。

同时，由于BOP统计数据高度累计，以及存在统计范围、记录时间和各种货币换算上的差异、统计口径不同等原因，使得BOP统计经常不准，或被高估或被低估，与实际情况存在差异。

（二）FAT统计

FAT统计反映的是外国附属机构在东道国发生的全部商品和服务交易情况，包括与投资母国之间的交易、与东道国其他居民之间的交易以及与其他第三国之间的交易，但核心是其中的非跨境商品和服务交易，见图1-2。

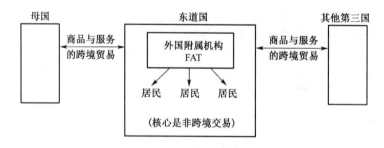

图1-2 FAT统计示意图

按照WTO的要求，外国附属机构的当地服务销售作为国际服务贸易的内容，因此，对非跨境的服务销售进行FAT统计，作为广义国际服务贸易统计的内容；对外国附属机构的当地商品销售进行FAT统计，作为对外国直接投资统计的进一步深化和对商品贸易统计的有效补充。FAT统计弥补了国际商品贸易统计、跨境服务贸易统计和外国直接投资统计的不足，将外资企业的生产和服务提供对贸易流动的影响，以及由此产生的利益流动反映出来。

对任何一国来说,直接投资都是双向的,既有外国在本国的直接投资,也有本国在外国的直接投资,这种投资的双向流动反映在统计上,就形成了FAT的内向统计和外向统计。就报告国而言,记录外国附属机构在本国的交易情况的统计,称为内向FAT统计;记录本国在国外投资形成的附属机构在投资东道国的交易情况的统计,称为外向FAT统计。就统计范围而言,FAT统计包括了外国附属机构的全部交易——跨境交易和非跨境交易,但核心是非跨境交易,即企业的国内销售。就统计对象而言,FAT统计反映的不仅是投资状况,更主要的是贸易利益问题,只有外国投资者拥有并控制了该企业,才有可能决定贸易过程并获得贸易利益,因此,只有外国投资者绝对控股并且能够控制的企业,及外国投资比例在50%以上的企业才列入FAT统计范围。

(三) BOP统计和FAT统计的比较

从以上两大服务贸易的统计方法比较来看,传统的以BOP为基础的服务贸易统计尽管有很多国家及国际组织沿用,但它不能满足《服务贸易总协定》框架下对国际服务贸易统计的新要求,具体表现在:传统的BOP统计无法解决服务贸易的部门划分问题;传统的BOP统计无法区分和统计目前在服务贸易中占较大比重的过境交付与商业存在。而FAT统计也并不十全十美,因为按照《服务贸易总协定》对服务贸易的定义,国际服务贸易包括跨境交付、商业存在、境外消费与自然人流动四种提供方式,而仅仅针对商业存在的FAT统计,依然无法提供有关这四种服务提供方式的各部分的详细、确切的统计数据,特别是目前还没能对自然人流动所提供的这部分服务贸易进行统计的具体方法。

可见,在服务贸易快速发展的今天,各国对服务贸易的统计工作有必要加快规范。传统的BOP统计已不能适应服务贸易发展的新要求,针对商业存在的FAT统计还有待推广,当务之急是要在国际上尽快建立起一套《服务贸易总协定》框架下的、科学的、规范的、可操作的国际服务贸易统计新体系,该体系不仅应符合"服务贸易谈判组分类法"的分类原则,而且能进一步提供《服务贸易总协定》定义下的四种服务的统计数据。

建立符合《服务贸易总协定》关于服务贸易定义的并且能够充分满足贸易谈判和协议履行等方面需要的国际服务贸易统计体系是一个漫长的历史进程,各国经济发展水平不同、服务业发展程度不同,对外直接投资和利用外资的规模及成效也有很大差异,因而对于服务贸易谈判和签订协议的积极程度不会一致,对服务贸易数据需求的迫切程度也不一样,因此,手册提议采取分阶段执行其建议的方法,以便各国包括正准备编制国际服务贸易统计资料的国家可以根据这一新的国际标准框架逐步开始编制可利用的信息。

本章小结

服务是人们在消费者支配下为满足其需要而创造某种效用的活动。与一般商品相比,服务具有以下被普遍认可的特征:无形性、异质性、服务生产与消费的时空一致性、不可储存性、服务所有权的不可转让性、服务的经验特征和信任特征。

服务业是生产或提供各种服务产品的经济部门或企业的集合。对服务业分类有着重要的意义,主要的分类方法有:从消费角度分类,可把服务业划分为生产资料服务业和生活资料服务业两大类;从服务业产生的时间顺序分类,服务业又可划分为传统服务业和新兴服务业两大类;以功能为基础的分类,服务业划分为流通服务、生产者服务、社会服务和个人服务;市场营销学家对服务业分类,代表性的有科特勒分类法和拉夫洛克分类法。

理论界对国际服务贸易的定义有着不同的表述形式,《服务贸易总协定》的解释是一个权威性的定义,已为各国普遍接受。根据《服务贸易总协定》定义,国际服务贸易包括四种供应模式:跨境交付、境外消费、商业存在和自然人流动。从服务贸易的分类上来看,许多经济学家和国际经济组织为了分析方便和研究的需要,从不同的角度对国际服务贸易进行划分。服务贸易的基本特点就是由服务的特征决定的,与实物产品贸易相比,服务贸易具有服务标的的无形性、交易过程与生产和消费过程的同步性等特征。

国际服务贸易是在一国生产力发展和产业结构调整的基础上随着国际分工和国际市场的形成而逐渐发展起来的。各国生产力的发展所引起的产业结构的高度化以及经济的服务化是国际服务贸易发展的客观基础,而国际分工和对外经济交流则是国际服务贸易产生和发展的直接动因。

目前,国际服务贸易的统计方法主要有 BOP 统计和 FAT 统计两种,这两种统计方法各有优缺点。当务之急是要在国际上尽快建立起一套《服务贸易总协定》框架下的、科学的、规范的、可操作的国际服务贸易统计新体系。

思考练习题

一、名词解释

服务　服务业　服务贸易　跨境交付　境外消费　商业存在　自然人流动　BOP 统计　FAT 统计

二、单选题

1. 以下不属于以商品形式存在的服务是(　　)。
   A. 电影　　　　　　B. 音响　　　　　　C. 书籍　　　　　　D. 广告
2. 服务是一种特殊的产品,它不可能都采取传统的货物贸易形式,以下不属于其特性的是(　　)。
   A. 同质性　　　　　　　　　　　B. 无形性
   C. 生产与消费的同一性　　　　　D. 不可储存性
3. 以下不属于当代国际服务贸易发展主要特征的是(　　)。
   A. 国际服务贸易发展速度快、地位高
   B. 发达国家在国际服务贸易中占据主导地位
   C. 发展中国家和地区在世界服务贸易中的地位趋于上升
   D. 国际服务贸易向绝对自由化发展
4. WTO 关于服务贸易的分类中,不包含(　　)。
   A. 商业服务　　　　　　　　　　B. 教育服务
   C. 文化娱乐及体育服务　　　　　D. 分类式服务

5. 下列情况不属于国际服务贸易的是（　　）。
   A. 莎拉布莱曼在北京奥运会的开幕式上演出所获得的报酬被其带回英国
   B. 一国的服务人员，在境外雇主所雇用，获得报酬只在当地消费
   C. 一国的法人对外提供服务，并获取服务收入，有收支的过境流动
   D. 美国体育爱好者 Salvatore 来北京观看奥运会并游览了长城
6. 国际服务贸易的大发展时期是从（　　）时期开始。
   A. 第一次世界大战到第二次世界大战期间　　B. 第二次世界大战前夕
   C. 与货物贸易并行发展　　D. 20 世纪 80 年代前后
7. 出国留学属于哪一类服务贸易模式（　　）。
   A. 境外消费　　B. 跨境交付　　C. 商业存在　　D. 自然人流动
8. 以下不具有较强信任特征的商品是（　　）。
   A. 法律服务　　B. 牙齿保健　　C. 茶杯　　D. 汽车维修
9. 根据 GATS 的解释，国际服务贸易的部门不包括（　　）。
   A. 国际旅游　　B. 国际租赁　　C. 国际经济援助　　D. 国际咨询
10. 关于服务贸易的统计方法不包括（　　）。
    A. FAT 统计　　B. 海关统计
    C. BOP 统计　　D. 国际收支平衡表统计

三、判断题

1. 美国某咨询公司在南京设立的分公司对中国来说属于内向 FAT 统计。（　　）
2. 国际服务贸易的贸易保护方式比国际货物贸易更具公开性和透明性。（　　）
3. 服务贸易可以不跨越国境实现，而商品贸易一般要跨越国境才能实现。（　　）
4. 广告设计属于消费性服务。（　　）
5. 跨国公司促进了国际服务贸易的发展。（　　）
6. 《美加自由贸易协定》是世界上第一个在国家间贸易协议上正式定义服务贸易的法律文件。（　　）
7. 出国旅游属于自然人流动模式形成的服务贸易。（　　）
8. 发达国家服务贸易开放程度要比发展中国家高。（　　）
9. 各国生产力的发展所引起的产业结构的高度化以及经济的服务化是国际服务贸易发展的客观基础。（　　）
10. FAT 统计无法区分和统计目前在服务贸易中占较大比重的跨境交付与商业存在。（　　）

四、简答题

1. 简述服务的基本特征。
2. 举例说明服务贸易的四种供应模式。
3. 简述服务贸易的基本特征。
4. 简述 BOP 统计和 FAT 统计的优缺点。

五、案例分析

服务贸易将成为我国经济增长的新抓手

近年来，我国服务贸易保持快速发展势头，服务贸易规模不断扩大，占对外贸易的比重继

续上升,已成为对外贸易转型升级、培育新动能的重要抓手。从图 1-3 中我们可以看到,我国服务贸易进出口额占世界比重不断上升,说明我国服务贸易发展势态良好。但与世界贸易强国还有一定差距,主要表现为我国服务贸易发展还相对滞后,比重偏低,总体竞争力不强,并连续多年出现较大逆差,相比较而言服务贸易成为我国对外贸易中的一个"短板"。当前,全球经济竞争的重点正从货物贸易转向服务贸易。在国家一系列外贸稳增长措施的推动下,服务贸易正成为我国参与国际经济合作的新平台,面临良好的发展机遇,并有巨大的发展空间。"十三五"时期,旅游、运输等传统服务贸易规模将继续扩大,金融保险、信息和计算机、研发设计等现代服务贸易将快速发展,服务贸易有望继续保持较快增长。

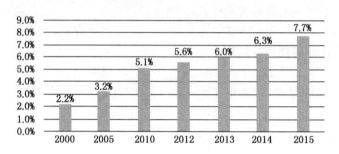

图 1-3　2000—2015 年我国服务贸易进出口额占世界比重

大力发展服务贸易是转变外贸发展方式的重要内容,也是推动我国经济结构战略性调整的必然要求。当前,我们要大力发展新兴服务贸易,促进贸易结构转型升级,助推企业"走出去",提升我国服务贸易的国际竞争力,积极参与国际经贸规则制定,适时发挥我国在世界服务贸易格局中的大国引领作用。

问题:请结合以上材料谈谈发展服务贸易对促进我国经济增长的重要意义。

第二章 世界与我国服务贸易发展

本章要点

1. 发达国家服务贸易发展
2. 发展中国家服务贸易发展
3. 我国服务贸易发展

引导案例

由于发达经济体复苏疲软,日本企业正承受业绩剧减的压力,近来已有多家企业传出大幅裁员的消息。为扭转外部需求颓势,日本企业正谋求拓展市场潜力巨大的中国的高端服务贸易市场。

在2012年5月30日举行的"日中服务产业研讨会"上,日本经济产业省审议官冈田秀一和中国商务部部长助理仇鸿都表达了希望通过增进服务贸易进一步加强两国经济联系。

仇鸿称,中国计划在2015年实现服务贸易总额达6 000亿美元的目标,实现年增长率11%。如此庞大的市场增长空间吸引了众多日本企业的关注。

由日本贸易振兴机构(JETRO)组织,数十家日本服务领域知名企业的代表来华交流。零售商"7-11"集团的高管井坂龙一说:"为适应老龄化趋势,将坚持小型便利店的商业模式,此模式在中国也适用。而且(公司)不光看重北京、上海的发展,还重点要在大连、成都等二线城市推广。"他透露,公司将以投资公司形式更深入地发展中国市场业务。

日本企业之所以重视我国的服务贸易,原因在于,其经营和业绩受到发达国家市场不振拖累,裁员潮已经上演。

第一节 发达国家服务贸易发展

第二次世界大战之前,国际服务贸易随着交通运输、金融、通信等行业的发展而有所发展,但是与国际货物贸易相比,服务贸易无论发展速度、发展规模,还是在世界经济中的地位和作用都微不足道。二战后科学技术革命推进了生产力的发展,促进了社会分工的扩大和深化,加强了各经济部门之间和各经济部门内部的相互依赖,金融、通信、咨询各类生产性服务业取得了突飞猛进的发展。同时,经济的发展以及人们物质生活水平的不断提高也刺激了旅游、教育等各类高消费的服务需求。

20世纪60年代以来,世界经济结构的重心开始以服务业为主,服务业成为经济增长的主要动力,也是增加国民收入和提高就业率的重要手段。服务业的发展必然推动国际服务贸易的增长。服务贸易日渐成为世界各国获取外汇收入、改善本国国际收支状况的重要手段,在很大程度上决定了一国国际贸易的发展状况和在国际市场上的竞争能力。

"服务立国"是发达国家经济发展的重要特征之一。在全球200多个国家和地区中,服务贸易居前20名的国家和地区主要是发达国家。西方发达国家在世界服务贸易中居支配地位,其强有力的贸易地位是基于发达的服务产业尤其是海外投资、保险、银行业务、租赁、工程咨询、专利与许可证贸易等方面,多数发达国家长期以来都是服务贸易的净出口国。

一、发达国家服务贸易的发展特征

首先,国际服务贸易呈现以欧美为主的格局,美国在国际服务贸易中占最大比重。2015年世界服务进出口总额为92 450亿美元,进出口规模位居前五位的国家分别为美国、中国、英国、德国、法国。其中,出口规模前五位国家依次为美国、英国、德国、法国、中国,进口规模前五位国家依次为美国、中国、德国、法国、英国。另外,区域性国际服务贸易发展迅速,区域内市场的扩大使贸易趋势增强,贸易规模扩大,国际服务贸易也得到迅速发展。

其次,国际服务贸易对象的技术含量越来越高。国际服务贸易的发展以高新技术为核心,以技术进步为动力,由于信息技术的发展,国际服务贸易在世界范围内的发展呈整体上升趋势,尽管参与国际服务贸易的成员发展状况不平衡,但以发达国家为主体的贸易结构使服务产品的技术含量不断提高,发达国家在新兴服务贸易中占据重要地位。

最后,发达国家的服务贸易壁垒呈现逐步降低的趋势。近年来,在多边贸易体制的推动下,国际服务贸易壁垒有所降低。发达国家在服务贸易许多项目中都具有绝对或相对优势,为了扫清存在于服务贸易的壁垒,便利其打开世界服务市场,它们率先削减了本国服务贸易壁垒,如在电信领域,美国已允许外国企业持有100%的股权;欧盟也开放了基本电话服务市场,并对雇用人员的本地化要求降低了标准。

二、发达国家服务贸易发展经验借鉴

(一)美国:服务贸易促进战略的成功典范

长期以来,美国一直稳居全球服务贸易"第一"的地位,这主要依赖于国内发达的服务业支撑、政府对服务业的重视和扶持,以及一系列促进服务业发展政策的推动,美国服务贸易长期领跑全球,并且竞争力将持续存在。2015年,美国服务贸易顺差2 196亿美元,以旅游、运输、知识产权使用费用和金融服务为主导。

美国服务贸易的发展经验主要归结为三个方面:

第一,服务业基础雄厚。强有力的贸易地位都是建立在发达的产业基础之上的。美国拥有高度发达的服务业,前10大服务业包括旅游、运输、金融、教育、商业服务、通信、设备安装维修、娱乐业、信息和医疗保健,这些服务业领域都具有很强的世界竞争力。美国丰富的旅游资源吸引着成千上万的外国游客,外国旅游者消费在旅馆、租车和机票上的费用占美国全年服务出口总额的35%;美国的航空运输业是全球最有效率的,运输服务的增长主要来自于民运,特别是航空民运,美国通常把包括客运和货运在内的协议谈判作为换取权利的筹码;美国是世界上最大的电信服务市场,电信服务收入占世界电信服务总收入的30%左右;美国专业服务近年来发展迅速,年均增长率达到15%左右。2010年,美国经济构成中制造业占10%,服务业占90%。良好的服务业发展基础是美国服务贸易获得龙头地位的重要原因。

第二,采取行之有效的服务贸易促进战略。首先,美国通过宣传、立法、设立专门机构等手段,建立了比较完善的服务贸易法律法规体系和管理机制,为服务贸易迅速发展确立了良好的内部市场环境;其次,实施"服务优先"出口发展战略,为其服务出口提供了有力的保障和动力,美国服务出口的扩大促进了国内服务业的发展,国内服务业的发展反过来又进一步促进了服务出口的扩大,两者之间形成了良性的互动与促进关系;再次,通过双边及多边谈判为服务贸易发展创造良好的外部环境,要求外国取消"不公平""不合理"和歧视性的贸易措施,否则实行报复;最后,美国政府以及民间团体还设立专门的咨询机构,为服务业进入他国市场提供多种帮助。

第三,实施自由化与保护相结合的服务贸易对外政策。美国主导的《服务贸易总协定》的签订和实施,为美国迎来了服务贸易逐步自由化的良好国际环境。虽然美国承诺实施自由化,并开放多个服务业市场,但在美国同样具有较大比较优势的研究与开发、租赁、市场研究、广告、管理咨询、电子邮件和电子数据交换、分销、工程设计、环保服务等领域,作为美国服务出口主要市场的欧盟、加拿大、日本等发达国家几乎全部承诺对外开放,即使是当时的77个发展中国家也分别有1/2、1/3和1/4的国家和地区承诺开放保险市场、银行和其他金融服务市场,以及计算机和相关服务市场。这些市场的开放无疑是美国以局部的自由化换取了更大的发展空间。当然,在自由化的同时,对本国不具有竞争优势的服务行业和敏感性服务行业的市场准入仍设置种种障碍,借助各种灰色条款予以保护。

(二)英国:拥有健全有序的服务贸易管理链

英国具有优势的服务贸易领域主要包括:金融服务、商业服务、专业服务、旅游服务等。英国商业及金融咨询服务出口位居世界第一。伦敦是世界三大金融中心之一,也是欧洲最重要的金融中心,主要的金融机构包括英格兰银行、伦敦股票交易所及劳合社等。健全的金融服务体系为英国服务贸易的发展做出了巨大贡献。

英国服务贸易发展值得借鉴的经验主要有两个方面:

其一,健全的服务贸易管理体制。英国每个服务行业都有不同的管理及监管机构负责某行业的贸易促进相关事宜。英国贸工部负责对服务贸易的管理,参与制定酒店及餐饮服务行业标准,但不直接参与企业的经营管理;英国文化、媒体和体育部及其下属机构负责制定英国的旅游政策,向政府通告该行业所关注的事宜,同时研究、发布旅游业的相关数据等;英国金融服务管理局负责管理英国金融服务业,是英国唯一授权管理、监督银行、保险和投资活动的机构。其次,通过行业组织对服务贸易进行管理。英国政府资助的机构或者行业组织对服务贸易的协调与管理也很重要。主要的机构和组织包括国家消费者委员会,代表所有消费者的利益,与英国及欧盟的政策制定者、管理者和服务提供者进行联系;金融巡查官,向消费者提供免费的咨询服务,以解决他们与金融业公司之间在保险、抵押、养老金和投资等领域的争端;各行业协会、市场研究协会、管理咨询协会等,负责提供相关领域的专业服务。英国的服务贸易管理几乎包含了各个领域、各个环节,使得整个服务贸易发展形成了一个健全、有序的管理链。

其二,较为完善的服务贸易税收制度。英国服务贸易税收的宗旨是减少税收扭曲,避免税收因素左右企业的经营决策;提高劳动生产率及企业竞争力;使企业的纳税份额与其商业利润相当,确保其在公平环境中竞争;坚持低税率、宽税基的原则,取消过时、低效的税收条款。英国对跨境交付服务具有许多明确的政策规定,包括税收规定、服务提供形式及服务提供地的规定等,最新的规定是 NOTICE 741,详细规定了 2010—2015 年英国跨境交付的提供者、提供地及税收情况等。英国对服务贸易征收增值税,也实行部分服务的出口"零"税率,具体领域包括:保险、邮政、金融及保健服务等。英国规定外国旅游者以及进入英国境内采购商品的外国商人可享受出口零税率并申请出口退税,退税率为17.5%,并实施便捷型出口退税手续,申请出口退税时向税务局递交的单证非常简单,只需一张纳税申报表即可。

(三)德国:以服务为宗旨,以展会为龙头

近年来德国服务业发展迅速,尤以金融、保险、旅游和会展业等最为发达。在电信、邮政、交通运输、物流等领域,随着原有垄断的打破和市场管制的逐步放宽,行业发展迅猛,企业活力不断增强。德国服务业在国民经济中的地位举足轻重,其在国内生产总值中比重达到70%以上,对服务贸易的发展形成了良好的支撑。

德国服务贸易发展也有两点值得借鉴的经验:

一是政府高度重视为企业"服务"。在德国,政府的职能除了管理和协调以外,就是为企业服务、提供信息支持,每个部门都有相应的咨询服务机构。德国联邦经济部下设服务机构"联邦外贸信息办公室"(BFAI),主要任务是为德国公司提供国外市场信息。BFAI 在世界各地拥有由 45 家市场观察员形成的信息网络,这些观察员在本地市场代表 BFAI 与德国公司处理相关的问题。BFAI 还能得到德国 200 多个驻外使领馆发回的经济报告,并系统地使用国内外统计、数据库和专业杂志等资料。BFAI 的研究题目包括 150 多个国家的经济发展、行业走势、法律和海关规章、投资和金融项目投标、国外公司的需求、信息联络部门等。BFAI 将这些信息编选成册、制成光盘,或通过杂志、国际互联网对外发布。此外,德国的各个行业几乎都有自己的协会组织,尤其是商业领域、服务业领域注册的协会对其行业的发展、法律法规的制定,以及促进内外交流、提供信息等方面都发挥着重要的作用。

二是大力发展服务贸易展会。德国会展业不仅被视为商务促进的重要载体,更被看成是一个非常重要的服务贸易发展龙头。会展业既在引导生产、促进消费、扩大内需、增加就业、创造效益等方面发挥重要的作用,又为商业活动中的各种交易活动提供信息和服务平台,直接促进商品流通与服务交换,并且有着很大的"乘数"效应。德国会展业居世界第一位,各行业的领先国际性展会中,2/3 来自德国。会展业在给德国带来高经济效益的同时,也创造了众多的就业岗位。每年展会不仅吸引了领先企业,也有众多的新兴企业参展,展会的主题展现了行业前沿成果,是行业发展的风向标。可以说,服务贸易专业展会的成功举办不仅为展会公司带来声誉和收益,还进一步巩固了德国在该服务贸易领域的世界领先地位。同时,也为展会所在地的服务行业,如交通、酒店、餐饮、物流等创造了更多的盈利机会。

【专栏】

德国会展业何以长盛不衰

德国会展业蜚声海内外。36 万平方千米的国土上,有 70 座城市拥有自己的展馆。室内

展出面积有270万平方米,约占世界总展出面积的1/4。在面积最大的世界5大会展中心中,德国占据了4个。每年举办的国际展销会有150多场,参展商达17万家,观众有1 000多万。这还不包括常年在柏林举办的"金熊奖"电影节和慕尼黑啤酒节以及其他较小规模的国内展。

每年参加国际展会的17万商家中有一半来自国外。约1/5的观众为外国人。专业博览会的观众人群,国外的比例甚至高达30%。不断提高展会的质量,是德国吸引国外参展商并赢得海外观众青睐的法宝。世界顶级的专业博览会,有2/3是在德国举办的。

对于外国展商和远道而来的观众来说,展会期间在德逗留并不是一件十分惬意的事情。仅以住宿为例,举办城市宾馆和饭店的价格是平时的4~5倍。普通四星级的宾馆每天要价四五百欧元是常有的事。尽管如此,还是一房难求。许多人不得不到四五十千米之外的小城去寻求栖身之地。尽管如此,人们还是蜂拥而至。究其缘由,都是展会的魅力所致。

什么魅力? 名牌效应。像德国制造的产品一样,德国也打造出了许多闻名遐迩的国际展会,比如,每年3月在汉诺威举办的信息与通信技术博览会,每年4月举办的汉诺威工业博览会,每两年举办一次的法兰克福车展,每年10月举办的法兰克福书展,柏林每年1月举办的绿色食品周、每年3月举办的国际旅游交易会、每年8月举办的国际无线电和娱乐家电展,科隆每年1月举办的国际家具博览会、每年10月举办的国际食品展,还有每年2月举办的纽伦堡国际玩具博览会等。这些展会就像巨大的磁场一样,把世界各国的生产厂家吸引到德国来。

(资料来源:中国经济网,2011年1月12日)

第二节 发展中国家服务贸易发展

一、发展中国家服务贸易发展特征

发展中国家虽然在资本、技术密集型服务行业较发达国家明显滞后,但在资源、劳动密集型服务领域中,发展中国家则具有一定的优势,因此发展中国家的服务贸易在近些年也得到迅速发展,服务出口占世界服务出口总值的比重增加,但各国发展不平衡。

在服务贸易商品结构方面,发展中国家在普通劳动力输出、建筑工程承包、部分旅游服务业等领域占有较大的优势,如马来西亚、泰国等发展中国家的国际航空公司在世界优秀航空企业排名表上常常名列前茅;不少发展中国家的旅游资源十分丰富,旅游人数和旅游收入有了较大的增长;一些技术、经济实力较强的发展中国家也开始发展技术层次较高的服务贸易,如印度、印度尼西亚、菲律宾、墨西哥等国正着力推进通信业、信息业的建设,泰国正努力将曼谷变为区域性金融中心等。然而,与发达国家相比,发展中国家的服务业和服务贸易的规模仍较小,大部分发展中国家和地区服务业不发达,尤其是现代服务项目不具有竞争优势。

二、发展中国家服务贸易发展经验借鉴

发展中国家基于动态比较优势理论调整经济发展思路是摆脱服务贸易发展困境、获取新的比较优势的有效途径。印度、韩国、爱尔兰目前或曾经处于发展中阶段,它们通过各具特色的发展模式创造了服务贸易动态比较优势,即在发挥现有比较优势的基础上培育潜在的比较优势,实现比较优势的交叉和轮替,实现了服务贸易的结构升级和经济发展。

(一)印度模式

印度服务业1997年以来的年均增长率达8.1%,服务贸易出口年均增长达21.5%。其主要原因在于,印度根据社会、经济、技术条件的变化不断调整服务贸易产业结构。一方面,印度在巩固原有产业比较优势和出口收入的前提下,逐渐将重心从原先具有比较优势的劳动密集型产业转移出来。例如,资本密集型的运输服务近年来保持稳定,占比基本保持在10%左右;旅游服务则在保持收入稳定增长的前提下逐渐降低比重。另一方面,印度不断加大新兴知识密集型服务产业比较优势的培育并促进其出口。印度成立了国家知识委员会,负责在高等教育、科技体制、知识传播、企业应用等方面制定行动方案,并通过加强对技术和职业教育投资、应用研发项目和技术创新、知识密集型行业和企业投资、发挥海外印度人才优势等措施提高竞争优势。因此,印度软件和信息产业得到快速发展。

(二)韩国模式

亚洲金融危机之后,韩国政府认识到其经济问题的根源在于缺乏产业结构调整,因此在1998年出台了以产业结构调整为核心的经济复苏计划。一方面,韩国根据国际国内经济形势的变化调整产业结构,加速由劳动和资本密集型产业向知识密集型产业转变;同时,通过对生产要素的优化组合提高技术水平和生产率,加快产品的升级换代,以巩固和保证现有产业出口竞争优势。另一方面,韩国根据产业比较优势的动态变化,通过加大投入、促进科技发展来不断发现和培育具有新的比较优势的主导产业。1998年,韩国政府提出"文化立国"方针,将文化产业作为21世纪国家经济发展战略的支柱产业,并于1999—2001年先后制定了一系列文化产业发展战略和优惠措施。政府加大对影视、网络游戏等人才的培养,积极扶持文化产业,把韩国发展成一个影视、音乐、网络游戏大国。在政府的大力推动下,"韩流"代表的文化产业已成为韩国出口创汇的第一大产业,涵盖了出版、漫画、音乐、游戏、电影、动画片等10个领域的文化产业市场。2003年,韩国文化产业销售额达370亿美元,占当年GDP的6%,而世界平均比重为4%,中国仅占3%。韩国借助文化产业的崛起形成新的比较优势,带动了服务贸易的整体发展。

(三)爱尔兰模式

爱尔兰曾是一个贫穷、封闭、落后的发展中农业国,素有"欧洲农村"之称,服务贸易除了劳务输出外多以进口为主。进入20世纪90年代,爱尔兰以吸引外资为突破口,以改善社会环境为保障,通过产业政策调整和发展出口导向型经济,重点扶持以软件业为代表的服务业和高新技术产业,使产业结构从劳动密集型经济向知识、资本密集型经济转变。首先,爱尔兰政府积极改善基础设施,建立国际金融服务中心等服务机构;其次,不断增加教育投入,改善教育体制,加紧培养技术人才,填补劳动力空缺;最后,通过放宽移民政策、工作许可及提供优惠条件吸引国外知识、技术型劳动力到国内就业,弥补信息技术和高新技术产业劳动力短缺。经过

10年的发展,爱尔兰的服务业占经济总量的56%,就业人口占全国劳动力的63%;而传统上占优势的农业只占整个经济的5%,就业人口只占全国劳动力的9%。2005年爱尔兰的计算机和信息服务贸易出口达187亿美元,占世界该类出口总额的24.81%,位居世界第一,欧洲进口软件的60%来自爱尔兰。这些新优势使爱尔兰经济每年都以8%以上的速度增长,是欧洲经济增长最快的国家,其贸易总额达到国内生产总值的两倍,是世界人均第三大出口国。爱尔兰通过引进外资、发展软件业和高新技术产业促进了服务贸易的发展,步入了发达国家行列,被称为"凯尔特虎"。

第三节 我国服务贸易发展

一、我国服务贸易的发展现状

改革开放以来,我国服务贸易发展迅速。其中,服务贸易的产业基础——第三产业蓬勃发展,在国民经济中扮演着越来越重要的角色,而且随着开放步伐的加快,形成了由东向西、由南向北的多层次、全方位的开放格局,为我国国际服务贸易面向世界发展奠定了良好的基础。从图2-1我们可以看出,长期以来,我国服务贸易总额不断增长,增速较快,服务贸易发展取得显著成果。2015年,中国服务进出口总额7 130亿美元,同比增长14.6%,增速比2014年提高2个百分点。

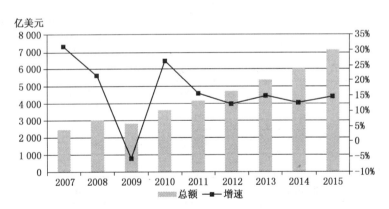

图2-1 2007—2015年中国服务进出口总额及增速

数据来源:中国商务部

(一)服务贸易全球地位稳步提升

"十二五"期间,我国服务贸易年均增长超过13.6%,服务进出口全球排名不断提升。以2015年为例,据世界贸易组织统计,2015年中国服务出口与进口增长速度均大幅高于全球水平,服务出口额与进口额的全球占比分别达到4.9%和9.6%,服务贸易总额位居全球第二位,其中,服务进口额与排名第一的美国差距大幅缩小至320亿美元(按世界贸易组织发布数据计算)。具体见表2-1。

表 2-1　2015 年全球服务贸易发展状况　　单位:十亿美元

国家	出口金额	占全球出口份额	国家	进口金额	占全球进口份额
世界	4 675	100.0%	世界	4 570	100.0%
美国	690	14.8%	美国	469	10.3%
英国	341	7.3%	中国	425	9.6%
中国	288	4.9%	德国	292	6.4%
德国	246	5.3%	法国	224	4.9%
法国	239	5.1%	英国	205	4.5%
日本	158	3.4%	日本	174	3.8%

数据来源:中国数据来自中国商务部,其他数据来自世界贸易组织

(二)服务贸易规模不断增加,但长期处于逆差状态

入世以来,我国服务贸易发展迅速,在世界服务贸易中的地位不断提高,从表 2-2 可以看出,我国服务贸易进出口总额从 2006 年的 1 917 亿美元增长到 2015 年的 7 130 亿美元,除 2009 年受金融危机影响服务贸易额有所下降外,其他年份均保持增长态势。

在服务贸易规模不断增长的同时,我国服务贸易逆差额也在不断增加。从表 2-2 可以看出,尽管我国服务贸易呈较快发展趋势,但服务贸易进口和出口发展不平衡,长期以来,我国服务贸易年进口额均超过服务贸易年出口额,服务贸易长期处于逆差状态,且逆差额不断扩大。根据国家外汇管理局以及中国统计年鉴相关数据显示,我国服务贸易逆差大部分来源于旅游和运输差额,旅游服务贸易差额自 2009 年由正变负后,逆差额不断增加,目前已成为我国服务贸易逆差的最主要来源,2015 年达 1 237.4 亿美元,占服务贸易逆差总额的 90.6%;服务贸易逆差第二大来源为运输服务,2015 年逆差额达 488 亿美元。

表 2-2　2006—2015 年我国服务贸易状况　　单位:亿美元

年份	进出口总额	出口额	进口额	差额
2006	1 917	914	1 003	−89
2007	2 509	1 216	1 293	−77
2008	3 045	1 465	1 580	−115
2009	2 867	1 286	1 581	−295
2010	3 624	1 702	1 922	−220
2011	4 191	1 821	2 370	−549
2012	4 706	1 905	2 801	−896
2013	5 397	2 106	3 291	−1 185
2014	6 043	2 222	3 821	−1 599
2015	7 130	2 882	4 248	−1 366

数据来源:中国统计年鉴

(三) 服务贸易结构持续优化

长期以来,我国服务贸易发展主要是以旅游、运输等传统行业为主的,2006年,我国三大传统行业(旅游、运输服务和建筑服务)服务进出口合计1 184.5亿美元,占服务贸易总额的61.8%;2015年,三大传统行业服务进出口合计3 703.5亿美元,占服务贸易总额比重为51.9%。近年来,随着我国服务贸易结构的持续优化,传统行业占比逐步下降,而新兴服务贸易发展快速,占比不断上升。咨询、计算机服务、广告服务等高附加值服务出口快速增长,对服务贸易结构调整和优化起到重要推动作用。以2015年为例,电信、计算机和信息服务出口270亿美元,同比增长25%,占服务出口总额比重提升1.5个百分点;专业管理和咨询服务出口291亿美元,同比增长13.6%,占比提升0.7个百分点;广告服务、文化和娱乐服务、知识产权使用费出口增幅分别达37.1%、43.9%、64.9%,占比均比上年有所提高。高附加值服务贸易快速增长,提高了中国服务贸易出口附加值,促进了知识密集型企业发展,为国内产业结构升级做出了积极贡献。

二、我国服务贸易发展存在的主要问题

虽然我国的服务贸易近年来有了显著的增长,但由于基础的薄弱和发展时间有限,仍面临着一些问题。

(一) 服务业发展滞后,服务贸易总量规模较小,相对于货物贸易比较落后

服务业是发展服务贸易的基础,服务业的滞后影响了服务贸易的发展。虽然近些年来,我国服务业发展良好,但与发达国家相比,仍有较大差距。服务贸易作为重要的出口领域,对我国经济发展做贡献的潜力仍有待发掘。而且,虽然我国服务贸易快速发展,并在进入20世纪90年代以后,服务贸易的增长速度超过了货物贸易的增长速度,但服务贸易总量规模仍然较小,在我国对外贸易总额中占比仍较低。具体见图2-2。

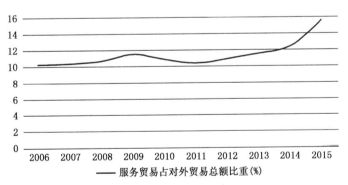

图2-2 2006—2015年我国服务贸易占对外贸易总额比重

数据来源:根据中国统计年鉴整理

(二) 服务贸易结构仍不合理

无论出口还是进口,中国服务贸易目前仍以传统的旅游、运输等行业作为支撑,其主要属于资源型和劳动密集型产业,而资本密集型服务如航空、通信以及技术、知识密集型服务如金融、计算机和信息服务等部门对中国服务贸易的贡献微小,中国的服务贸易仍以传统的落后方

式增长。

（三）劳动力的比较优势在逐步减弱

我国劳动力资源非常丰富，由此制定了加快劳动密集型服务贸易发展的战略。但是在现今知识经济时代，劳动力的比较优势重点体现在劳动者自身的素质水平和高新技术的应用能力上。服务业是智力密集型行业，对从业人员的要求较高，否则就难以提供有高附加值的服务。目前我国比较缺乏服务贸易方面的专业技术人员，如熟悉服务贸易的研究人员、工商企业家、金融家、会计师、审计师、律师和工程承包商等等。尤其缺乏新兴服务业和知识型服务业的外向型复合人才，这对服务贸易的国际化经营是极为不利的。另外，整个服务部门从业人员的素质不高，这也大大削弱了我国服务贸易的竞争能力。

（四）国内立法、管理滞后

服务贸易壁垒除了传统贸易壁垒以外，新型的贸易壁垒如制度性壁垒、知识产权壁垒等成为国际服务贸易的主要壁垒。与发达国家相比，我国的立法确实存在着较大差距，未形成完整体系，甚至不少领域至今仍是空白。同样，我国现行服务贸易管理体制也存在着很多缺陷，比如行业垄断、责权不明等。

（五）服务贸易专业人才欠缺

当前，我国服务贸易领域人才缺乏，尤其是发展现代服务业所需的专业人才更是紧缺。我国服务贸易正逐步从低附加值的劳动、资源密集型行业向高附加值的资本、技术、知识密集型行业转变，迫切需要在新兴服务贸易领域的专业人才。近年来，我国开始注重服务贸易方面的教育和职业化培训，在各所高校开设了服务贸易的相关专业，添加了相关课程，但是很多教育忽视理论与实践的融合，脱离实际，质量不高。现有服务贸易人才培养制度难以满足服务贸易发展的现实需要。

三、影响我国服务贸易发展的因素分析

（一）促进我国服务贸易发展的因素

1. 国内服务贸易发展环境不断优化

服务贸易发展的顶层设计已形成。党的十八大报告指出，今后要大力发展服务贸易，进一步扩大服务业对外开放。十八届三中全会《中共中央关于全面深化改革若干重大问题的决定》将推进金融、教育、文化、医疗等服务业领域有序开放，放开育幼养老、建筑设计、会计审计、商贸物流、电子商务等服务业领域外资准入限制。2012年以来，中国政府相继出台了《服务业发展规划（2011—2015）》《服务贸易"十二五"发展规划》和《中国国际服务外包产业发展规划纲要（2011—2015）》，促进中国服务贸易发展的系统、全面、开放和科学的规划体系逐步形成。

服务贸易促进平台影响日益增强。中国（北京）国际服务贸易交易会从2012年起至2016年已举办四届，国际影响不断增强，对我国服务贸易发展起到了重要的宣传、推动作用。中国（上海）国际技术进出口交易会、大连软交会、深圳文博会、中国（香港）服洽会、中韩技术展等一批国际服务贸易展会运转良好，为促进中外企业开展服务贸易交流合作发挥了积极的作用。

上海自由贸易试验区正在成为服务贸易发展的重要高地。我国上海自由贸易试验区自2013年9月29日正式挂牌以来，先后出台了多项服务业扩大开放措施，涉及金融、航运、商

贸、专业服务、文化服务以及社会服务六大领域。上海自由贸易试验区以负面清单管理为核心的投资管理制度已经建立,以贸易便利化为重点的贸易监管制度平稳运行,以资本项目可兑换和金融服务业开放为目标的金融创新制度基本确立,以政府职能转变为导向的事中事后监管制度基本形成,在进一步扩大服务业对外开放、发展服务贸易方面示范效应显著。

2. 服务贸易支持政策体系得到加强

近年来,我国政府不断创新支持服务贸易的政策措施,积极扩大服务业开放,对服务贸易发展起到了较好的促进作用。中国政府在财政、税收方面出台支持服务外包发展的政策措施,大力保护知识产权,鼓励服务贸易企业开展技术创新,推动金融机构为服务贸易企业提供更好服务。2014年8月,国务院发布了《关于加快发展生产性服务业,促进产业结构调整升级的指导意见》,提出进一步放开生产性服务业领域市场准入,营造公平竞争环境,引导外资企业来华设立生产性服务企业、各类功能性总部和分支机构、研发中心、营运基地等。推进生产性服务业领域有序开放,放开建筑设计、会计审计、商贸物流、电子商务等服务业领域外资准入限制。随着生产性服务业开放扩大,我国服务业的国际竞争力有望大幅提升,将为服务贸易发展创造新的重大机遇。

随着我国综合国力日益增强和文化产业的发展,文化贸易发展前景日益看好。2012年,中国政府出台了《文化产品和服务出口指导目录》,在市场开拓、技术创新等方面对国家文化出口重点企业和重点项目给予大力支持,打造一批具有国际知名度和影响力的文化产品和服务品牌,逐步建立完善文化产品和服务出口贸易体系,全面支持中国文化企业"走出去",扩大出口规模,提升质量,推动文化出口实现跨越式发展。此外,《国民旅游休闲纲要》的颁布实施,将促进中国旅游产品供给日趋丰富、完善,旅游观光、休闲度假产品创新力度加大,中国入境旅游人数、过境旅游人数和入境旅游外汇收入也将保持较快增长。

(二)制约我国服务贸易发展的因素

1. 全球服务贸易发展环境复杂多变

当前世界经济和贸易仍处于低速复苏阶段,全球服务贸易发展动力依然不足。在国际市场需求较弱的情况下,一些新兴经济体加快结构调整和开放步伐,放宽服务业外资持股比例,甚至出售大型国有公司股份,服务业出口潜力快速提升,国际服务贸易竞争出现加剧趋势。

世界贸易组织框架下多边服务贸易谈判僵持不下,以美国为首的发达国家启动了《国际服务贸易协定》(TISA)等诸边谈判,力求制定更高标准的服务贸易规则,推动全球服务市场的进一步开放。《跨太平洋伙伴关系协定》(*Trans-Pacific Partnership Agreement*,TPPA)和《跨大西洋贸易和投资伙伴关系协定》(*Trans-Atlantic Trade and Investment Partnership*,TTIP)等自由贸易协定谈判蓬勃发展,服务业开放议题成为各方关注焦点,各国谈判和扩大市场准入的对象从传统的商贸、旅游、运输扩展到新兴的信息、金融、保险等。这对全球服务贸易规则改变将产生深远影响。

2. 我国服务贸易发展的产业基础总体上仍然薄弱

总的看来,我国服务业发展长期滞后,结构不合理,生产性服务业水平不高,尚未形成对产业结构优化升级的有力支撑;生活性服务业有效供给不足,与大众日益增长的消费需求有较大差距;国际竞争力不强,缺少大企业、大集团和知名品牌。中国服务业落后制约了服务贸易发展,中国服务业产值在国内生产总值中的比重较低,虽然2015年中国服务业增加值占国内生产总值的比重已达50.5%,但仍低于世界平均水平,制约了服务贸易规模扩大和结构优化。

我国服务业落后直接导致服务出口缺乏竞争力,从而造成中国服务贸易发展滞后于货物贸易。我国服务业落后是与中国经济发展水平相对等的,经济发展水平相对较低必然导致较低水平的服务需求。

四、我国服务贸易发展对策

在国际服务市场竞争更加激烈、服务贸易壁垒更加广泛的背景下,我国应依据国情,加快国内相关服务业的发展,缩小服务贸易逆差,在提高服务业对国民经济贡献度的同时,健全服务贸易管理体制和相关法律法规,真正提升中国服务业和服务贸易的整体竞争力。

(一)优化调整产业结构,努力提升中国服务业的国际竞争力

我国服务贸易总体水平落后,服务贸易结构不合理,其中最大的制约因素就是第三产业规模和比重较小,服务业发展水平较低,服务部门、种类和设施尚不健全。为此,必须大力发展服务业,加快产业结构的调整和优化。稳步推进消费需求结构升级,提高服务消费比重。培育生产者服务市场,大力发展服务外包。加强产业链的连锁作用,加大相关产业的协调与支持力度,完善交通、文教、能源等基础设施和基础产业。推动技术和服务创新,创造新的竞争优势,努力提升我国服务业的国际竞争力。

(二)推进新兴服务贸易出口,优化服务贸易结构

按照积极推进新兴服务贸易出口与扩大传统劳动密集型服务贸易出口相结合的原则,重点扩大工程承包、设计咨询、技术转让、金融保险、国际运输、教育培训、信息技术、民族文化等服务贸易出口;充分利用外资,利用外资企业在新型服务贸易部门的示范、人员培训和产业前后向关联等途径实现的技术外溢效应,提高我国服务企业的技术水平和管理手段,优化服务贸易结构。

(三)制定和完善服务贸易立法

由于许多服务业如运输、通信、金融、保险与医疗、教育等部门涉及一个国家的基础结构;同时发展中国家存在着服务贸易逆差扩大问题,因此,一方面致力于振兴我国服务业并积极推进出口,另一方面对国内新兴服务业予以一定的保护。按 WTO 规则建立我国服务贸易竞争规则发展服务贸易,尽快制定和完善既符合我国实际又不违背服务贸易总协定和 WTO 规则的法律法规。

(四)强化政府职能,优化服务业市场秩序

第一,要加强服务基础设施建设。政府应制定措施,加大对服务业基础设施的投入,鼓励各种经济形式对服务业进行投资,以现代化的技术装备改善国内的服务手段,提高服务质量和服务效益,从总体上提高国内服务业的国际竞争力。第二,要大力推进服务业技术进步,加快科技手段在服务领域的应用。政府应通过财政、税收、信贷等方面的倾斜政策,加大对高新技术的研究、开发和投资力度。第三,要改善服务供给。打破国家对一些服务业如银行、保险、电讯等服务业的垄断,允许国内非公有制形式对这些行业的投资或参与经营,鼓励国内民营资本涉足这些服务领域,并强化竞争机制。

(五)加强人力资源培育

服务贸易的竞争归根到底是人才的竞争,而人力资本存量是决定一国贸易结构优劣的最重要因素。中国在专业人才的培养方面同西方国家存在着巨大的差距,而这也成为制约中国缩短和西方服务贸易水平差距的重要原因。

人力资本存量的提高很难立竿见影,需要一定的过程。人力资本的积累可以从以下三个方面进行:第一,加大对基础教育的投入,特别是对偏远地区学校的建设、师资的配备和相应教学设施的添置,确保九年制义务教育在全国的覆盖实施,保证中国人口的基本教育水平,为中国人力资本存量增加和层次提升打下良好基础。第二,完善服务人才引进机制,适当放宽移民条件,利用一些优惠的政策和有竞争力的待遇条件招徕国外专门的优秀人才定居我国,有效地解决本土人才培养需要大量时间和服务贸易发展时机稍纵即逝之间的矛盾。第三,在大专院校的课程设置中注重知识与实践的结合,鼓励院校和服务部门对接,鼓励部分高等院校培养一批具有法律、贸易和外语等复合知识并对《服务贸易协定》相关条款有一定了解的专门人才去相应的服务部门工作,提升服务部门从业人员水平和素质。

【专 栏】

杭州将推进服务贸易创新发展

2016年8月8日,杭州市政府网站公布了杭州市服务贸易创新发展试点实施方案。

根据该方案内容,未来杭州服务贸易的重心将集中在信息、文化、旅游、跨境电子商务、教育、金融保险等六大发展领域。方案将于9月2日起正式施行。

怎样才能带动这些领域的创新发展?方案也给出了具体的发展战略和规划目标。

以信息服务贸易为例,一个重要的做法就是要发挥华三通信、海康威视、大华技术等行业龙头企业的示范引领作用,巩固通信服务、物联网服务、金融服务外包等领域发展优势,大力发展高技术、高附加值、高文化内涵的服务外包和数字安防、网络通信等优势领域,推进信息服务向提供综合解决方案和内容服务转型。

而在跨境电子商务方面,将推动跨境电商从货物贸易为主,向货物贸易与服务贸易双轮驱动转变,进一步探索"互联网+服务贸易"新路径,不断扩大淘宝、天猫、网易等知名电商平台服务贸易的交易量。此外,还将支持浙江华麦网络技术有限公司等专业影视产品及相关衍生产品跨境交易平台的发展。

此外,还将推出一系列的保障机制和政策措施。比如依托"海风计划""杭商回归"等招商引资平台,出台相关优惠政策,招引全球知名服务贸易企业来杭落户,壮大、优化杭州服务贸易市场主体。

在引进和培育人才方面,方案也提出,要在原有服务外包人才政策的基础上,制定服务贸易中高端人才引进、培养、培训、流动、使用的相关政策。还要加强杭州师范大学人才培训公共服务平台和达内人才实训公共服务平台建设,为杭州的服务贸易中高端人才培训提供更多便利。同时争取更多高校开设服务贸易相关课程,培养企业急需的服务贸易中高端人才。

(资料来源:每日商报,2016年8月9日。杭州将推进服务贸易创新发展 重点发展信息、文化、跨境电商等领域)

五、我国服务贸易发展展望

全球服务市场形势错综复杂,机遇与挑战并存。从挑战的一面看,全球服务需求呈现收缩趋势。2015年以来,世界经济复苏动力依旧不足,货物贸易持续低速增长,全球航运业深陷低迷,金融市场风险有所上升,新兴市场与发展中国家和地区普遍面临经济不景气的冲击,对服务业的开放持审慎态度。受此影响,全球服务需求明显下滑,根据世界贸易组织最新公布的数据,2015年全球服务出口与进口分别下滑6.4%和5.4%,发达经济体中,除美国服务贸易略有增长外,欧盟与日本均出现较大程度的下降;除中国以外的发展中国家服务贸易下滑明显,其中巴西服务出口下降15.5%,韩国服务出口下降12.7%,俄罗斯服务出口下降24.5%,全球服务市场陷入萎缩的风险加大。从机遇的一面看,与服务业相关的跨国投资仍保持快速增长。据联合国贸发会议统计,2015年全球跨国直接投资同比增长36%至1.7万亿美元,其中跨境并购净交易额同比增长61%至6 440亿美元,两项数据均创2007年以来新高。分行业看,金融服务跨境并购放缓,房地产和交通服务跨境并购表现强劲。传统服务业依然是今后一个时期跨境投资的主要领域,根据联合国贸发会议《2015年世界投资报告》的调查,未来发达国家对外资最具吸引力的行业前五位中传统服务业占据四席,流向发展中国家的跨国直接投资也将集中于建筑、宾馆饭店业、交通运输与仓储等传统服务行业。随着人工智能与通信技术的不断突破,信息技术与计算机服务、通讯、咨询等新兴服务业跨境交易将持续活跃。

中国服务贸易环境不断优化,发展潜力巨大。一是服务业快速增长为服务贸易发展奠定良好基础。当前中国正处于经济结构转型升级的关键阶段,服务贸易发展的产业基础不断壮大,以互联网信息技术为依托的新业态和商业模式不断涌现,离岸服务外包业务和跨境电子商务发展迅猛。二是相关政策体系逐步完善为服务贸易发展提供有力支撑。中央和地方政府不断探索出台促进服务贸易发展、扩大服务业开放的新举措。2015年5月,北京市出台《服务业扩大开放综合试点总体方案》;2016年2月,国务院决定在上海、海南、深圳等10个省市和5个国家级新区开展为期两年的服务贸易创新发展试点。相关政策的落实推进将进一步完善中国服务贸易管理体制,扩大服务贸易开放程度,提升服务贸易便利化水平,推动服务贸易规模与质量双双提升。三是"一带一路"建设助推服务贸易发展。随着"一带一路"建设向纵深推进,相关国家在中国服务外包市场占比不断提升。与此同时,中国深入推进与相关国家的国际产能和装备制造合作,将有力促进工程承包、研发设计、运营维护等与制造业密切相关的服务贸易发展,并推动第三方咨询与认证、金融保险、物流采购等服务型企业走出去。

综合来看,虽然外部环境存在一些困难和挑战,但中国服务进出口正处于快速发展的黄金时期,产业基础持续改善、政策支持力度加大、国际市场更趋多元,为服务进出口快速增长创造了良好环境,推动服务贸易发展潜能持续释放,在中国对外贸易中的重要性将持续提升。未来,中国将在上海自由贸易试验区的基础上,继续探索服务业对外开放新举措,探索实施"准入前国民待遇"和"负面清单"的外资管理模式,服务业对外资的吸引力将明显增强。加上中国经济结构转型调整,服务贸易发展环境优化提升,中国服务贸易有望迎来更快速增长的时期。

本章小结

"服务立国"是发达国家经济发展的重要特征之一。西方发达国家在世界服务贸易中居支配地位,其强有力的贸易地位是基于发达的服务产业尤其是海外投资、保险、银行业务、租赁、工程咨询、专利与许可证贸易等方面,多数发达国家长期以来都是服务贸易的净出口国。

发展中国家虽然在资本、技术密集型服务行业较发达国家明显滞后,但在资源、劳动密集型服务领域中,发展中国家则具有一定的优势,因此发展中国家的服务贸易在近年也得到迅速发展,服务出口占世界服务出口总值的比重增加,但各国发展不平衡。与发达国家相比,发展中国家的服务业和服务贸易的规模仍较小,大部分发展中国家和地区服务业不发达,尤其是现代服务项目不具有竞争优势。

改革开放以来,我国服务贸易发展迅速。其中,服务贸易的产业基础——第三产业蓬勃发展,在国民经济中扮演着越来越重要的角色,而且随着开放步伐的加快,形成了由东向西、由南向北的多层次、全方位的开放格局,为我国国际服务贸易面向世界发展奠定了良好的基础。

思考练习题

一、名词解释

传统服务　新兴服务　服务贸易结构

二、单选题

1. 当今世界最大的服务贸易国是(　　)。
   A. 英国　　　　　B. 德国　　　　　C. 美国　　　　　D. 日本
2. 在以下服务贸易项目中,(　　)是我国长期保持顺差的项目。
   A. 旅游　　　　　B. 运输　　　　　C. 金融　　　　　D. 建筑
3. 美国服务贸易的发展经验主要归结为三个方面,不包括(　　)。
   A. 服务业基础雄厚
   B. 实行完全自由化的服务贸易对外政策
   C. 采取行之有效的服务贸易促进战略
   D. 实施自由化与保护相结合的服务贸易对外政策
4. 2015年,中国服务贸易总额名列世界第(　　)。
   A. 一　　　　　　B. 二　　　　　　C. 三　　　　　　D. 四
5. 会展经济是(　　)发展国际服务贸易的特色。
   A. 美国　　　　　B. 英国　　　　　C. 德国　　　　　D. 中国
6. 当前,我国服务贸易发展所面临的主要问题不包括(　　)。
   A. 服务贸易结构仍不合理　　　　　　B. 服务贸易发展速度过快

C. 国内立法、管理滞后　　　　　　　　D. 服务贸易专业人才欠缺

7. 我国服务贸易主要发展特征不包括（　　）。
   A. 服务贸易全球地位稳步提升　　　　B. 服务贸易结构持续优化
   C. 服务贸易规模不断增加　　　　　　D. 服务贸易逆差额在不断减少

8. 以下不属于发达国家服务贸易发展特征的是（　　）。
   A. 国际服务贸易对象的技术含量越来越高
   B. 国际服务贸易呈现以欧美为主的格局
   C. 国内立法不健全、管理体制落后
   D. 发达国家的服务贸易壁垒呈现逐步降低的趋势

9. 以下不属于发展中国家服务贸易发展特征的是（　　）。
   A. 在资本、技术密集型服务行业具有比较优势
   B. 在世界服务贸易中的地位逐步上升
   C. 在普通劳动力输出、建筑工程承包、部分旅游服务业等领域占有较大的优势
   D. 大部分发展中国家和地区服务业不发达，尤其是现代服务项目不具有竞争优势

10. 我国服务贸易结构持续优化主要体现在（　　）。
    A. 服务贸易地位不断提高　　　　　　B. 服务贸易规模不断增长
    C. 高附加值服务贸易额占服务总额比重不断上升　　D. 服务贸易发展速度快

三、判断题

1. 我国服务贸易目前以知识技术密集型的为主。（　　）
2. 发达国家在服务贸易发展中长期居于主导地位。（　　）
3. 美国服务贸易成功发展的一个重要原因在于其国内良好的服务业基础。（　　）
4. "服务立国"是发展中国家经济发展的重要特征之一。（　　）
5. 我国服务贸易正逐步从低附加值的劳动、资源密集型行业向高附加值的资本、技术、知识密集型行业转变。（　　）
6. 服务贸易日渐成为世界各国获取外汇收入，改善本国国际收支状况的重要手段，在很大程度上决定了一国国际贸易的发展状况和在国际市场上的竞争能力。（　　）
7. 中国服务贸易目前仍以旅游、运输等行业作为支撑。（　　）
8. 我国服务贸易规模虽在不断增长，但服务贸易领域劳动力的比较优势在逐步减弱。（　　）
9. 近年来，中国政府不断创新支持服务贸易的政策措施，积极扩大服务业开放，对服务贸易发展起到了较好的促进作用。（　　）
10. 当前，我国服务贸易总额已居世界前列，说明我国已迈入服务贸易强国之列。（　　）

四、简答题

1. 简述发达国家服务贸易发展特征。
2. 简述发展中国家服务贸易发展特征。
3. 简述中国服务贸易发展存在的问题。
4. 简述中国服务贸易发展对策。

五、案例分析

美国：发达的服务业支撑服务贸易发展

美国服务贸易多年居于全球首位，来自众多原因。第一，来自美国国内发达的服务业支撑。美国自20世纪60年代开始向服务型经济转型，经过多年的发展，服务业已成为经济的支柱产业，丰富的服务业门类、先进的技术支撑在促进国内服务业发展的同时，也为服务业参与国际贸易提供了强大的竞争力。第二，美国政府对服务业发展的重视与支持。美国政府不断通过政策法规、科技投入等支持国内服务业的发展，例如其通过税收安排鼓励企业增加科研投入，促使美国的产业结构逐渐向技术和资本密集型转移，并以此形成境外服务输出优势。第三，美国服务贸易政策的有利推动。为促进服务贸易的发展，美国通过制定相关出口政策，促进本国服务业的发展，增强本国服务业的竞争力。同时对于本国不具有竞争优势的服务行业，还通过服务贸易壁垒等措施，限制其他国家竞争，以达到保护本国服务产业的目的。

日本：有序开放促进服务贸易发展

日本是世界上重要的服务贸易大国，2013年其服务贸易总额为3 050亿美元，占全球服务贸易总额的3.4%，连续多年居世界前列。日本服务贸易的发展来自多个因素的支撑。第一，对外服务贸易的发展与国内服务业的发展相辅相成。近年来，日本服务业在GDP中的比重一直保持着近70%的份额，是日本的重要产业。第二，为支持服务业特别是高附加值服务业的发展，日本政府不断加大对技术研发等基础性领域的投入力度，从而使得日本的服务业结构不断优化，并保持对外贸易的竞争力。第三，日本通过管理性的对外贸易政策来增加服务业的对外竞争力。日本对服务业采取渐进式的开放，避免国内产业受到较大的冲击，同时积极引进欧美等国在服务领域的先进经验与技术，从而不断提高本国服务行业的出口竞争力。

问题：请谈谈美国和日本服务贸易的发展经验对我国发展服务贸易的启示。

第三章 国际服务贸易规则

本章要点

1. 《服务贸易总协定》的产生背景、谈判历程、结构、内容和原则
2. 服务贸易的区域性协议
3. 多哈回合服务贸易谈判其进展

引导案例

近年来,美国主要凭借三大谈判进行贸易战略部署,即《跨太平洋伙伴关系协议定》(TPPA)、《跨大西洋贸易和投资伙伴关系协定》(TTIP)与《国际服务贸易协定》(TISA)。TPP意图构建一个"面向21世纪、高标准、全面的自由贸易的平台",目前拥有13个参与国,占全球经济总量的39%,贸易额超过世界贸易总额的40%。TTIP谈判由美国和欧盟于2013年6月启动,意图在广泛的经济领域内消除贸易壁垒,建立美欧利益共同体,包含市场准入、法规与非关税壁垒、应对全球贸易机遇与挑战的规则,议题集中在服务、市场准入、竞争、投资等方面内容,若完成将成为史上最大的自由贸易协定谈判,覆盖世界贸易总量的1/3、全球GDP的1/2,涉及人口8个多亿,并将有力地促进美欧双方的就业、增长与竞争。

TISA在2012年由美国和澳大利亚牵头建立,现有50个成员国,意在WTO《服务贸易总协定》的基础上,达成全面覆盖服务贸易各领域的、更高标准的协定,为全球每年4万亿美元的服务贸易制定新规则,内容包括扩大市场准入、消除服务业的贸易和投资壁垒,且是中国唯一正式提出加入的高规格自由贸易协定。

第一节 服务贸易总协定

一、《服务贸易总协定》产生的背景及谈判历程

(一)《服务贸易总协定》产生的背景

1. 发达国家积极倡导服务贸易自由化

在经历1979—1982年经济危机后,美国经济增长缓慢,在国际货物贸易中赤字日增,而在

服务贸易领域却占据明显优势,连年顺差。以 1984 年为例,美国的商品贸易有 1 140 亿美元的逆差,而服务贸易却有 140 亿美元的顺差。作为世界最大的服务贸易出口国,美国急切地希望打开其他国家的服务贸易市场,通过大量的服务贸易出口来弥补贸易逆差,推动经济增长;而各国对服务贸易的不同程度的限制,成为美国利益最大化的障碍。因此,美国积极倡导实行全球服务贸易自由化。

早在东京回合谈判中,美国政府根据《1974 年贸易法》的授权,试图把服务贸易作为该回合谈判的议题之一,因为当时有更加迫切的问题需要解决,美国没有提出服务贸易的减让谈判,但在东京回合谈判中所达成的海关估价、政府采购协议中写入了一些服务贸易的内容。美国国会在《1984 年贸易与关税法》中授权政府就服务贸易等进行谈判,并授权对不在这些问题上妥协的国家进行报复。发展中国家和一些发达国家抵制美国的提议,欧盟起初对美国的提议持疑虑,但经过调查发现欧共体的服务贸易出口量要高于美国,转而坚决地支持美国。日本虽然是服务贸易的最大进口国,呈逆差形势,但由于在国际贸易中呈现顺差,加之为调和与美国之间日益尖锐的贸易摩擦,也始终支持美国。

2. 发展中国家对服务贸易自由化由坚决抵制到逐步接受

当美国开始提出服务贸易问题时,绝大多数发展中国家都坚决反对服务贸易自由化,理由为:

(1) 服务业中的许多部门,如银行、保险、证券、通信、信息、咨询、专业服务(法律、会计等),都是一些资本、知识密集型行业,在发展中国家这些行业是很薄弱的,不具备竞争优势。

(2) 发展中国家的服务部门尚未成熟,经不起发达国家激烈竞争的冲击,过早地实行服务贸易自由化会挤垮这些尚处于幼稚阶段的民族服务业,因此,在这些行业获得竞争力以前,不会实施开放。

(3) 有些服务行业还涉及国家主权、机密和安全。

随着发达国家在服务贸易谈判问题上的认识逐步统一,发展中国家坚决抵制的立场有所改变。首先,一些新兴的发展中国家和地区某些服务业已取得相当的优势,如韩国的建筑工程承包就具有一定的国际竞争力,新加坡的航空运输业在资本、成本和服务质量上也具有明显的优势,这些国家希望通过谈判扩大本国优势服务的出口。其次,大部分发展中国家一方面迫于来自发达国家的压力,另一方面也认识到如果不积极地参与服务贸易的谈判,将会形成由发达国家制定服务贸易的规则,而自己只能成为被动的接受者,其利益将会受到更大的损害。因此,许多发展中国家也先后表示愿意参加服务贸易谈判。

(二) 乌拉圭回合关于服务贸易的谈判

1986 年 9 月,埃斯特角部长宣言中将服务贸易作为三项新议题之一列入乌拉圭回合多边贸易谈判议程,拉开了服务贸易首次多边谈判的序幕。

乌拉圭回合服务贸易谈判大体可分为三个阶段。

第一阶段从 1986 年 10 月 27 日正式开始到 1988 年 12 月中期审议前为止。谈判的主要内容包括服务贸易定义;适用服务贸易的一般原则、规则;服务贸易协定的范围;现行国际规则、协定的规定;服务贸易的发展及壁垒等。这一阶段各国的分歧很大,主要集中在对国际服务贸易如何界定问题上,发展中国家要求对国际服务贸易做比较狭窄的定义,将跨国公司内部交易和诸如金融、保险、咨询、法律规范服务等不必跨越国境的交易排除在外面,而美国等发达国家主张较为广泛的定义,将所有涉及不同国民或国土的服务贸易归为国际服务贸易一类。多边谈判最终基本采取了欧共体的折中意见,即不预先确定谈判的范围,根据谈判需要对国际服务贸易采取不同定义。

第二阶段从中期审议至1990年6月为止。在加拿大蒙特利尔举行的中期审议会上,谈判的重点集中在透明度、逐步自由化、国民待遇、最惠国待遇、市场准入、发展中国家更多参与、保障条款和例外等服务贸易的基本原则,此后的工作主要集中于通信、建筑、交通运输、旅游、金融和专业服务各具体部门的谈判。与此同时,各国代表同意采纳一套服务贸易的准则,以消除服务贸易中的诸多障碍。各国分别提出自己的方案,阐述了各自的立场和观点,其中1990年5月4日,中国、印度、喀麦隆、埃及、肯尼亚、尼日利亚和坦桑尼亚几个亚非国家向服务贸易谈判组联合提交了"服务贸易多边框架原则与规则"提案,对最惠国待遇、透明度、发展中国家更多参与等一般义务及市场准入、国民待遇等特定义务作了区分。后来,《服务贸易总协定》的文本结构采纳了"亚非提案"的主张,并承认成员方发展水平的差异,对发展中国家做出了很多保留和例外,这在相当程度上反映了发展中国家的利益和要求。

第三阶段从1990年7月至1993年12月。这一阶段由《服务贸易总协定》的框架内容的基本明朗到最终达成《服务贸易总协定》。1990年12月的布鲁塞尔部长级会议上,服务贸易谈判组修订了"服务贸易总协定多边框架协议草案"文本,其中包含海运、内陆水运、公路运输、空运、基础电信、通信、劳动力流动、视听、广播、录音、出版等部门的草案附件,但由于美国与欧共体在农产品补贴问题上的重大分歧而没有能够最终结束谈判。经过进一步谈判,在1991年底形成了《服务贸易总协定》草案,该草案包括6个部分35个条款和5个附件,规定了最惠国待遇、透明度、发展中国家更多参与、市场准入、国民待遇、争端解决等重要条款,基本上确定了协定的结构框架。经过各国的继续磋商谈判,协议草案根据各国的要求进一步修改,1993年12月5日,贸易谈判委员会在搁置了数项一时难以解决的具体服务部门谈判后,最终通过了《服务贸易总协定》(General Agreement on Trade in Service,简写为GATS)。

1994年4月15日,各成员方在马拉喀什正式签署《服务贸易总协定》,它于1995年1月1日和世界贸易组织同时生效。至此,长达8年的乌拉圭回合谈判终于告以结束,虽然有几个具体服务部门的协议尚待进一步磋商谈判,但《服务贸易总协定》作为多边贸易体制下规范国际服务贸易的框架性法律文件,它的出现是服务贸易自由化进程中的一个里程碑。

二、《服务贸易总协定》的原则、宗旨和主要内容

(一)《服务贸易总协定》的原则和宗旨

《服务贸易总协定》本身条款由序言和6个部分29条组成。前28条为框架协议,规定了服务贸易自由化的原则和规则,第29条为附件(共有8个附件)。主要内容包括:范围和定义、一般义务和纪律、具体承诺、逐步自由化、机构条款、最后条款等,其核心是最惠国待遇、国民待遇、市场准入、透明度及支付的款项和转拨的资金的自由流动。《服务贸易总协定》适用于各成员采取的影响服务贸易的各项政策措施,包括中央政府、地区或地方政府和当局及其授权行使权力的非政府机构所采取的政策措施。

《服务贸易总协定》的宗旨是在透明度和逐步自由化的条件下,扩大全球服务贸易,并促进各成员的经济增长和发展中国家成员服务业的发展。协定考虑到各成员服务贸易发展的不平

衡,允许各成员对服务贸易进行必要的管理,鼓励发展中国家成员通过提高其国内服务能力、效率和竞争力,更多地参与世界服务贸易。

根据协定的规定,WTO成立了服务贸易理事会,负责协定的执行。

(二)《服务贸易总协定》的主要内容

1.《服务贸易总协定》的主要框架

第一部分为范围和定义,具体包括第一条范围和定义。

第二部分为一般义务和纪律,具体包括第二条最惠国待遇、第三条透明度、第三条之二机密资料的公开、第四条发展中国家的更多参与、第五条经济一体化之二劳动力市场一体化协议、第六条国内法规、第七条承认、第八条垄断和专营服务提供者、第九条商业惯例、第十条紧急保障措施、第十一条支付和转移、第十二条保障收支平衡的限制、第十三条政府采购、第十四条一般例外之二安全例外、第十五条补贴。

第三部分为具体承诺,具体包括第十六条市场准入、第十七条国民待遇、第十八条附加承诺。

第四部分为逐步自由化,具体包括第十九条具体承诺的谈判、第二十条具体承诺表、第二十一条承诺表的修改。

第五部分为机构条款,具体包括第二十二条磋商、第二十三条争端解决和实施、第二十四条服务贸易理事会、第二十五条技术合作、第二十六条与其他国际组织的关系。

第六部分为最后条款,具体包括第二十七条利益的拒给、第二十八条定义、第二十九条附件。

2.《服务贸易总协定》适用范围

协定适用于各成员采取的影响服务贸易的各项政策措施,包括中央政府、地区或地方政府和当局及其授权行使权力的非政府机构所采取的政策措施。

3. 国际服务贸易四种方式

根据《服务贸易总协定》第一条规定,国际服务贸易具体包括四种方式:

(1)跨境交付。跨境交付是指成员服务提供者在其境内向在任何其他成员境内服务消费者提供服务,以获取报酬。

(2)境外消费。境外消费是指成员的服务提供者在其境内向来自任何其他成员的服务消费者提供服务,以获取报酬。

(3)商业存在。商业存在是指成员的服务提供者在任何其他成员境内建立商业机构或专业机构(附属企业或分支机构),为所在成员境内和其他成员的服务消费者提供服务,以获取报酬。

(4)自然人流动。自然人流动是指成员的自然人(服务提供者)到任何其他成员境内提供服务,以获取报酬。

4. 服务部门分类

《服务贸易总协定》将国际服务贸易分为:①商务服务;②通信服务;③建筑和相关工程服务;④经销服务;⑤教育服务;⑥环境服务;⑦金融服务;⑧与健康相关的服务和社会服务;⑨旅游和与旅游相关的服务;⑩娱乐、文化和体育服务(视听服务除外);⑪运输服务;⑫其他未包括的服务。共12个部门,具体又分为160多个分部门。

5. 一般义务和纪律

（1）一般义务。协定的一般义务主要包括为其他成员提供最惠国待遇，提高服务贸易政策的透明度，促进发展中国家更多地参与服务贸易；提高发展中成员国内服务业的能力、效率和竞争力，改善它们进入分销渠道和信息网络的机会，开放对它们具有出口利益的服务部门和服务交付方式。

（2）国内法规与资格承认的纪律。协定要求在已做出具体承诺的服务部门或分部门，成员都应确保服务贸易的一般适用的国内法规、措施均在合理、客观、公正的情况下实施。协定要求成员应承认其他成员服务提供者所具有的学历或其他资格，以便在服务领域里取得批准许可或证书；资格承认不能在不同成员间造成歧视或差别待遇，也不能对服务贸易构成变相的限制。

（3）垄断或专营服务提供者及限制性商业惯例的纪律。协定要求各成员应确保在其境内的任何垄断和专营服务提供者不得采取与无条件最惠国待遇和已做出的具体承诺相违背的行为，不致滥用它们的权利。限制性商业惯例应由各成员进行磋商，以便加以消除。

（4）一般和安全例外。《服务贸易总协定》关于一般和安全的例外与关贸总协定类似，并规定了特别适用于服务贸易的一般例外情况，包括防止有欺诈行为，保护个人隐私，平等有效地课征税收等；并列出了一成员在税收方面区别对待本国公民和外国人的各种做法。

6. 具体承诺协定

具体承诺协定规定了具体承诺谈判的原则，各成员根据这些原则就其愿意做出承诺的部门进行谈判，达成的承诺列入该成员的具体承诺减让表。具体承诺分为三个部分，即市场准入承诺、国民待遇承诺和其他承诺。

（1）市场准入。市场准入是经过双边或多边谈判达成而承担的义务，实施对象包括成员的服务和服务提供者。市场准入承诺及有关国民待遇的任何限制和例外，是多边适用的。

（2）国民待遇。协定规定，在已承诺的部门、条件和资格中，给予外国服务和服务提供者的待遇，不应低于给予本国相同服务和服务提供者的待遇。但对于未做出承诺的服务部门，无须实施国民待遇原则，即使在已经做出承诺的部门，也允许对国民待遇采取某些限制。

（3）逐步自由化。协定规定了服务贸易自由化的目标，在适当尊重各成员的国内政策目标和发展水平的前提下，确认服务贸易自由化为一渐进过程，每5年举行一轮实质性谈判，不断推进服务贸易自由化，以直接减少或者消除限制服务贸易市场准入的措施。

三、《服务贸易总协定》的评述

《服务贸易总协定》的签署和实施必将对各国经济和贸易产生巨大的影响。

（一）为各缔约国发展国际服务贸易提供了共同遵守的国际规则

长期以来，尽管国际服务贸易比国际有形商品贸易发展迅速，但它却缺乏一套像有形商品贸易那样由关贸总协定所提供的参与国际服务贸易的国家或地区共同遵守的国际规则，同时也缺乏针对性的约束机制。在《服务贸易总协定》正式形成之前，各国服务贸易政策和规则的协调主要通过两种形式：①以双边或区域协调为主。许多国家之间订立双边贸易协定，在服务贸易上相互给予互惠待遇。②以行业协调为主。这一形式的服务贸易规则的谈判以往都是在国际电讯协会、国际民航组织、国际清算银行、国际海事咨询组织等国际性行业组织主持下进行的。这些协调方式显然不能够适应国际服务贸易发展的现实,妨碍了国际服务贸易的全面自由化并减缓了服务贸易流量的增长。

在乌拉圭回合多边贸易谈判中产生的国际服务贸易总协定就为国际服务贸易的发展创立了各缔约国必须共同遵守的国际准则。《服务贸易总协定》的目的在于制定处理服务贸易的多边原则和规则的框架,包括对各个服务部门制定可能需要的守则,以便在透明度和逐步自由化的条件下扩大服务贸易,并以此作为促进所有贸易伙伴经济增长和发展中国家发展的一种手段。《宣言》同时还提出将关贸总协定的程序和惯例适用于国际服务贸易的谈判。这样,关贸总协定把四十多年来在有形商品贸易谈判中取得的全部经验都引伸到服务贸易中,从而使服务贸易的规则、内容、条款以及组织机构得以完整地建立,使各缔约国有了一个共同的认可和可供遵循的国际规则。

(二)促进国际服务贸易的自由化,并推动国际服务贸易的全面增长

服务本身是一种商品。在这种无形商品的流通过程中,由于各国劳动力所具有的技术、知识水平的差异,使得他们所提供的同样的服务或服务化的商品之间存在着类似有形商品贸易中的比较优势。正是由于这种比较优势,导致各国的服务在国际服务市场上竞争力不同,因此各国在服务贸易中必将会根据自己的情况采取一系列"奖出限入"政策,保护自己的服务市场。由此看来,国际服务贸易虽然不存在关税壁垒,但却存在着各种各样、名目繁多的非关税壁垒,并对国际服务贸易的发展形成重大障碍。而服务贸易总协定的基本精神是服务贸易自由化,即提请各国在遵守一般义务和原则的前提下,做出开放本国各个服务部门的具体承诺,然后在框架协议生效后,就上述的具体承诺举行多边谈判,以逐步实现服务贸易的自由化,使服务业在各国或地区间无阻碍地自由流动。所以,《服务贸易总协定》一定会像关贸总协定那样,通过最惠国待遇、各国服务贸易政策透明度、市场准入和国民待遇、发展中国家更多的参与、逐步自由化,以及各成员国所制定的一系列义务、原则等最大限度促进其自由化,从而《服务贸易总协定》必将使国际服务贸易额有较大增长。

(三)对不同国家、不同类型服务贸易产生不同的推动作用

由于各国经济发展程度不同,各国服务业发展亦参差不齐,各国所拥有的优势也各不相同,因此服务贸易总协定的签署和实施将会使不同国家、不同类型的服务贸易产生不均衡性增长。第一,由于发达国家占据国际服务业的主导地位,具有竞争力强的高新技术服务贸易,因此,《服务贸易总协定》必将对其产生巨大的推动作用,并迅速加快其增长速度。这样就使得发达国家在服务贸易的利益分配中居于绝对有利的地位,成为《服务贸易总协定》的最大受益者;而发展中国家则相对处于劣势地位,受益相对较少。第二,对于发展中国家来说有一定优势的服务领域,如海运、劳务输出、工程建筑承包等,服务贸易总协定虽然会促使其增长,但就发展速度而言会低于高新技术服务。第三,各国的国际旅游业会随各国经济增长而较快地发展,并在服务贸易中占据主导地位。但由于各国旅游设施及旅游服务项目的不同,《服务贸易总协定》对其的推动亦不同。

(四)加剧发达国家与发展中国家服务业、服务贸易发展的不平衡

正如关贸总协定的产生使各国有形商品贸易发展的不平衡一样,《服务贸易总协定》的签署也将使竞争力不同的各国的服务业、服务贸易存在不同的发展速度。由于发达国家具有高新的技术、全新的服务行业,因此随着《服务贸易总协定》的全面实施,发达国家必以其先进的

技术、高素质的人力资源和良好的形象占据国外市场,使本国的服务出口大幅度增长。而对于发展中国家来讲,《服务贸易总协定》的实施虽会促使其传统的服务业的发展,但对于其尚未成长起来的高新技术服务部门会有一定的消极作用,并由此而影响服务贸易的全面发展。

(五)在推动国际服务贸易发展的同时,促进有形商品贸易的发展

服务贸易的自由化在促进服务贸易发展的同时,会推动与服务贸易相关的有形商品贸易的发展,特别是资本、技术密集型服务的贸易,往往伴随着相应的硬件设备的有形商品贸易(如数据处理服务、远距离通信服务等)的扩大将促使通信类的各种硬件设备的发展;航空运输服务的扩大会促进飞机制造业的发展;陆路、水运服务的发展必然引起相关产业的发展;银行金融服务的发展,也必将使银行系统的传真通讯及资金调拨网络的硬件贸易增长。同时,由于发达国家具有服务贸易项目的比较优势,因此,在未来的多边谈判中,有可能在发展中国家服务市场逐步开放的同时,在有形商品贸易方面向发展中国家做出更多的让步,从而促进有形商品贸易的发展,并会形成国际分工的新格局。

(六)增加各缔约国的外汇收入,平衡国际收支

过去,外汇收入的主要来源是有形商品的出口,而当今世界服务贸易出口为一个国家赚取的外汇不能不令人格外重视。如美国利用其拥有的先进技术、较高素质人力资源等有利条件,大力开拓国际服务贸易市场。在1981年,以411亿美元的服务顺差,不仅抵偿了280亿美元的有形商品贸易逆差,而且还使整个国际收支盈余了131亿美元。至今,几个主要的发达国家仍然是服务贸易的最大出口国。随着服务贸易总协定的全面实施,发达国家依靠其服务贸易上的比较优势,必然会获得更多的外汇收入。同时对于广大发展中国家而言,除可以利用服务贸易总协定中的有关条款保护国内相对幼稚的服务业外,还可以利用最惠国待遇等有关条款发展运输业、旅游业和劳务出口,为国家增加外汇收入,平衡国际收支。

(七)可以缓解各国国内就业压力

目前,全世界大约有30%的劳动力处于失业、半失业状态,而这种形势随着科技的进步和先进生产工艺的进一步使用还会更加严重,所以各国国内就业压力非常大。实践证明,大力发展服务业是缓解国内就业压力的有效途径。如发达国家平均每10个就业机会中就有8个来自服务业。由于《服务贸易总协定》的实施可以推动服务贸易的自由化进程,并可带动有形商品贸易的发展,可以引进先进的技术和管理经验,为发展本国经济服务,因此,随着《服务贸易总协定》的实施,无论是发达国家,还是发展中国家,就业压力均会有所减轻。

(八)对发展中国家服务贸易的促进及阻碍

首先,由于《服务贸易总协定》对发展中国家做了许多保留与例外,特别是允许他们在国民待遇、最惠国待遇、透明度、市场准入等方面逐步自由化,并在对发展中国家经济技术援助方面,予以很大的优惠。所以发展中国家可以充分利用这些机会扩大本国具有优势的服务业的出口。其次,《服务贸易总协定》的实施,虽然要求发展中国家为服务贸易的逐步自由化做出贡献,对本国服务业市场作适度开放,但也允许发展中国家在特定条件下采取适当的措施保护其落后的服务业。这样,发展中国家既可以为保护国内幼稚服务业或民族服务业的发展而采取很多限制服务进口的措施和规定,也可以在适度的开放过程中,学到发达国家在服务业方面的先进技术和经营管理方式,并可以在开放过程中,使本国相应的服务业与发达国家进行竞争,使其在竞争中得到发展。

然而,《服务贸易总协定》的实施,在一定程度上也会给发展中国家带来消极作用。第一,不可避免地会对发展中国家尚未成长起来的高新技术服务部门造成阻碍;第二,高新技术服务业的海外扩展在一定程度上会危及发展中国家的主权和安全;第三,由于经济一体化速度的加快,比较优势在服务业的进一步利用,会形成发展中国家对发达国家服务业和提供服务的依赖,进而形成不合理的国内产业结构和国际分工格局。大量的服务进口势必引起相关商品的进口增加,从而引起对国内产品需求下降,使得发展中国家并不乐观的国际收支和金融状况进一步恶化。

第二节 服务贸易区域性协议

一、欧盟服务贸易规则

1957年3月于罗马签署的《建立欧洲经济共同体条约》(以下简称《罗马条约》)以"各成员国之间废除阻止人员、服务和资本的流通各种碍障"(第三条第三款)为其宗旨之一,是欧共体规范区域内服务贸易最重要的法律文件。欧盟服务贸易自由化规则,主要体现在《罗马条约》及其后签署的系列协定中。《罗马条约》涉及的内容极其广泛,《罗马条约》第三条及第一百一十条、第二百二十八条为欧盟共同商业政策主要法律依据;1993年11月生效的欧洲联盟条约则修订若干共同商业政策的条文,主要是为促进欧盟的自由贸易,并使各成员国在实施共同商业政策时,为避免贸易扭曲或成员国产生经济困难,执委会可授权成员国采取必要的保护措施。《罗马条约》还规定:在过渡时期结束前应实现人员、劳动和资本的自由流通。

【专栏】

欧洲一体化是在二战后起步的,1950年5月9日,法国外长舒曼向西德总理阿登纳提议将两国的煤钢生产置于一个超国家的高级机构管理之下,并将该机构向其他国家开放,这项建议得到了意大利、荷兰、比利时和卢森堡的响应。1951年4月18日,6国在巴黎签订了《欧洲煤钢联营条约》,正式成立"欧洲煤钢共同体";1957年3月25日,6国在罗马签订《欧洲经济共同体条约》和《欧洲原子能共同体条约》,统称《罗马条约》,决定建立"欧洲经济共同体"和"欧洲原子能共同体",条约于1958年1月1日正式生效。1967年7月1日,6国正式将"欧洲经济共同体""欧洲原子能共同体"和"欧洲煤钢共同体"的部长理事会及委员会等主要机构合并,统称"欧洲共同体"。

1991年12月9日,欧共体在荷兰马斯特里赫特召开特别首脑会议,签订了《欧洲经济和货币联盟条约》及《欧洲政治联盟条约》,通称为《马斯特里赫特条约》,1993年11月1日,该条约在得到所有成员国的批准后正式生效,欧共体正式更名为欧盟。

(一)共同商业政策中建立具体服务市场的策略

欧洲经济共同体关于服务业的目标是要建立一个以关税同盟为基础的共同市场,并协调各成员国经济政策,实现共同体内部的服务业一体化。依据《罗马条约》第二十三条的规定,预定在1970年完成对外共同关税,实际上欧共体于1968年7月就完成了建立对外共同关税的工作。但是在消除内部非关税性质的贸易障碍方面,由于《罗马条约》并未具体规定欧洲经济共同体对共同商业政策的权限,因而进展缓慢,以至于在1986年签署的单一欧洲法案中,重新制定了建立内部市场的相关规定,列入《罗马条约》中以增补其结构的不足。欧盟共同商业政策的工具可分为协议与自主性两类:前者为必须遵守的国际经贸条约,且无法片面修订,如《关贸总协定》;后者为自行研讨的诸项有关经贸法令、规章。欧盟分别采取双边部分和多边部分的方法来实现共同商业政策的实施。在双边部分,首先确认市场准入的障碍,选择优先行动的目标;确认解决贸易障碍的最佳时机;促进双边与多边措施的协调一致,并配合其他行动;改进执委会、成员国、工业界与代表团之间市场开拓活动的协调。在多边部分,主要要求巩固乌拉圭回合谈判决议,并确保所有签署均实行其承认与拒绝;确认推动市场开放的方式及探求可制定多边原则的新领域议题;响应经济全球化新挑战及新障碍。

(二) 专业资格的相互承认

《罗马条约》第五十七条第一款规定,为了便于有关人员作为自雇职业人员从事相关职业活动,欧共体部长理事会根据该条约一百八十九条规定的程序发布指令,以相互承认文凭、证书和其他正式的资格证明,如医生、兽医、牙医、助产士、护士、药剂师、建筑师、美发师和民用航空人员等。此外,欧盟理事会1989年制定了第89/48号指令,以实施《罗马条约》的上述规定。该指令保证了每个成员国境内取得的有效专业资格,在其他成员国同样得到承认。

(三) 服务原产地规则

《罗马条约》第五十八条规定,根据一成员国的法律组成并在共同体内拥有注册办公机构、中心管理机构或主要营业场所的公司或商号,应受到如同作为成员国国民的自然人那样的对待。在一成员国境内的非共同体内企业在另一成员国境内设立企业或者该企业提供跨境服务时,如要享受共同体内企业的同等待遇,须符合第五十八条规定的条件,而且与该成员国存在持续有效的联系。另外。对于消费者的跨境消费及自然人的开业自由,条约并没有具体的服务原产地规则,若要适用条约的相关规定,消费者或提供服务的自然人须具有欧共体一成员国的国籍及住所。

(四) 政府采购

根据《罗马条约》,欧共体颁布了一系列指令以协调各公共部门政府采购的程序。具体如下:须在整个欧共体范围内招标,使所有成员国的企业均有机会投标;禁止为歧视潜在的外国投资者而规定的特别技术要求;在招标和评标时须采用客观标准。为协调服务领域的政府采购程序,1992年欧共体颁布了第92/50号指令。此外,水力、电力、运输及电信领域服务的政府采购适用欧共体第93/38号指令。

(五) 欧盟服务贸易自由化新举措——服务业指令

针对欧盟内阻碍服务市场自由化的众多壁垒的现有处理方案程序烦琐复杂、耗时耗力的情况,欧委会在对盟内服务业市场总体情况进行深入调研后,提出了"内部市场服务业指令"。该指令致力于消除服务贸易一体化过程中的壁垒,推动服务领域的跨境开业,以期增强不仅是服务企业,更是包括所有工业企业的竞争力。"内部市场服务业指令"是一个全面的法律框架,是覆盖所有服务业领域的原则性总体规定,而不是具体到部门的细节规定:它并不针对具体贸易壁垒,也并不是提出消除壁垒的具体方法,而是对于推动盟内服务的自由流动确立一些共同的原则和指导性的规定。2006年2月16日,欧洲议会对欧盟服务业指令进行了投票。最终以394票赞成、225票反对、33票弃权的结果通过了该指令。概括起来,该指令具备以下几个方面的基本内容。

1. 给予服务企业在行政许可上极大的简化。鉴于目前服务业跨境开业的主要障碍之一是各国行政机构在行政许可方面设立了烦琐复杂的手续,使企业花费了过多成本和精力在申请设立和开业上。指令要求各国行政许可机构应尽量简化许可手续和要求,为跨境开业或经营的服务企业提供简便有效的许可程序。

2. 首次要求成员国政府全面检查自己国内法规。有关服务市场歧视性、不透明的限制性规定,要求成员国政府执行和转化欧洲法院有关案例法。力求为所有企业创造一个统一、稳定的法律环境,为不同地域服务企业的竞争提供公平的起跑线。

3. 强调信息获取的便利化。为了解决信息不对称的问题,指令要求服务领域的各个利益方都应该有便利的获取信息的渠道,企业应该能够以最小的支出获取影响其经营的有关信息。服务用户和消费者也应该能够简便地获取有关服务的信息。

4. 建立成员国之间的合作与互信。界定服务输出国和接受国之间的监管责任,避免对跨境提供服务产生重复管辖。由于服务产品的特殊性,对于服务企业和服务产品的监管尤其重要,跨境提供服务对于如何实现监管提出了新课题。指令提出成员国之间要明确责任,加强合作,既要避免重复管辖,又要避免出现监管的真空地带。

5. 明确服务产品消费者在一体化市场中的权益,保证其充分享有服务业市场一体化的好处。指令提出要从法律层面保障消费者自由选择服务的权利,消除任何具有歧视性和模糊性的规定,保证消费者在异地消费或者选用外国服务产品时也充分享有其权利。

6. 执行手段采取欧盟与成员国合作的形式,而非强制执行。鉴于服务业领域的开放是一个复杂渐进的过程,新老成员国在这个领域有着较大的利益分歧和不同的利益诉求,欧盟并不是通过法律法令这样具有强制性的手段,而是使用指令这种较为缓和的手段推动服务贸易的一体化,以求在执行过程中得到成员国更多的支持和合作。

二、北美自由贸易区服务贸易规则

从20世纪80年代初起,欧洲经济一体化的进程加快,日本对美、加市场也采取了咄咄逼人的进攻策略,美、加两国在国际的经济地位和竞争优势相对减弱,这使双方都意识到进一步加强双边经济贸易关系的必要性。1980年,里根在竞选美国总统时就提出一个包括美国、加拿大、墨西哥及加勒比海诸国在内的"北美共同市场"的设想。加拿大1983年也提出了关于建立美加自由贸易区的设想。1985年,美、加两国开始进行有关签署双边自由贸易协定的谈判。1988年6月2日,《美加自由贸易协定》正式签署,1989年1月1日,该协定正式生效。

《北美自由贸易协定》是在1989年《美加自由贸易协定》基础上的衍生。美国、加拿大和墨西哥三国签署的《北美自由贸易协定》(NAFTA)自1994年1月1日起全面生效。该协定的目的是通过在自由贸易区内扩大贸易及投资机会,来促进美、加、墨三国的就业机会和经济增长,增强三国在全球市场的竞争力。自协定生效之日起,美、加、墨在15年的过渡期内全部取消商品、服务及投资领域的所有关税及非关税壁垒。《北美自由贸易协定》是《美加自由贸易协定》的进一步扩大,突破了贸易自由化的传统领域,纳入了服务贸易,并在自由化步伐上迈得更大,在一定程度上成为乌拉圭回合谈判《服务贸易总协定》的范本。

(一)《北美自由贸易协定》有关服务贸易规则的主要内容

1. 服务的范围

就服务部门而言,协定覆盖的服务部门相当广泛。第十二章"跨境服务贸易"建立了旨在实现跨境服务贸易自由化的规则和原则框架。协定采用列举"否定清单"的方式来规定其适用的服务部门的范围,即如果一个服务部门没有被明确排除在协定调整范围之外,那么该服务部门就会自动地适用。该章明确规定不适用于下列服务和活动:(1)金融服务、与能源或基础石油化工有关的服务;(2)航空服务及其支持服务(除航空器维修服务和特种航空服务之外);(3)跨境劳工贸易、政府采购、政府补贴、成员国政府所进行的与法律执行、收入保障、社会福利和国家安全有关的活动。

至于其他部门,允许各成员方做出不同程度或全部或部分的保留。此外,其他章节和附录还分别就电信服务、金融服务、陆地运输、专业服务进行专门规定。通过列举"否定清单"的方式,NAFTA使北美形成了一个较为开放的服务贸易市场,在许多复杂和高度控制的服务部门取得了较大的自由化进展,其服务贸易市场的自由化程度超过了国际多边服务贸易谈判所能达到的程度。在美国、加拿大、墨西哥三国中,美国、加拿大做出的服务贸易自由化承诺多一些,而墨西哥的情况则较不同。墨西哥在对许多服务部门做出服务贸易自由化承诺的同时,又提出许多保留,其不受约束的保留部门主要有基础电讯、空运和海运、政府服务等。

就服务提供的方式而言,协定完全覆盖了GATS项下有关提供服务的四种方式。协定第十二章"跨境服务贸易"包括了对一项服务的生产、分配、营销、销售、交付、购买、使用、与服务有关的运输、支付等要素,涵括了GATS项下方式一"跨境交付"和方式二"境外消费"。第十一章"投资"适用于包括非股权利益的各种形式的投资,含义广于GATS项下的相应定义,适用于为提供服务而进行的投资活动(GATS项下的方式三"商业存在")。GATS项下方式四"自然人流动"的相应规定可见第十六章"商人临时入境"。

2. 国民待遇和最惠国待遇

各成员国在协定生效或生效后的一段时间内,要消除与国民待遇原则和最惠国待遇原则相抵触的限制服务贸易自由的措施。第十一章"投资"、第十二章"跨境服务贸易"、第十三章"电信服务"、第十四章"金融服务"均规定了国民待遇原则和最惠国待遇原则。现以第十二章为例加以说明。该章国民待遇原则规定:每一协定成员国应像对待本国的服务提供者一样对待另一协定成员国的服务提供者。关于省级及州级的措施,国民待遇是指向另一协定成员国服务提供者提供的待遇应不低于本国、省或州对本地服务提供者提供的待遇。最惠国待遇原则要求一协定成员国对待另一协定国服务提供者应不低于向任何一国服务提供者提供的待遇。此外,该章还规定了成员国不能以在该国设立代办处、代表处、分支机构及任何形式的企业,作为另一协定成员国服务提供者提供服务的前提条件。尽管各成员国承诺根据上述原则取消限制服务贸易自由的措施,但第十二章也明确允许成员国对某些服务部门或服务活动不给予这些待遇。该章连同有关附件列举了成员国可对上述原则提出保留的服务部门或活动。但对于新制定的措施,各成员国必须保证其与协定的一般性义务相一致。

该协定要求成员国遵守上述原则的规定,较之GATS项下之规定有过之而无不及。协定对各成员国采取或维持的与上述原则不一致的措施采用了"否定清单"的规定方式,使未列入该清单的部门和措施均属应实行自由化的范围。在金融服务、陆地运输服务、投资、特种航空服务、专业服务和某些商业服务领域适用"禁止回退"原则,即所有的保留或例外只能朝着自由化方向发展,而不能更趋严格。

3. 市场准入

协定的核心原则之一"国民待遇原则"保证了来自另一成员国的服务提供者将与所在成员国的服务提供者享受同等待遇。这一规定使服务提供者在进入另一国服务市场时,有了更广泛的服务提供方式选择。第十二章"跨境服务贸易"还规定了"非歧视性数量限制",要求每一成员国把在某一行业限制服务提供者数量或活动的非歧视性措施列明,任何另一个协定成员国均可要求对这些措施进行咨询以及就这些限制性措施的自由化及取消进行谈判。可见,协定在市场准入方面的步伐比GATS迈得更大。

4. 透明度原则

区域内几乎所有的服务领域(做出保留者除外)均受协定相关章节约束,因此,成员国不可能像在GATS体制下那样不列出某一部门即可隐藏其限制性措施。而且,协定还有一个总体性要求(第一千八百零二条):每一成员方须保证其与协定相关的法律、法规、程序及行政规章及时出版或以其他方式公布。此外,与GATS第三条和第四条的义务类似,第一千八百零一条也有"联络点"之要求。

5. 许可及证书

NAFTA第十二章宣称,一成员国对其他成员国国民的许可和证书要求,不应构成对服务贸易不必要的壁垒。成员国对许可和证书的要求及核准应基于客观、公开的标准,以能够保证提供服务的质量为限,而不应苛加不必要的负担,从而构成对所涉服务的限制。协定还规定了相互承认许可证和证明的机制,但成员国并没有义务对另一成员国颁发的许可证予以承认。一旦成员国同意此种承认,该成员国即应给予其他成员国的服务提供者以出示证书的机会。此外,协定还以一个专门的附件对专业服务提供者(特别是律师和民用建筑业者)的许可和证书做出规定。该附件规定了许可证和证书的申请过程,并对建立共同接受的专业标准和临时许可进行规范,放开对外国法律咨询服务许可以及对外国工程人员的临时限制。对此,协定还规定,对于外国的专业服务提供者只有取得东道国国籍或永久居留权才能被颁发许可证和证明这一措施,成员国须在协定实施后的两年内予以取消,否则另一成员国可保留或设置相应的要求和规定。

6. 利益的拒绝

如果缔约方证实一项服务是由另一缔约方的一个企业提供的,但该企业为非缔约方国民所有或所控制,且在任一缔约方的领土内都没有进行实质性的经营活动,那么,该缔约方就可拒绝对该企业给予协定第十一章、第十二章中的利益。至于"实质性经营活动"之判断标准,则依个案而定。该条款一方面防止了所谓的"壳公司"利用协定机制获益,另一方面使各成员国可自主行使外交政策上的权益,对非建交国或经济批准机制的受审国所属企业拒绝给予协定项下的利益。

7. 垄断性行业的服务提供者

对于垄断及国有企业的服务提供者,协定规定:(1)不得采取与协定义务不一致的措施;(2)在购买或提供垄断性服务时,必须仅依商业考虑行事;(3)对于其他缔约方的服务提供者不得给予歧视;(4)不得滥用垄断优势直接或间接(通过其母公司、子公司或其他关联企业)在非垄断性市场上采取不正当竞争手段。这些规定较之 GATS 第八条更为严格。

8. 政府采购

NAFTA 对每一成员国的联邦政府部门、机构及联邦政府企业所从事的采购规定了具体的约束纪律,为另一成员国的服务提供者打开了一成员国大部分政府采购市场。受政府采购规则约束的服务部门范围得到扩大,包括一些在过境服务贸易中无法控制的服务部门,如电脑服务、工程咨询、建筑业等。

9. 争端解决机制

NAFTA 没有特别的服务贸易争端解决机制,服务贸易争端适用于与其他类别一样的争端解决机制。协定的中心机构即由各国任命的部长或内阁级官员组成的贸易委员会,负责管理协定的执行,解决因协定适用和解释产生的任何纠纷。解决争议的途径有:协商、贸易委员会的调停、调解或其他方法、发起小组诉讼等。与 GATS 不同的是,所解决的争端不仅包括缔约国间的争端,还包括投资者或服务提供者与缔约国之间的争端。值得注意的是,当争议可以同时在关贸总协定和 NAFTA 机构得到解决时,NAFTA 规定控诉国可以择其一。如果第三个成员国想将同一诉讼提交另一机构,则两诉讼国可以协商,寻求选择同一个机构。如果达不成协定,争议的审理通常由协定小组承担。

10. 电信服务

协定第十三章"通讯服务"专门用以规范通讯服务业,是对 NAFTA 第九章"批准"、第十一章"投资"、第十二章"跨境服务贸易"有关规定在通讯服务领域的具体化。该章要求各成员国的公共网络服务应在"合理的"及"非歧视性的"条件下向利用网络经商的企业及个人提供,包括增值性电信服务及企业间的通讯网络。具体是指要求各成员国应允许公司间内部通讯中使用租用的私人网络,允许公司在公共网络上安装终端或其他设备,使其私人线路与公共网络连接,允许公司进行开关、信号、处理等功能的活动并根据用户的选择进行操作。尽管根据附件一和附件二的保留,第十一章、第十二章之规定不适用于电信服务,但最惠国待遇原则应适用于电信服务领域(包括基础电信和增值电信)。此外,该章也强调了透明度原则,要求各成员国对使用和进入公共网络有关信息的规定方面做到公开和透明。同时,NAFTA 对运用于公共网络的电信设备采取统一标准措施,并成立了"电信标准分委员会"。该委员会在协定生效后的 6 个月内制定出统一标准工作计划,要求三国政府在协定生效后 1 年内互相承认各自的评估程序。

尽管 WTO 的 GATS 附件大大促进了增值电信的自由化,但它并未将基础电信包括其中。而 NAFTA 则因谈判成员少、利益关系的协调阻力小,因而走得比 GATS 更远,在一定程度上涉及了基础电信问题,例如在进入公共网络(提供诸如当地电话等基础服务)方面强调了用户权利,而不仅限于服务提供者的利益。

11. 金融服务

NAFTA 第十四章"金融服务"制定了一套综合性的原则和方法,对管理金融服务的政府措施进行约束。具体言之,应受此约束的措施包括:成员国对其他成员国金融机构维持的措施、对非成员国投资者在本国金融机构投资的措施以及跨境金融服务,包括银行、保险和证券服务方面有关的措施。但该套约束方法不适用于一成员国关于退休金计划或社会保障制度所采取的行动,或者为政府账户以及涉及政府金融资源的使用而采取的行动。

从该章的内容安排来看,既有原则性规定,又有一些具体国家的自由化承诺,遵守有关协定原则的过渡期及某些保留意见。在非歧视性待遇原则下,每一国家对于在其境内营业的另一成员国服务提供者必须给予国民待遇,包括给予同等的竞争机会和国民待遇。在透明度原则下,要求各成员国在处理关于进入其国内金融服务市场的申请时要保证程序的公开、信息的及时提供,同时应尽可能事先公布该成员国将要采取的涉及另一成员国金融服务提供者的措施,并给予受影响的成员国评价此措施的机会。具体承诺和保留主要涉及墨西哥逐步开放其金融服务市场的承诺,也包括美、加有关金融服务的承诺和保留。墨西哥允许其他成员国的金融机构在墨西哥建立金融机构,但在 2000 年以前要受市场份额的限制;在此之后,仍保留行使安全例外措施的权利,以对其国内银行和证券部门提供暂时保护。与此同时,《美加自由贸易协定》的金融服务条款仍适用于两国间贸易。美国对墨西哥金融服务的唯一承诺是:允许在美国境内进行合法并购,并且有业务设施的墨西哥银行在实施并购后的 5 年内,继续在美国的证券机构营业。

12. 陆地运输

NAFTA 专门规定了时间表,以期实现成员间陆路运输服务的自由化,统一陆运技术及安全标准。为了在北美陆运市场创造平等机会,协定规定逐渐取消三国跨国界陆运服务的限制。该条款的目标在于保证三国的陆运服务业将有充分的机会提高竞争力,避免在向贸易自由化过渡阶段被置于不利地位。

13. 专业服务

第十二章"跨境服务贸易"规定了资格和证书的相互认可。在有关专业服务的附件中又规定,鼓励并支持在贸易协定中就专业服务资格的标准达成相互承认协定,并制定具体程序就专业证书、考试、经历、专业行为及专业伦理标准、责任保险、居民身份要求等方面的相互承认做出规定,以达成共同接受的标准,从而真正使专业服务贸易走向自由化。第十六章"商务人员的临时进入"对一成员国的商务人员临时进入另一成员国境内从事商务贸易活动做出了程序规定,以便通过建立一致、客观、协调的标准和程序,在互惠基础上便利商务人员的临时进入。成员国应互相提供有关其对商务人员临时进入的措施的信息,并在协定生效后 1 年内对商务人员临时进入的要求提供解释性资料。另一成员国国民提交居民身份证明、其从事某种国际性商务活动的证明和其不会进入当地劳动力市场的证明,可得到临时进入一成员国的许可。协定并未建立劳动力自由流动的共同市场。每个成员国有权为了保障本国劳动力的就业,执行自己的移民政策和边境措施。专业人员,即从事要求一定专业水平的经营活动,通常至少需要学士学位或学历加 3 年从业经验,或者有执业许可证的有关人员,作为例外,依据第十四章的规定,有临时进入另一成员国提供商务的资格。

三、中国与 CEPA

CEPA(Closer Economic Partnership Arrangement),即《关于建立更紧密经贸关系的安排》的英文简称。包括中央政府与香港特区政府签署的《内地与香港关于建立更紧密经贸关系的安排》、中央政府与澳门特区政府签署的《内地与澳门关于建立更紧密经贸关系的安排》。

(一) 背景

2003 年 6 月 29 日中华人民共和国商务部安民副部长代表中央政府与香港特别行政区财

政司梁锦松司长,共同签署了《内地与香港关于建立更紧密经贸关系的安排》。总体目标是:逐步减少或取消双方之间实质上所有货物贸易的关税和非关税壁垒;逐步实现服务贸易的自由化,减少或取消双方之间实质上所有歧视性措施;促进贸易投资便利化。实施与今后修订的原则是:遵循"一国两制"的方针;符合世界贸易组织的规则;顺应双方产业结构调整和升级的需要,促进稳定和可持续发展;实现互惠互利、优势互补、共同繁荣;先易后难,逐步推进。

2003年10月17日,中国商务部副部长安民与澳门特区政府经济财政司司长谭伯源分别代表中央政府和澳门特区政府在澳门正式签署了《内地与澳门关于建立更紧密经贸关系的安排》及其6个附件文本。双方就全部内容达成一致,主要包括:货物贸易和服务贸易的自由化以及贸易投资便利化。

(二)特点

1. CEPA是一个高标准的自由贸易协议,内容丰富,领域广泛。CEPA是内地迄今为止商签的内容最全面、开放幅度最大的自由贸易协议,也是香港与澳门实际参与的唯一的自由贸易协议。其内容质量高,覆盖面广,在短时间内结束谈判并付诸实施,为内地参与其他双边自贸区积累了丰富的经验,起到了开创性的作用。

2. CEPA既符合WTO规则,又符合"一国两制"的方针。CEPA在货物贸易和服务贸易中实行的开放措施完全符合WTO规则。CEPA签署后,港澳地区仍维持其自由港的地位,也完全遵循了"一国两制"的方针。同时,CEPA通过各项开放措施,逐步减少和消除两地经贸交流中的制度性障碍,促进了内地与港澳之间经济要素的自由流动和经济的融合,也符合内地与港澳经贸发展的实际情况。

3. CEPA是开放的。CEPA第三条规定:"双方将通过不断扩大相互间的开放,增加和充实CEPA的内容。"2004年以来,双方在CEPA框架下陆续签署了多个补充协议,这是CEPA开放性的具体体现。

(三)主要内容

1.《内地与香港关于建立更紧密经贸关系的安排》

《内地与香港关于建立更紧密经贸关系的安排》由中央政府与香港特区政府于2003年6月29日正式签署。

其主要内容包括三方面:①两地实现货物贸易零关税;②扩大服务贸易市场准入;③实行贸易投资便利化。即:从2004年1月1日起,273个内地税目涵盖的香港产品(涉及食品、药品、纺织品、电子产品等),符合原产地规则进入内地时,可享受零关税优惠;对香港扩大服务贸易市场准入,涉及的行业包括诸如管理咨询服务、会展服务、广告服务、会计服务、建筑及房地产、医疗及牙医、分销服务、物流等7个部门;关于投资便利,规定将在通关及电子商务等7个领域简化手续以便香港资金更加自由地进入内地。

2.《内地与澳门关于建立更紧密经贸关系的安排》

2003年10月17日,在国家副主席曾庆红和澳门特区行政长官何厚铧的见证下,我国商务部副部长安民和澳门特区政府经济财政司司长谭伯源分别代表中央政府和澳门特区政府在澳门签署《内地与澳门关于建立更紧密经贸关系的安排(简称《安排》)。

自2004年1月1日起,澳门273项商品零关税进入内地市场,并在2006年之前所有澳门商品享有零关税待遇;内地对澳门18个服务性行业实行准入;此外,内地与澳门将在7个领域加强合作。

《安排》主要框架包括三大方面:一是货物贸易;二是服务贸易;三是贸易投资便利化。在货物贸易方面,根据两地货物贸易和海关监管的实际,内地对澳门原产地的货物,分两批实行零关税。第一,从2004年1月1日开始,将对澳门有较大实际利益的273个税务商品,包括部分化工产品、纸制品、纺织服装、首饰制品、医药产品、食品、电子及电制产品等,作为首批降税的产品,实行零关税。第二,从2006年1月1日起,所有原产澳门的货物均可获内地零关税政策。

服务贸易方面,《安排》涉及的服务业领域有:管理咨询、会议及展览、广告、会计、法律、仓储、医疗及牙医、物流、货物运输代理服务、分销、运输、旅游、建筑、视听、银行、保险、证券、电讯等18个行业。

贸易投资便利化方面,包括7个领域的合作:①投资促进;②通关便利化;③商品检验检疫、食品安全、质量标准;④电子商务;⑤法律法规透明度;⑥中小企业合作;⑦产业合作。内地与澳门将加强上述7个领域的合作,同时双方还明确在金融和旅游的合作内容,加快对专业人员资格的相互承认的磋商。

(四)意义

CEPA是"一国两制"原则的成功实践,是内地与港澳制度性合作的新路径,是内地与港澳经贸交流与合作的重要里程碑,是我国国家主体与香港、澳门单独关税区之间签署的自由贸易协议,也是内地第一个全面实施的自由贸易协议。

CEPA具有自由贸易协议性质,是我国国家主体与其特别行政区之间签署的自由贸易协议性质的经贸安排,带有明显的自由贸易区特征。从宏观角度看,CEPA的基本目标是:逐步取消货物贸易的关税和非关税壁垒,逐步实现服务贸易自由化,促进贸易投资便利化,提高内地与香港、澳门之间的经贸合作水平。

第三节 多哈回合服务贸易谈判及其进展

服务贸易是多哈回合谈判的一个重要领域。由于多哈回合进展极不顺利,新一轮服务贸易谈判进程也十分曲折。从总体上看,这轮谈判已取得了一定的阶段性成果,同时在许多方面也存在着明显的缺失。从多哈回合服务贸易谈判存在的问题、发展的进程及趋向来看,今后一个时期全球服务贸易自由化的基本态势为:领域更趋广泛、任务更为艰巨、影响更加深远。

一、多哈回合服务贸易谈判背景

随着新一轮产业结构调整和贸易自由化进程持续推进,服务贸易占各国贸易总量的比重将不断上升,服务贸易自由化也已经成为世界经济发展的潮流。为了能够在国际服务贸易竞争中占有一席之地,世界各国政府纷纷制定了旨在加快发展服务贸易的战略和方针,其中积极参与和推动双边或多边服务贸易谈判就是其主要方面之一。

自20世纪80年代服务贸易正式成为多边贸易谈判的议题以来,服务贸易自由化的谈判就成为国际社会关注的焦点。国际社会普遍认为,参与和推动多边服务贸易谈判总体上反映了各国在新的环境和条件下经济发展的要求,符合各国的根本利益,对进一步加强多边贸易体制的作用、推动全球贸易自由化进程,以及全球经济发展具有重大意义。多哈回合服务贸易谈判的进展是否顺利对这一轮多边贸易谈判都将产生重大影响。

WTO中关于服务贸易的谈判已经在多哈会议前开始进行。在乌拉圭回合服务贸易谈判结束后,服务贸易谈判虽然没有取得什么实质性进展,但是谈判的脚步一直没有停下来。按照《服务贸易总协定》(GATS)第十九条规定:"为推进本协定的目标,各成员应该不迟于《WTO协定》生效之日起5年开始并在此后定期进行连续回合的谈判,以期逐步实现更高的自由化水平。"因此,从1995年《WTO协定》生效起5年后,于2000年2月25日WTO服务贸易理事会召开了特别会议,发起了新一轮服务贸易领域的谈判。这次谈判被简称为GATS2000。

二、谈判进程

一般来讲,规则谈判被认为是市场准入谈判的基础,在此基础上新一轮服务贸易谈判大致分为三个阶段。

(一) 2000年2月—2001年3月为第一个阶段

第一阶段谈判主要集中在两大议题上:一是程序制定议题,包括服务贸易谈判准则及程序及与此相关的服务贸易评估、服务贸易自由化处理模式等问题;二是GATS规则制定议题,包括紧急保障措施、政府服务采购、服务补贴和国内法规等问题。WTO服务贸易委员会(CTS)于2001年3月制定了《服务贸易谈判准则和程序》。

确定了谈判目的和原则、谈判的方式以及谈判范围。第一阶段服务贸易谈判结束后,各成员国就谈判的方针和流程达成了共识。在此基础上,各方就谈判目标、范围和方式做了具体的部署,为接下来的谈判奠定了基础。同时,各成员国明确表示了对《服务贸易总协定》基本原则的支持,如各成员国政府在追求国内政策目标的前提下对服务的提供者的政策做出调整和变动,并对国外服务提供者开放的部门和开放程序做出规定,同时给予发展中国家和最不发达国家一定的政策灵活性。

(二) 2001年3月—2006年7月为第二个阶段

这一阶段的主要任务包括正式开始具体承诺自由化的实质谈判,还包括第一阶段未完成的规则制定方面的议题。在这一阶段的谈判原定于2005年1月完成多哈回合谈判的计划,但是由于服务贸易谈判受到其他议题干扰、服务贸易谈判准备不足造成各成员对服务贸易谈判缺乏足够的信心以及美国政府贸易谈判"快车道"授权将于2007年6月30日到期等因素的影响,多哈回合服务贸易谈判的预定结束日期被推迟至2006年底。在这一阶段开始时期,服务贸易谈判主要就以下三个方面的内容进行了谈判,即关于最不发达国家特殊待遇问题、关于服务贸易评估问题、关于自主自由化待遇问题。服务贸易的谈判进程并不如人意,尤其是在2004年以前,大多数的成员将精力放在农业问题和新加坡议题(投资、竞争、贸易便利化和政府采购透明度等)上,直接导致了服务贸易谈判进展缓慢。

2004年8月通过的《多哈工作计划》成了一个转折点,在这个文件中,明确了各成员提交开放服务贸易的承诺建议的期限,使得谈判进程开始加快。2005年随着在农业出口补贴、棉花出口补贴、最不发达国家支持政策三个议题上达成共识,服务贸易谈判的进程再次获得重视。其主要体现在 2005 年在香港举行的第 6 次部长级会议通过的《香港部长宣言》中,内容包括为不同服务行业和供应模式的市场准入承诺及服务贸易规则的制定订立了具体的目标;重申市场准入谈判以双边要价和出价为主的同时,启动了诸边谈判方式;重申了对发展中成员特殊待遇的原则,积极敦促发展中成员的参与,为发展中成员和最不发达成员在服务谈判中提供足够的弹性;为今后的服务贸易谈判制定蓝图定下清晰的时间表,以此引导成员在 2006 年加快服务贸易谈判的步伐,以期达成最终的成果。然而,2006 年谈判又遇到了新的曲折。在 2006 年 4 月 3 日的服务贸易谈判中,中国、印度、巴西等发展中成员国家共同提出要求发达成员国家开放服务行业劳务市场的提案,该提案包含的服务行业包括医疗、建筑等 24 个领域,要求发达成员国家为发展中成员国家的技术人员提供一定居留时间的劳务和入境许可,但发达成员国家对该提案反应消极。自然人流动问题一直是发达国家和发展中国家争执的焦点,在新一轮谈判中未能达成统一意见,此后的农业和非农产品市场准入问题由于主要谈判主体的立场仍存在巨大分歧,各方已无力消除尚存分歧,会议不得不提前结束,多哈回合谈判被迫中断。

虽然多哈回合谈判没有取得预期的效果,但是我们不可以否认在谈判的过程中,在推动服务贸易自由化上取得了一些积极的进展。多哈回合谈判中断一定程度上打击了成员参与谈判的积极性,但并没有停止各成员方对服务贸易自由化的研究,他们仍积极地致力于让服务贸易谈判重新走上政治舞台的工作。

(三) 2006 年 7 月—2008 年年底为第三个阶段

2007 年 4 月中下旬,WTO 成员自多哈回合谈判重启后首次就服务业举行为期 2 周的集中正式谈判,并以诸边和双边谈判为主要形式,就加大具体服务部门的市场准入进行重点会谈,但最终离达成协议还相去甚远。2008 年 7 月 26 日举行部长级会议,在这次会议上来自 WTO 的 32 个成员齐聚一堂,这给成员们提供了一个交换他们新改进的出价和要价的机会,然而这些信号不代表谈判的最终结果。在会议上,参与方主要提及的内容包括:强调服务业对经济和社会发展的重要性;涉及提供模式,多数成员表示他们要求改进模式 4 的准入条件;消除应用机制与已有承诺之间的空白;建立对国内法规有限限制的重要性的意愿。虽然多哈回合服务贸易谈判还没有重大突破,但是大多数成员都认为谈判应该进行下去。也有部分成员表示,即使没有达成任何协议,他们自身内部改革仍会继续下去。

自多哈回合服务贸易谈判正式开启以来,WTO 各成员方都表示会积极参与谈判并期待服务贸易谈判取得实质性成果,虽然成果并不明显,但不可否认也取得了一定的进展,主要体现在市场准入谈判中。如许多成员表示还将就进一步开放不同的服务贸易领域向目标市场提交多项诸边要求,有的涵盖不同服务行业。

三、多哈回合服务贸易谈判中发达国家与发展中国家的立场

在服务贸易方面,发达国家之间、发达国家与发展中国家之间利益不同,矛盾重重,而且《服务贸易总协定》只是一个服务贸易的多边基础性框架,它遗留有许多问题要解决,例如它对阻碍服务自由化的做法:垄断与排他性的服务供应,紧急保护措施,政府采购与补贴等拘束的力度不够等。因此各国出于国家利益、经济安全的考虑,其谈判中的立场自然也会有所不同。针对服务贸易谈判而言,其主要矛盾集中表现为发达国家与发展中国家之间的立场分歧上。下面就在发

达国家和发展中国家中各取一个国家来分析两者对于多哈回合服务贸易谈判的不同立场。

(一) 美国

美国是倡导服务贸易自由化最积极的国家，究其原因是因为服务贸易自由化符合美国的国家利益。美国商界、政界普遍认为，在国际市场上，美国的许多有形产品逐渐失去了优势，而多数服务产品在全球拥有竞争优势，但是由于许多国家，尤其是发展中国家和最不发达国家在服务贸易市场准入上设置了许多壁垒从而未能得到充分体现。在多哈回合服务贸易谈判中，美国将关注的焦点集中在以金融服务、电信服务、专业服务、教育服务和医疗服务等知识密集型行业为主的市场准入谈判上。在这一议题上发达国家包括美国在内基本上都是采取了以削减农产品补贴和非农产品关税为代价换取发展中国家在服务市场开放上的更大让步。

此外，在服务业市场准入方面，美国与发展中国家的另一个分歧点是美国是否在自然人流动问题上做出新的承诺，同时双方在对自然人的范围理解上是否能达成一致。美国政府认为自然人只包括高级管理人员和高技能人员，而发展中国家认为应该包括一般工人和健康护理人员等。有一些发展中国家的成员甚至表示，如果美国不在这一问题上做出任何新的承诺，那么他们将不会在谈判中放开市场。美国出于保护本国服务市场的国民就业稳定的考虑，对于自然人流动的问题态度冷淡，不愿做出进一步的让步。虽然美国积极推动服务贸易市场准入谈判，然而这并不意味着美国在服务贸易市场准入谈判中的立场是绝对的宽松，相反，美国是市场准入规则最完备、对本国市场保护最严格的国家。

由此可见，美国在服务贸易市场准入谈判中的立场是一方面试图通过制定较高的服务贸易标准以形成世界服务贸易的技术壁垒，达到阻碍其他国家尤其是发展中国家进入世界服务贸易市场的目的；另一方面在拥有竞争优势的服务行业积极推行完全自由化，以便使美国服务企业占领更为广阔的国外市场，这一立场无疑损害了其他国家的利益，在客观上也成为服务贸易谈判进一步开展的障碍。

(二) 巴西

巴西在多哈回合服务贸易谈判中最为关注的焦点是多边规则中的紧急保障措施（ESM）和国内监管问题。关于紧急保障措施，以巴西为代表的发展中国家认为在现存 GATS 框架下，确实已经有部分条款能够提供类似安全阀式的保障作用。通过这些条款使发展中国家可以从中得到更多的优惠，但实际上发展中国家真正从中得到的利益并没有那么多。除此之外，这些对发展中国家的优惠条款实际上无法解决在服务贸易自由化过程中可能出现的一些"未预见的发展"的紧急情况，而这些紧急情况又是各成员方在承诺开放其国内服务业时经常会有所顾虑的。也就是说服务贸易 ESM 所针对的这些紧急情况现有其他 WTO 条款不能解决，因此，ESM 的作用不可替代。另外，巴西在国内监管问题上态度强硬，认为发展中国家服务监管体系落后，严格的国内规则制度是对监管主权的侵蚀，同时也会增加政府服务行政负担，因此认为纪律监管应强调成员监管的权利，经过多次磋商与谈判仅就国内监管原则性问题达成一致。发展中国家和发达国家在国内监管问题上的兴趣点不同，发展中国家力图确保有关国内监管的规则能够强化服务业监管权力，同时规范发达国家所实施的具有保护主义倾向特别是对于自然人流动的国内监管措施，发展中国家希望尽快解决资格要求和程序问题，特别是与自然人流动有关的资格问题；而发达国家对在部门基础上制定规则更为感兴趣，对监管透明度、许可要求和程序方面更为关注。

除此之外,巴西作为多哈回合农业谈判的主要参与方提出,巴西的服务贸易承诺直接取决于农业谈判是否获益,因此巴西政府是否会就服务贸易市场准入做出进一步让步还要看在农业谈判中巴西能否获得其想要的利益。

通过对美国和巴西在多哈回合服务贸易谈判中的立场分析,不难看出,发达国家在服务贸易市场准入谈判中利益趋同性更强,偏重于推动知识密集型服务行业的市场准入,如金融、通信、专业服务和信息技术服务等行业,而这些行业多为包括中国在内的发展中国家不具有竞争优势的行业,这是发达国家和发展中国家对于服务贸易市场准入议题的根本分歧。

发展中国家更加注重紧急保障机制、自然人流动、服务贸易评估等议题的谈判,希望能够在谈判中更多地体现发展中国家的利益,但是欧美等发达国家对此态度相对冷淡。这些矛盾势必造成服务贸易谈判的进程困难重重。

【专栏】

美国致力于年内完成《服务贸易协议》谈判

美国服务业联盟主席克里斯汀·布利斯(Christine Bliss)4月19日接受21世纪经济报道独家采访称,美国政府正努力在2016年年内完成《服务贸易协议》(TISA)的谈判。这项覆盖全球70%服务贸易的诸边协议一直处于秘密状态,外界所知有限。2016年4月15日,TISA刚刚在日内瓦完成了由澳大利亚主持的第17轮谈判。

布利斯也是前任美国贸易代表处(USTR)负责服务贸易和投资的助理贸易代表。"我们的理解是,在国内监管规则的核心文本上已经有进展。"布利斯对21世纪经济报道透露说:"下一轮市场准入出价的交换,将在5月进行;如果这些出价有了重大改进,那么这将是非常重要的进展。"

这与官方有限公布的上一轮谈判的结果相符。根据欧盟委员会的报告,谈判方在今年2月已经同意,至今年7月就关键的附件文本达成一致,9月完成剩余文本。另外,5月与10月就市场准入进行两次出价交换。

中国加入或须接受高标准要求

TISA成员包括美国、欧盟、日本、瑞士和中国香港等23个谈判方;美国与欧盟处于谈判的主导地位。

在谈判路径上,欧盟主张协议需紧贴现有WTO《服务贸易总协定》(GATS)条款;而美国则主张用"负面清单"的方式来确定各方服务业的市场准入;最终可能是在这两种之间取得平衡。

奥巴马政府在去年10月完成《泛太平洋伙伴关系协议》(TPP)之后,得以有精力推动包括美欧自贸协议(TTIP)和此项服务贸易协议在内的贸易议程的进度。

布利斯暗示美国政府不应抢时间而不顾协议的质量。她对本报说:"美国服务业联盟的看法是,只有在协议带来高标准的协议和新的市场准入的情况下,谈判才可以结束。"

中国政府已在2013年八、九月间正式向TISA成员提出了加入谈判的申请。在中国经济增长模式急需由投资和出口拉动转向消费拉动、增加服务业在GDP中比重的大背景下,加入TISA谈判成为应有之义。

(资料来源:21世纪经济报道,2016年4月21日)

本章小结

当前全球服务贸易总体上是依照WTO框架下的《服务贸易总协定》展开的,这是世界服务贸易正常进行的基石和保障,是全球庞大的服务贸易体系赖以运转的规制基础。在多哈回合进程中,服务贸易谈判是一个十分重要的议题,引起有关各方的密切关注。与此同时,世界各国在进行不同地区的区域自由贸易区谈判,越来越多地涉及服务贸易领域。

思考练习题

一、名词解释

《服务贸易总协定》(GATS) 《关于建立更紧密经贸关系的安排》(CEPA) 《北美自由贸易协定》(NAFTA) 区域服务贸易协议紧急保障机制

二、单选题

1. GATS中所指"服务"是指( )。
   A. 金融服务、通信服务、政府服务、运输服务 B. 金融服务和通信服务
   C. 所有的服务   D. 不包含政府服务的所有服务
2. 在乌拉圭回合中最先提出要把服务贸易纳入谈判议程的是( )。
   A. 美国   B. 日本   C. 巴西   D. 德国
3. 以下( )不属于GATS第三部分内容。
   A. 市场准入   B. 透明度原则   C. 国民待遇   D. 附加承诺
4. CEPA框架主要由三大部分构成,不包含( )。
   A. 两地实现货物贸易零关税   B. 扩大服务贸易市场准入
   C. 实行贸易投资便利化   D. 对内开放,对外保护
5. GATS第四部分内容为( )。
   A. 具体承诺   B. 逐步自由化   C. 一般义务和纪律   D. 机构条款
6. 以下不属于自然人流动模式形成的服务贸易是( )。
   A. 金秀贤到南京举办演唱会   B. 出国务工
   C. 在国内外企工作   D. 外教
7. 针对欧盟内阻碍服务市场自由化的众多壁垒的现有处理方案程序烦琐复杂、耗时耗力的情况,欧委会提出了( )致力于消除服务贸易一体化过程中的壁垒。
   A. 专业资格相互承认   B. 服务原产地原则
   C. 内部市场服务业指令   D. 政府采购
8. 《北美自由贸易协定》协定采用列举( )的方式来规定其适用的服务部门的范围。
   A. 肯定清单   B. 否定清单   C. 限制式清单   D. 开放式清单
9. 多哈回合谈判第一阶段开始时期,服务贸易谈判主要就三个方面的内容进行了谈判,

不包括( )。
   A. 关于最不发达国家特殊待遇问题　　B. 关于服务贸易评估问题
   C. 关于自主自由化待遇问题　　　　　D. 关于发展中国家取消农产品补贴问题
10. 在多哈回合谈判中美国关注的焦点不包括( )。
   A. 建筑服务　　　B. 金融服务　　　C. 电信服务　　　D. 专业服务

三、判断题

1. 在服务贸易谈判中,发展中国家一直是服务贸易自由化的积极倡导者。( )
2. 服务贸易谈判中的"否定清单"是指各国将目前无法实施自由化原则的部门清单列在框架协议中作为保留。( )
3. GATS关于服务贸易的定义最终采取的是美国提出的广义的定义。( )
4. 在乌拉圭回合服务贸易谈判中,由于考虑到照顾发展中国家的利益,所以整个谈判是有利于发展中国家的。( )
5. GATS总体上更有利于发达国家的服务贸易发展。( )
6. 在乌拉圭回合谈判中,中国是积极支持开放服务贸易的。( )
7. 在多哈回合谈判中,发达国家在服务贸易市场准入谈判中利益趋同性更强,偏重于推动知识密集型服务行业的市场准入。( )
8. 发达国家在服务贸易领域是持完全开放态度。( )
9. GATS的宗旨是在透明度和逐步自由化的条件下,扩大全球服务贸易,并促进各成员的经济增长和发展中国家成员服务业的发展。( )
10. 在服务贸易领域的紧急保障机制对发达国家是非常有利的。( )

四、简答题

1. 简述《服务贸易总协定》的诞生背景。
2. 简述《服务贸易总协定》的谈判历程。
3. 简述《服务贸易总协定》的主要内容。
4. 简述多哈回合服务贸易谈判的议题和难点。

五、案例分析

如果把服务贸易比作是一块又一块仍在制作当中的大蛋糕的话,那么电信业就是其中最令人垂涎的一块。正当美国及欧盟这些发达成员在觊觎中国电信业这块大蛋糕之际,中国的企业已凭自身的力量,在东盟国家电信服务贸易中率先发展起来。早于2004年,华为技术在总裁任正非的率领下,走进东盟国家文莱,承建全球最大的商用NGN(下一代网络),用户人数达12万。另外中国电信已与缅甸、印度尼西亚等国家展开国际电信合作谈判,加快建设东盟国家湄公河次区域国际通信中心,2006年11月在APEC峰会期间,中国联通分别与越南河内电信、越南电信签署CDMA商务合作备忘录及合作与业务协议,中国电信运营商走向东盟之路已经开启。在中国与东盟10国签署的——中国与东盟自贸区《服务贸易协议》,马来西亚、菲律宾、越南、老挝、缅甸、柬埔寨六国均承诺向中国开放电信市场,承诺包括允许中方设立独资或合资企业,放宽设立公司的股比限制等内容。《协议》于2007年7月1日起正式生效。电信业是首批受惠中国与东盟自贸区《服务贸易协议》的中国企业。

问题:在上述案例基础上请用所学过的国际服务贸易相关知识分析以下两个问题。

1. 中国企业走进东盟对我国服务贸易的发展有何促进作用?
2. 站在全球经济一体化的角度,谈谈中国—东盟服务贸易协议在以后的发展前景?

第四章 国际服务贸易理论

本章要点

1. 比较优势对服务贸易的适用性之争
2. 服务贸易比较优势理论模型
3. 服务外包理论
4. 服务业对外直接投资理论

引导案例

20世纪80年代以来,最引人注目的经济现象是以美国为首的发达国家显现出经济服务化趋势,这种本质性的变化源于技术革命引发的全球产业结构的重大调整。服务贸易持续超过商品贸易的增长,服务业、服务贸易与服务业国际投资良性互动带动经济迅速增长已是不争的事实。相对于实践的迅猛发展,服务贸易理论研究严重滞后,迄今尚未形成统一的理论分析框架,但作为对服务贸易实践的回应,服务贸易理论研究价值已受到国际经济学界的普遍重视。由于主流国际贸易理论体系中没有专门论述服务贸易的内容,服务贸易理论研究一直处于空白状态。美国经济学家罗纳德·谢尔普通过考察已有的研究后得出结论:以往的经济理论家没有系统地涉足和研究这一范畴,在有关比较优势的经济文献中找不到讨论服务业的内容,甚至以某个服务型产品的事例来说明比较优势的内容也找不到。随着服务业日益成为产业进步的标志,服务贸易的增长超过商品贸易的增长,西方理论界自20世纪70年代中期开始关注服务贸易领域的研究。

第一节 比较优势理论与国际服务贸易

20世纪80年代以来,国外学者利用标准的国际贸易理论,对服务贸易的理论、政策和具体问题进行了广泛深入的探讨,取得了大量有价值的成果,促进了当代世界服务贸易的发展和自由化。但是,与迅猛发展的世界服务贸易的现实相比,理论研究仍然显得非常落后,还存在一些亟待克服的缺陷。这些缺陷主要表现在:①国外国际服务贸易问题的研究仍然很不成熟,缺乏像国际货物贸易那样完整统一的理论体系;②服务贸易涉及面广,问题复杂,许多具体问题仍没有找到有效的解决办法;③由于受统计资料的限制,对于服务贸易的实证研究明显不足。总之,与成熟的货物贸易理论相比,服务贸易理论的研究仍然任重而道远。

传统的国际贸易纯理论是建立在商品(货物)、有形贸易基础上的,因此,严格地说,服务贸易并未形成自己的理论体系。然而,服务贸易发展的实践呼唤着服务贸易理论的诞生。建立相对完整的服务贸易理论体系,存在两种选择:其一,是依据国际服务贸易的实践和特点,借鉴相关学科领域的研究成果,发展出相对独立的服务贸易理论;其二,是将传统的商品贸易理论加以延伸,扩展到服务贸易领域,用相应的逻辑和概念来阐述服务贸易,从而实现商品贸易理论和服务贸易理论的对接。从服务贸易理论的实际发展来看,理论界更多地倾向于第二种选择。这不仅是因为第一种选择存在着实际的困难,而且更重要的是,人们在做第一种选择试图建立相对独立的服务贸易纯理论的时候,无法与传统的商品贸易理论彻底决裂,其结果是不由自主地又回到第二种选择。建立服务贸易理论第二种选择有一个典型表现,将古典国际贸易理论中的比较优势说运用于服务贸易的解说。

一、比较优势理论对服务贸易的适用性

20世纪70年代末80年代初,国际理论界开始比较多地关注服务贸易的比较优势问题,对比较优势在服务贸易中的适用性问题展开讨论,由于比较优势理论自身的缺陷,再加上这种在西方国家理论界居主导地位的见解又很难在发展中国家获得支持,于是就出现了关于传统商品贸易比较优势理论适用性问题的争论。基本上产生了三种不同的观点。

(一) 不适用的观点

最早尝试系统解释服务贸易模型的学者R.迪克(R. Dick)和H.迪克(H. Dick)在1979年的一篇论文中,借助显性比较优势法分析知识密集型服务贸易,如运输服务和其他民间服务等。他们以要素禀赋为基础,对18个经济合作与发展组织(OECD)国家的各种显性比较优势指标进行了回归分析,其结果是没有证据表明比较优势决定服务贸易模式。他们坚持认为,排除非关税壁垒的影响,如果不考虑贸易扭曲,要素禀赋在服务贸易模式中的决定作用不明显。

美国经济学家菲克特库迪(G. Feketekuty)认为,服务贸易的产生基于四个基本因素:劳动力移动、信息交流、资本输出、货物贸易。劳动力作为服务贸易最基本的要素而存在,完成服务贸易必须通过服务提供者的移动,自然人跨国界移动是实现服务活动的前提;信息交流也是服务贸易产生的主要前提,服务贸易的产生通常由于服务消费者缺乏生产所需服务的有关知识或信息,信息丰裕程度与传递效率成为影响服务贸易强弱的重要因素;由于服务贸易的不可运输性与不可储存性,开展服务贸易需要在服务消费地直接投资,所以资本流动是服务贸易的基础,直接投资的规模和效益构成服务贸易规模与扩张的重要因素;货物贸易构成服务贸易产生的重要基础,因为许多服务贸易是借助货物贸易的发展而产生的。由此可以看出,服务贸易与商品贸易有着明显的差别,这些差别主要表现在:第一,国际服务贸易提供的是劳动活动与货币的交换,而不是物与货币的交换;第二,国际服务贸易中的服务生产和消费多数是同时发生的,提供的劳动活动一般不可储存;第三,国际服务贸易的统计在各国海关进出口和国际收支表上没有体现。国际服务贸易的这些特点决定了比较优势理论在服务贸易中是不适用的。

(二) 适用的观点

1981年,萨皮尔(A. Sapir)和卢茨(E. Lutz)对迪克等人的观点提出挑战,他们根据国家间要素禀赋和技术差异,使用简单的计量经济模型对货运、客运和其他民间服务做了一系列的实证研究,结果表明,有形资本(或实物资本)禀赋充裕的国家在运输服务业享有比较优势,人力

资本丰富的国家在保险和其他私人服务业拥有比较优势;传统的贸易理论不仅适用于货物贸易,也适用于服务贸易,要素禀赋在货物贸易和服务贸易模式的决定上都具有重要作用。萨皮尔进一步指出,服务贸易的比较优势是动态的,发展中国家具有成为服务出口国的潜力。

1986 年,拉尔(S. Lall)通过对发展中国家的实证研究,得出与此相类似的结论。欣德利(B. Hindley)和史密斯(A. Smith)就政府对服务业实行特别管制、限制服务业对外投资、为保护优质服务业而封闭国内市场三个方面的行为进行了详细的分析,从而排除了比较优势理论适用性问题的干扰。他们认为,出于各种各样目的而对服务业施行特别管制和市场干预、对服务业外国直接投资的顾虑而引发的限制政策、出于保护幼稚产业的需要而拒绝开放国内服务市场所出现的管制措施并非是政府必然采取的政策,因为这些看起来理所当然的措施未必是最优的,没有理由认为它们是影响比较优势理论适用于服务贸易的主要障碍。相反,在理论或经验分析中,没有必要在概念上严格区分商品和服务;尽管服务与商品有着显著区别,对此也应该予以重视,但比较优势理论强有力的逻辑性能够超越这些区别。

哈佛大学著名的国际经济学家库伯(R. Kunpe)认为:作为一个简单的思想,比较优势论是普遍有效的……对传统比较优势论的依赖是基于一个简单的命题——每个团体所专注的共同利益正是自身效率更高的那项活动所带来的。这个命题总是有效的,试图解释各个团体所拥有的比较优势结构的不同理论确实存在,但是其中一些甚至全部都是错误的。正如存在于商品生产中那样,比较优势也存在于服务业中。

(三) 不完全适用的观点——修正论观点

第三种观点认为传统比较优势理论不能完全适用服务贸易,在解释服务贸易方面存在着缺陷。服务贸易领域同样存在比较优势的合理内核,但服务贸易的特征使传统比较优势的某些特征被扭曲或改变,主张在利用比较优势理论来解释服务贸易时,必须对传统理论进行修正。总体来说,这种观点得到了国际学术界较多的认可,认为比较优势理论是适用于国际服务贸易的,但需要进行适当的修正。

迪尔道夫(A. Deardorff)对比较优势理论在服务贸易中的适用性做了开创性的研究。1984 年,他选择了服务业可能导致比较优势理论失灵的三个特征进行分析,认为一些服务的需求仅仅是货物贸易的派生需求,不存在贸易前价格以及许多服务涉及要素流动这两个特征不影响比较优势理论在服务贸易中的运用,但某些要素服务可以由国外提供的特征会导致比较优势原则不成立。随后,他对标准的 H-O 模型中的个别要素作了改变,率先成功地解释了国际服务贸易是如何遵循比较优势原则的。"迪尔道夫理论"的指导意义在于,任何一个国家在发展服务贸易时,首先要研究本国发展服务贸易的比较优势,比较优势应该是一个国家发展服务贸易的出发点。当然,在不同的服务活动类型上,各国的比较优势不同,这就要求各个国家必须将服务贸易的发展对策建立在认识自身比较优势的基础上。

1988 年,塔克(K. Tucher)和森德伯格(M. Sundberg)指出,尽管国际贸易理论、厂商理论、消费者理论均适用于对服务贸易的分析,但在应用这些理论分析国际服务贸易时存在着四个方面的局限:第一,H-O 模型以及多数由此演变的模型主要是从供给角度分析国际贸易,但当可贸易服务的生产函数与主要要素投入相结合时,任何国际服务贸易将依赖于需求因素而不是生产成本,运输成本、消费者收入、服务种类及消费环境等因素都构成了服务的贸易条件。第二,商品和服务在研究与开发投入和广告效用上存在差别,研究与开发投入和广告将加强服务贸易而不是在生产中使用要素的需求市场特征,导致某些服务流出偶然地具有与服务出口国的国内市场不同的需求特征与规模。第三,许多如金融、咨询、电信服务通常是作为中间投入出现在贸易品与非贸易品的生产过程中,因而会出现服务生产函数和使用服务投入的商品生产函数,这两个阶段的要素投入是异质的。第四,相对于商品而言,服务贸易受市场结构和国内管制环境的影响更为重要和直接。他们认为,由于存在上述局限,传统比较优势理论不能圆满解释服务贸易,但通过分析与服务贸易相关的市场结构和需求特征,或许可以恰当地解释服务贸易比较优势;借助传统比较优势理论,可以更好地认识服务贸易特征,并获得拓展传统比较优势理论的空间。

二、服务贸易比较优势理论模型

(一)迪尔道夫模型

1985年,迪尔道夫率先利用传统的"2×2×2"(两个国家、两种产品、两种要素)H-O模型探讨服务贸易比较优势,他从作为商品贸易副产品的服务贸易、要素移动的服务贸易、含有缺席要素的服务贸易三个角度进行分析,认为前两个领域存在比较优势,最后一个领域的比较优势不足以说明贸易结构。

1. 作为商品贸易副产品的服务贸易

许多服务贸易是为了方便国际商品贸易而逐步发展起来的,我们将这类伴随货物贸易而发展起来的服务贸易(如运输业、保险业等生产者服务业),称为作为商品贸易副产品的服务贸易。

假设存在三种情形:第一种情形是全封闭情形,表明没有任何商品和服务贸易发生;第二种情形是自由贸易情形,表明商品和服务都实现自由贸易;第三种情形是半封闭情形,表明只有商品可以自由贸易。具体分析如表4-1所示。

表4-1 商品和服务贸易互补情况下的比较优势分析

三种情形	市场均衡描述	均衡状态下的利润最大化	贸易状况	比较分析
封闭状态(无商品和服务贸易发生,以上标 a 表示)	① (P_x^a, P_s^a, X^a) ② $S^a = 0$,因禁止贸易而无服务需求	对于所有可能的产出集合 (X,S),有 $P_x^a X^a \geqslant P_x^a X + P_s^a S$	没有商品和服务贸易,即 $T = 0, V = 0$	比较这两种情况,可证明 $P_x^a T^f + P_s^a V^f \leqslant 0$ 表明,按闭关自守状态下的价格,出口商品和服务不如进口商品和服务,这说明商品和服务贸易与传统的比较优势相符
自由贸易状态(商品和服务都实现自由贸易,以上标 f 表示)	① (P_x^d, P_s^w, X^f, S^f) ② $P_x^w = P_x^d + T_x^w$	对于所有可能的 (X,S) 有 $P_x^d X^f + P_s^w S^f \geqslant P_x^d X + P_s^w S$	① 服务的出口达到利润最大化,即对于所有可能的 T 和 U,有:$(P_x^w - P_x^d)T^f - P_s^w U^f \geqslant (P_x^w - P_x^d)T - P_s^w U$ ② 贸易平衡方程:$P_x^w T^f + P_s^w V^f = 0$	
半封闭状态(只有商品可自由贸易,以上标 h 表示)	(P_x^h, P_s^a, X^f, S^a)	对所有的 (X,S),有 $P_x^h X^f + P_s^a S^a \geqslant P_x^h X + P_s^a S$	$V = 0$ $P_x^a T^h \leqslant 0$	伴随性的服务不可贸易不会影响传统的比较优势理论在服务贸易分析中的适用性

其中,P_x:商品的均衡价格,P_s:服务的均衡价格,X:商品的均衡产量,S:服务的均衡产量,T:商品净出口,V:服务净出口,U:服务消费量(上标 d 表示国内,上标 w 表示世界)。

(资料来源:陈宪. 国际服务贸易[M]. 北京:高等教育出版社,2003:101.)

2. 要素移动的服务贸易

服务贸易的一个显著但并非不可少的特征是可能要求出口企业在进口地有商业存在,这意味着出口企业或者在当地设厂以生产服务或提供服务,或者某些雇员出现在当地以管理市场或监督服务,这些都需要涉及资本要素或劳动要素从出口地转移到进口地。

传统意义的某些服务往往被看成是非贸易品,但一般都承认生产要素可以跨国移动。如在封闭情形下,欧洲顾客无法在欧洲享用全聚德餐饮服务,必须付出较高的代价才能享受全聚德餐饮服务。然而,一旦允许人员跨国移动,全聚德的高级厨师就可以到欧洲并与当地成熟的管理技能相结合,使自身优势得以发挥,就能以较低价格提供服务。显然,这是由比较优势决定的,因为实际上进行的贸易不是这种餐饮服务本身,而是服务的生产要素——全聚德厨师、品牌和管理。

3. 含有缺席要素的服务贸易

服务贸易的产生未必都需要生产要素的移动,通信技术的发展可以使经理通过电话或传真传达其管理指令,同样全聚德厨师可以通过图像电话或电视系统指导欧洲助手操作。假定服务生产所需投入中至少含有某些要素不需要在生产地实际出现,迪尔道夫称这些要素为"缺席要素"。

假设两个国家 A 和 B 均生产两种产品,一种产品为贸易商品 X,一种产品为服务产品 S,两国有相同的需求结构,且两种产品的生产都只需要劳动要素 L 和管理要素 M,管理要素 M 即使不能移动,也能进行国际贸易。封闭经济情况下诱发服务价格差异有三种不同情形。第一种情形:两国要素禀赋不同,A 国管理要素 M 丰富,且服务产品 S 属于 M 密集型产品。第二种情形:A 国劳动力充裕,且服务产品 S 属于 L 密集型产品。第三种情形:A 国在服务产品 S 的生产中具有希克斯中性技术优势,从而产生技术差异。

如果实现自由贸易,在第一种情形下,A 国在服务上具有比较优势,A 国生产商有出口服务动机,他们会在 B 国设立机构并在当地雇佣劳动力提供服务,继续使用 A 国管理人员,这些管理人员尽管仍留在 A 国,但已不再为 A 国生产服务;A 国用向 B 国市场出口 M 的收入进口商品 X。

在第二种情形下,A 国服务生产商进入 B 国市场将受到阻碍,因为 A 国服务生产商将雇佣 B 国相对较贵的劳动力和本国相对昂贵的管理人员;相反,B 国服务生产商将有贸易动机,他们会利用本国管理人员与 A 国劳动力在 A 国提供服务;A 国出口商品 X 进口 M。这两种情形都是 X 和 M 的价格决定了贸易流向,X 和 S 的相对价格不是决定因素,显然要素禀赋原理可以用来解释这两种贸易模式,符合比较优势原则。

而在第三种情形下,迪尔道夫认为比较优势理论遇到了障碍。在第三种情形下,如果两国封闭均衡、价格相同、需求相同,A 国将比 B 国生产更多的服务和更少的商品,A 国生产和消费的服务量一定比 B 国更多,用 X 衡量的 A 国管理人员的薪金将比 B 国同行高,但低于 A 国技术优势所要求的程度;如果允许贸易,A 国必定会向 B 国出口服务,因为 A 国生产商拥有技术优势,尽管 A 国的管理人员薪金高于 B 国,但其高出的差额不足以抵消厂商竞争力。这意味着要素价格较高的一方成为该要素的净出口方,与比较优势理论相背。对此,迪尔道夫认为是由于 A 国与 B 国的管理人员薪金并没有完全体现技术差异而造成的;琼斯则认为迪尔道夫在分析中隐含地假定两国管理者对两国生产所提供的服务存在质量差异,因此上述矛盾并不影响比较优势理论在服务贸易中的适用性。

事实上,迪尔道夫从要素价格出发,在比较优势说的适用性上取得突破性进展,但他过于相信要素。在上述第三种情形中,最终决定要素出口与否的是服务的价格。只要 A 国向 B 国提供同质服务的价格较低,即使 A 国的 M 价格较高,也一定会出口 M。另外,他对国际服务贸易比较优势理论的另一个重要贡献,是进一步证明了商品与服务贸易的不可分性。

(二) 伯格斯(Burgess)模型

伯格斯(1990)认为,对标准的 H-O-S 模型作简单修正,就能得到适用于服务贸易的一般模型,从中可以推断出不同国家在提供服务技术上的差别是如何形成比较优势和商品贸易模式的。

假设市场完全竞争,生产两种产品和一种服务,且只使用资本和劳动两种要素,规模收益不变,该经济的技术结构可表示为三个单位成本等于价格的方程:

$$C^1(w,r,p_s) = p_1 \tag{4-1}$$

$$C^2(w,r,p_s) = p_2 \tag{4-2}$$

$$C^s(w,r) = p_s \tag{4-3}$$

其中,$C^i(\cdot)$ 表示生产一单位产品 i 的最小成本,C^s 表示生产一单位服务的最小成本,p_i ($i=1,2$) 表示两种可贸易品的竞争价格,p_s 表示服务的竞争价格,w 和 r 分别表示在完全竞争条件下的工资和租金。

将(4-3)分别代入(4-1)和(4-2),得到最初投入生产两种最终产品的简单模型。由于该模型与标准的 H-O-S 模型相同,可以认为传统的 H-O-S 模型在一定程度上可以解释服务贸易。当然,服务部门的产出可以作为中间投入参加最终产品的生产,服务部门使用的全部要素同样可以用于产品生产部门。

根据谢泼德引理(即使用单位成本函数相对于要素价格的一阶偏导,可得到使每单位成本最小的要素需求),可得到作为初始投入的劳动和资本要素的市场均衡条件:

$$Q_1 C_w^1(\cdot) + Q_2 C_w^2(\cdot) + Q_s C_w^s(\cdot) = L \tag{4-4}$$

$$Q_1 C_r^1(\cdot) + Q_2 C_r^2(\cdot) + Q_s C_r^s(\cdot) = K \tag{4-5}$$

其中,Q_i($i=1,2,s$) 表示两个生产部门和一个服务部门的产出水平。如果技术和政策壁垒阻碍国际服务贸易,服务的供给必然等于部门需求的总和,即:

$$Q_1 C_{ps}^1(\cdot) + Q_2 C_{ps}^2(\cdot) = Q_s \tag{4-6}$$

如果一国经济并没有集中生产一种产品,那么,(4-1)至(4-3)可以单独决定国内相对于世界市场贸易品价格中任何组合的竞争要素价格和国内服务价格。由于商品价格决定要素价格,同时决定各部门对每种要素和服务单位成本的最低需求,(4-4)至(4-6)构成一个含有三个未知数的三个线性方程组,从中可以解出唯一一组作为要素禀赋函数的部门产出。若考虑产品价格,如果经济保持分散化,那么要素存量的任何变化只会导致部门产出的变化,而不会影响要素价格和国内服务价格的变化。另外,如果技术相同的两国商品可以自由贸易,即使没有一种要素能够在国际间流动,而且服务不可贸易,两国的要素价格和国内服务价格的差异也会逐渐缩小;在没有运输成本的情况下,价格差甚至会完全消失。因此,在服务存在于消费者的效用函数而不是存在于厂商的生产函数内的情况下,商品贸易壁垒的减少,将降低市场参与者从事服务贸易的欲望。

按照伯格斯模型,一个厂商是选择合约经营还是选择自身进行服务,取决于服务的市场价格和要素价格的相对水平：如果服务价格相对高于要素价格，生产厂商就较少依赖服务部门，但用于服务的支出将由于要素间的替代程度不同而升降。如果技术或政策壁垒阻碍服务贸易，各国提供服务的技术差别将成为一国商品比较优势的重要决定因素。当然，对此做完整的分析存在困难，但考虑到作为各部门中间投入的服务需求，如果两个部门的要素密集程度与两种产品的要素密集程度相反，且各国只在服务技术上存在差别，则具有服务技术优势的国家将获得相对昂贵的服务而不是低廉的服务。即使服务在技术先进国相对低廉，服务技术优势反映在较高的要素报酬上，这种较高投入成本的损失可能超过技术优势带来的收益，也可能不会给相对密集使用服务的部门带来比较优势。

事实上，较低廉的服务意味着服务密集部门相对于其他部门将会扩张规模，同时意味着大量使用服务部门中密集使用的要素的部门也将扩大规模。这两种部门的扩张是不尽相同的。例如，如果服务部门只使用劳动一种要素，而且技术符合列昂惕夫技术条件（即投入—产出系数不受投入价格的影响），那么无论哪种产品密集使用服务，服务部门的中性技术进步都将导致劳动密集型产品的增加和资本密集型产品的减少；如果技术符合柯布-道格拉斯生产函数（即要素的分配与投入价格无关），则相对于其他部门的产品，密集使用服务部门的产品将会增加。

据此，伯格斯认为，即使服务部门的产品不可贸易，服务技术的国际扩散也会对收入分配和贸易条件产生影响。那么，一国通过许可证贸易或免费向外国转让其具有优势的服务技术是否会削弱其竞争优势？如果服务技术优势是服务贸易比较优势的唯一来源，或服务技术优势是加强其他决定服务贸易比较优势的因素，答案将是肯定的。如果一国服务技术优势抵消了其他更重要的比较优势的决定因素，即使该国无偿转让技术，也可以通过这种转让改善贸易条件而获得某些收益。如果具有服务技术优势的国家同时也是资本丰富的国家，且资本丰富就可提高资本密集型产品的比较优势，这样，如果服务部门密集使用劳动，且服务被密集使用于劳动密集型产品的生产中，服务技术优势将增强劳动密集型产品的比较优势。如果相对要素存量差别是比较优势和服务贸易的决定因素，且服务技术优势可无偿转让给外国，那么外国劳动密集型产品的生产将会增加，资本密集型产品的生产将会减少，服务技术出口方的贸易条件将会得到改善，服务技术的出口未必会损害服务出口方的比较优势；相反，由于服务是作为中间产品参与国际贸易，服务贸易自由化可能会损害服务进口方的利益。

第二节　服务外包理论

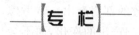

到 2020 年，英国的 IT 外包将增长 6 倍

Everest 集团为埃及信息技术产业发展署（ITIDA）发布的一份最新报告指出，未来 10 年内，英国在 IT 领域的外包业务将增长 6 倍，增幅巨大。这项题为"欧洲全球外包市场：趋势、增长和前景"的研究指出，英国外包市场在欧洲诸国中规模最大，并且最为成熟。其中，英国外包市场 2004—2009 年的 6 年间增长了 36%。本土成本过高及国外有大量能说英语的人口被认为是促

成这一现象的主要原因。尽管事实上英国外包市场已经相对成熟,但这份报告还指出,英国还有巨大的潜力亟待开发。到 2020 年,英国外包市场可能增长 6 倍,市场价值达到 550 亿～600 亿美元。"在过去几年中,不管是产品模块还是服务方面,欧洲外包市场在国家间的作用越来越重要",Everest 集团执行合伙人埃里克·西蒙(Eric. Simonson)说:"欧洲外包市场的潜力巨大,我们预测,该市场的规模将达 2 500 亿～3 000 亿美元。"事实上,整个欧洲都将在外包业务方面实现大幅度的增长。如果市场总额达到 3 000 亿美元,那么欧洲外包市场的规模就会比现在扩大 11 倍。这一扩张最有可能由那些试图减少国家赤字、减少外债和稳定市场动荡的欧洲国家主导。

在欧洲拥有雄厚业务基础的戴尔公司认为,在当前的经济环境下,仅仅依靠外包不能解决企业面临的种种困境。"把外包看成更广阔的解决方案的一部分是很有必要的。这个解决方案还应该包括投资和对现有人员和资源的支持。例如,培训员工中现有工作人员在 IT 方面的技能,通过加强他们最大化地发掘现有技术潜力的能力来提高经营绩效,并减轻资源不足的 IT 部门的压力,鼓舞士气。""与外包一样,这同样是应对当前商业挑战的解决方案的一部分。"

(资料来源:中国服务外包网,张晓茹翻译,原文网址 http://www.techeye.net/business/uk-it-outsourcing-could-increase-600-percent-by-2020)

一、服务外包概述

"外包"源于英文"Outsourcing",最早应用该战略手法的是世界最大的 IT 承包公司 EDS 的创始人罗斯·佩罗,其在 20 世纪 70 年代后半期到 80 年代初因外包其他公司的信息系统,而使公司迅速崛起。同时其有效地代替客户、完成客户原内部职能的经营手法,也在信息产业内迅速流行起来。

此后,外包战略逐渐在生产、物流、营销等众多领域内被广泛使用。因此,"外包"一词曾被《哈佛商业评论》认为是在过去近一个世纪里最为重要的管理学概念之一。

服务外包指依据服务协议,将某项服务的持续管理或开发责任委托授权给第三者执行。企业将其非核心的业务外包出去,利用外部最优秀的专业化团队来承接其业务,从而使其专注核心业务,达到降低成本、提高效率、增强企业核心竞争力和对环境应变能力。具体包括商业流程外包、信息技术外包和知识流程外包。WTO 的《服务贸易总协定》将服务分为 12 个部门,即商务服务、通信服务、建筑和相关工程服务、分销服务、教育服务、环境服务、金融服务、健康服务、旅游服务、娱乐文化和体育服务、运输服务。服务外包也可以按这 12 个部门进行分类。

二、服务外包相关理论

(一)比较成本论

比较优势规定了不同地区或国家进行专业化分工的结构和贸易方向,解释了世界贸易发展的原因和方向。外包战略正是这一理论在企业资源分配方面的实际应用,也就是"只做自己做的最好的,其他交给别人去做"。企业通过外包将某项次要的、非核心的业务分包给在此业务上具有相对比较优势的企业,这样不论是发包方还是接包方都可以集中处理其具有"比较优势"的业务。

比如像印度、菲律宾等新兴发展中国家,在国际市场上的技术水平相对较低,但是人力资源较为丰富,而美国、日本等发达国家技术水平相对较高,但是劳动力成本也不低。发达国家若是能把劳动密集型的非核心业务外包到发展中国家,便可集中人力、财力、物力来增强自身的核心竞争力;承接外包业务的发展中国家也可以在这个过程中学习到先进的技术和管理水平,从中获益。

(二)核心竞争力理论

企业具有各种各样的能力,也有一定的专长。但不同的能力与专长的重要性是不一样的,那些能够给企业带来长期竞争优势和超额利润的能力与专长,才是企业的核心能力。核心能力是一组技能和技术的集合,而不是某一个单独的技能或技术。核心能力是企业增强竞争力、获得竞争优势的关键,也是成功企业的竞争优势得以长期保持的原因。

通过外包将非核心的业务外包给外部的服务商,从而可以集中企业有限的资源发展核心业务,以增强资源管理在提升企业核心竞争力方面的作用。

(三)木桶效应理论

木桶效应也称短板效应,木桶的最大盛水量是由最短的木板决定的。要增加木桶的盛水量,必须增加短木板的长度。将该原理应用于外包,就是企业资源的有限性以及成本的限制,企业要将每个薄弱的环节都做到最好是不太现实的。

实施外包,就是将管理这个木桶先打散,将短板抽出来,然后用外部的长板替代短板,这样木桶的盛水量就有了提高。外包就是将自己的弱势职能外包给该领域领先的专业公司,从而提高整个企业的绩效。

(四)战略管理理论

波特战略管理思想的基本点是对产业结构进行分析,他提出用于进行产业结构分析的模型,即进入威胁、替代威胁、买方讨价还价的能力、卖方讨价还价的能力和现有竞争对手的竞争决定了一个产业的结构以及该产业的平均利润率。一般来说,企业的战略包括经营范围、资源配置、竞争优势和协同作用四个因素。经营范围是指企业从事生产经营活动的领域;资源配置是指企业过去和目前资源和技能配置的水平和模式,资源配置的好坏极大地影响着企业实现预定目标的程度,因此,资源配置是企业的特殊能力,企业资源是企业实现生产经营活动的支持点,如果企业的资源贫乏或处于不利的境况时,企业的经营范围就会受到限制;竞争优势是指企业通过其资源配置的模式和经营范围的决策,在市场上形成的与竞争对手不同的竞争地位,竞争优势既可以来自企业在产品和市场上的地位,也可以来自企业特殊资源的运用;协同作用是指企业从资源配置和经营范围的决策中所能寻求到的共同努力的效果,即企业总体资源的收益大于各部分资源收益之和。

采用外包可以通过合理地运用外部资源,促使企业对内部资源进行最合理、最有效的配置,从而发挥企业外部资源和内部资源的协同作用,建立企业的竞争优势。

(五)规模经济理论

从经济学说史的角度看,亚当·斯密是最早对规模经济进行解释的人,但真正意义的规模经济理论起源于美国,代表人物有阿尔弗雷德·马歇尔、张伯伦、罗宾逊和贝恩等。规模经济理论是指在一个特定的时期,企业单位时间生产产品的数量和平均成本呈反比,即扩大经营规模可以降低平均成本,从而提高盈利水平。

规模经济使企业期望通过专业化的生产来增加某段时间内产品的生产数量,以降低其平均生产成本,这就促进了产业内分工贸易的发展。不同国家如果分工专业化生产某产业的不同产品并相互出口,那么它们都可以获得生产成本下降、市场需求增多等好处。通常很多产品的生产过程又包含了不同的工序和阶段,而服务外包恰好可以将这些不同的工序分离出来,于是某个产品的生产过程便可以分割成很多的部分来分别实现规模经济,也就形成了产品内贸易。

(六)交易成本理论

科斯在写《企业的性质》一文时,率先将交易成本引入经济分析,用于解释企业的本质,后来在《社会成本问题》中又将该思想具体化。交易成本理论的主要观点是:市场和企业是两种可以互相替代的资源配置方式,一项经济活动由企业自身完成时所产生的边际管理成本和由市场完成时所产生的边际交易成本孰大孰小,是企业选择资源配置方式的标准。

当边际管理成本大于边际交易成本时,外包就比企业内部生产具有更强的经济性和可行性。而服务外包作为外包的常见方式,可以通过双方签订合同的约束,与外部企业建立起长期稳定合作的外包关系,有效地减少信息搜寻、监督履行等交易成本。若是还能不断地降低谈判费用、签订合同及保证合同履行的费用,那就更加有利于企业成本的降低。

第三节 服务业对外直接投资理论

【案 例】

1984年迪斯尼在加州和佛罗里达州成功开设迪斯尼乐园基础上,首次在海外开设分支机构——东京迪斯尼乐园。因海外投资经验少,风险大,采取的是转让技术方式,收取技术转让费和管理费。东京迪斯尼取得了意想不到的成功。但这种方式获利较小。东京迪斯尼乐园的成功增加了其跨国经营的信心,继续向海外扩张,1992年开设了巴黎迪斯尼乐园。这次采取的是股份合资形式,占有49%的股权。但并不功,第一年亏损就达9亿美元。

相关人士分析,1984年正是日本经济高速增长时期,娱乐消费增长较快;而欧洲人的消闲方式趋于稳定,在游乐方面的需求并不高。如果采用技术转让方式,或许损失会小些。

长期以来,有关对外直接投资理论的研究一直局限于制造业,然而服务业具有不同于制造业的特殊性质,20世纪80年代以后,服务业对外直接投资不断升温,经济学家们在新建理论与修正完善原有的理论从而将服务业跨国生产纳入FDI理论体系之间选择了后者,接下来简要对这些理论的适用性作简单评述。

一、发达国家的服务业对外直接投资理论

(一)寡占反应理论

F. 尼克尔博克(Frederick T. Knickerbocker)的寡占反应理论侧重于解释防御性投资。他指出,在寡占市场结构中,只有少数大企业存在,企业之间彼此相互警惕对方的行动,若其中

一家进行FDI,原先的平衡态势就会被打破,这一企业会占领更多市场份额,在竞争中处于主动地位,其他企业为了保持原有的市场地位,必然效仿,形成同类跨国公司在同一时期成批地对某一国进行直接投资或互相进行产业内直接投资。这一理论较好地解释了发达国家之间的服务业对外直接投资以及发达国家在某一时期对同一发展中国家或地区的竞相投资,但它没能解释领头企业的对外直接投资行为。

(二) 内部化理论

内部化理论强调将企业优势以最低成本进行转移。代表人物是巴克利和卡森(Buckley and casson,1976)。它将科斯的交易成本学说引入了理论体系,认为外部市场的不完全性制约了企业的运行效率,FDI则以企业内部高效的行政结构来代替低效的市场结构。内部化理论的优点在于它既适用于发达国家又适用于发展中国家,但它不能解释对外直接投资的地理方向和跨国经营的布局,因而经常被区位理论学者所批评。

二、发展中国家服务业对外直接投资的理论

近年来,发展中国家服务业对外直接投资一直呈上升趋势,出现了一些专门研究发展中国家对外直接投资动因的理论,其中一部分研究并未将服务业排除在外,有代表性的有以下几种。

(一) 小规模技术理论

美国经济学家威尔斯指出,发展中国家跨国企业的竞争优势来自低生产成本,这种低成本是与其母国的市场特别紧密相关的。威尔斯主要从三个方面分析了发展中国家跨国企业的比较优势:一是拥有为小市场需要提供服务的小规模生产技术;二是发展中国家在民族产品的海外生产上颇具优势,发展中国家对外投资的一个特征表现在鲜明的民族文化特点上;三是低价产品销售战略。

(二) 国家利益优先取得论

从国家利益的角度看,多数发展中国家,特别是社会主义国家的企业进行对外直接投资有其特殊性。由于这些国家的企业,尤其是服务企业,按优势论的标准来衡量,根本不具备跨国经营的条件,但在世界经济一体化浪潮的冲击下,国家会出面支持和鼓励企业进行对外直接投资和发展自身优势。

(三) 市场控制论

绝大多数商品经营都需要中间服务,但每一个中间服务者的服务能力有限,他们只愿为那些利润大、风险小的商品经营者服务,因此,如果一个厂商的商品或服务不能给中间商以高额利润,或者该厂商的生产经营风险较大,它就难以从中间商那里得到良好的服务。厂商往往需要在公众心目中树立自己特有的形象,以确定自己的市场地位,所以它有必要控制、影响中间商或自己直接与公众接触;而如果中间商不予合作或合作不好,厂商直接与公众接触就成为必要。在以上两种条件下,只要具有经济、技术、法律上的可行性,只要对企业的总体发展有利,企业直接控制中间服务,把中间服务纳入自己的运行机制中,就成了理性选择。这里的直接成本并不起决定作用,相对优势也不是前提条件,当母企业在发展中国家,中间服务在发达国家时,母企业向发达国家投资,并在发达国家建立自己的商品服务中间机构——子公司、分公司,发展中国家进行直接投资就无可厚非。

三、邓宁的国际折中理论

作为对外直接投资理论的集大成者,邓宁(J. H. Dunning)在服务业对外直接投资方面也有比较系统的论述。

(一)国际折中理论的提出

1977年,英国雷丁大学教授邓宁在《贸易,经济活动的区位和跨国企业:折中理论方法探索》中提出了国际生产折中理论。1981年,他在《国际生产和跨国企业》一书中对折中理论又进行进一步阐述。邓宁总结出决定国际企业行为和国际直接投资的三个基本要素:O—所有权优势(Ownership),L—区位优势(Location),I—内部化优势(Internalization)。这就是所谓的OLI模式。

(二)国际折中理论的核心内容

国际折中理论的核心是所有权特定优势、内部化特定优势和区位特定优势。

所有权特定优势包括两个方面,一是由于独占无形资产所产生的优势,另一方面是企业规模经济所产生的优势。

内部化特定优势,是指跨国公司运用所有权特定优势,以节约或消除交易成本的能力。内部化的根源在于外部市场失效。邓宁把市场失效分为结构性市场失效和交易性市场失效两类,结构性市场失效是指由于东道国贸易壁垒所引起的市场失效,交易性市场失效是指由于交易渠道不畅或有关信息不易获得而导致的市场失效。

区位特定优势是东道国拥有的优势,企业只能适应和利用这项优势。它包括两个方面:一是东道国不可移动的要素禀赋所产生的优势,如自然资源丰富、地理位置方便等;另一方面是东道国的政治经济制度、政策法规灵活等形成的有利条件和良好的基础设施等。

折中理论进一步认为,所有权优势、区位优势和内部化优势的组合不仅能说明国际企业或跨国公司是否具有直接投资的优势,而且还可以帮助企业选择国际营销的途径和建立优势的方式。表4-2是邓宁教授提出的选择方案。

表4-2 营销方式选择方案表

方式	所有权优势	内部化优势	区位优势
对外直接投资(投资式)	√	√	√
出口(贸易式)	√	√	×
无形资产转让(契约式)	√	×	×

注:√代表具有或应用某种优势;×代表缺乏或丧失某种优势

从选择某种营销方式的条件来看,表4-2说明国际企业要对外直接投资,必须同时具备所有权、内部化和区位三种优势;而出口则只需拥有所有权和内部化优势;如果企业只拥有所有权优势,那只能选择技术转让方式。从建立某种优势的途径来看,表4-2也说明如果国际企业要同时拥有三种优势所带来的收益,那就必须选择国际直接投资方式;如果公司仅采用出口方式,就会丧失区位优势的收益;如果只采用技术转让的方式,那么企业就会丧失内部化和区位优势所能带来的收益。

企业必须同时兼备所有权优势、内部化优势和区位优势才能从事有利的海外直接投资活动。如果企业仅有所有权优势和内部化优势，而不具备区位优势，这就意味着缺乏有利的海外投资场所，因此企业只能将有关优势在国内加以利用，而后依靠产品出口来供应当地市场。如果企业只有所有权优势和区位优势，则说明企业拥有的所有权优势难以在内部利用，只能将其转让给外国企业。如果企业具备了内部化优势和区位优势而无所有权优势，则意味着企业缺乏对外直接投资的基本前提，海外扩张无法成功。

邓宁的国际生产折中理论克服了传统的对外投资理论只注重资本流动方面的研究不足，他将直接投资、国际贸易、区位选择等综合起来加以考虑，使国际投资研究向比较全面和综合的方向发展。国际生产折中理论是在吸收过去国际贸易和投资理论精髓的基础上提出来的，既肯定了绝对优势对国际直接投资的作用，也强调了诱发国际直接投资的相对优势，在一定程度上弥补了发展中国家在对外直接投资理论上的不足。国际生产折中理论可以说几乎是集西方直接投资理论之大成，但它毕竟仍是一种静态的、微观的理论。

本章小结

本章主要介绍了国际服务贸易基本理论及发展动态，其中主要包括服务贸易比较优势理论、服务外包理论及服务业对外直接投资理论等内容。

20 世纪 70 年代末至 80 年代初，国际理论界开始较多地关注服务贸易的比较优势问题，对比较优势在服务贸易中的适用性问题展开讨论，由于比较优势理论自身的缺陷，再加上这种在西方国家理论界居主导地位的见解又很难在发展中国家获得支持，于是就出现了关于传统商品贸易比较优势理论适用性问题的争论。对于比较优势理论在服务贸易中是否适用的问题，基本上产生了三种不同的观点：完全适用论、不适用论、修正论。

服务外包理论诞生在外包理念成为必然趋势的背景下，服务外包有助于企业专注于自身最为擅长且比较优势最大的生产环节，从而进行专业化、规模化的经营，对于企业有效地降低生产成本、增强产业竞争力起着重要的作用。

20 世纪 80 年代以后，服务业对外直接投资不断升温，寡占反应理论、内部化理论、小规模技术理论等分别从不同角度解释了服务业对外投资动因。邓宁的国际生产折中理论克服了传统的对外投资理论只注重资本流动方面的研究不足，他将直接投资、国际贸易、区位选择等综合起来加以考虑，使国际投资研究向比较全面和综合的方向发展。

思考练习题

一、名词解释

迪尔道夫模型　伯格斯模型　服务外包理论　国际生产折中理论

二、单选题

1. 以下（　　）不能构成服务贸易理论研究的主要障碍。
   A. 国外服务贸易问题的研究仍然很不成熟，缺乏像货物贸易那样完整统一的理论体系
   B. 服务贸易涉及面广，许多具体问题仍没有找到有效的解决办法
   C. 对服务贸易不重视
   D. 由于受统计资料的限制，对于服务贸易的实证研究明显不足

2. 以下认为比较优势不适用服务贸易的学者是（　　）。
   A. A. Sapir　　　　B. R. Kunpe　　　　C. B. Hindley　　　　D. R. Dick

3. 美国经济学家菲克特库迪（G. Feketekuty）认为，服务贸易的产生基于四个基本因素，以下（　　）不属于四个基本因素。
   A. 贸易壁垒　　　　B. 资本输出　　　　C. 货物贸易　　　　D. 信息交流

4. 以下（　　）不属于经济学家库伯（R. Kunpe）关于比较优势适用于服务贸易的观点。
   A. 作为一个简单的思想，比较优势论是普遍有效
   B. 对传统比较优势论的依赖是基于一个简单的命题——每个团体所专注的共同利益正是自身效率更高的那项活动所带来的
   C. 服务贸易的比较优势是动态的，发展中国家具有成为服务出口国的潜力
   D. 正如存在于商品生产中那样，比较优势也存在于服务业中

5. 迪尔道夫模型认为（　　）的服务贸易不符合比较优势学说。
   A. H-O模型　　　　B. 要素移动　　　　C. 与商品互补　　　　D. 要素稀缺

6. 以下属于缺席要素的是（　　）。
   A. 劳动力　　　　B. 管理　　　　C. 自然资源　　　　D. 资本

7. 塔克认为国际贸易理论、厂商理论等适用于对服务贸易的分析，但在应用这些理论分析国际服务贸易时存在着局限，以下不属于其局限的是（　　）。
   A. 相对于商品而言，服务贸易受市场结构和国内管制环境的影响更为重要和直接
   B. 某些服务流出偶然地具有与服务出口国的国内市场不同的需求特征与规模
   C. 出现服务生产函数和使用服务投入的商品生产函数，这两个阶段要素投入是异质的
   D. 一些服务的需求仅仅是货物贸易的派生需求

8. 根据伯格斯（Burgess）模型可以推断出（　　）。
   A. 不同国家在提供服务技术上的差别是如何形成比较优势和商品贸易模式的
   B. 通过分析与服务贸易相关的市场结构和需求特征，或可以恰当地解释服务贸易比较优势
   C. 信息丰裕程度与传递效率成为影响服务贸易强弱的重要因素
   D. 直接投资的规模和效益构成服务贸易规模与扩张的重要因素

9. 邓宁的国际生产折中理论中的三优势不包括（　　）。
   A. 所有权优势　　　　B. 内部化优势　　　　C. 区位优势　　　　D. 技术优势

10. 根据国际生产折中理论，如果企业只拥有所有权优势，那只能选择（　　）方式。
    A. 对外直接投资　　　　B. 出口　　　　C. 技术转让　　　　D. 兼并

三、判断题

1. 与成熟的货物贸易理论相比，服务贸易理论的研究仍然任重而道远。（　　）

2. 采用外包可以通过合理地运用外部资源,促使企业对内部资源进行最合理、最有效的配置,从而发挥企业外部资源和内部资源的协同作用,建立企业的竞争优势。（ ）

3. 核心能力是企业增强竞争力、获得竞争优势的关键,也是成功企业的竞争优势得以长期保持的原因。（ ）

4. 按照伯格斯模型,一个厂商是选择合约经营还是选择自身进行服务,取决于服务的市场价格和要素价格的相对水平。（ ）

5. 比较优势理论是适用于国际服务贸易的,但需要进行适当的修正,这种观点得到了国际学术界较多的认可。（ ）

6. 根据迪尔道夫理论可知,各国的比较优势不同,这就要求各个国家必须将服务贸易的发展对策建立在认识自身比较优势的基础上。（ ）

7. 根据木桶效应理论,外包就是将自己的弱势职能外包给该领域领先的专业公司,从而提高整个企业的绩效。（ ）

8. 寡占反应理论很好地解释了领头企业的对外直接投资行为。（ ）

9. 内部化优势,是指跨国公司运用所有权特定优势,以节约或消除交易成本的能力。（ ）

10. 如果企业只有所有权优势和区位优势,企业只能将有关优势在国内加以利用,而后依靠产品出口来供应当地市场。（ ）

四、简答题

1. 简述迪尔道夫模型及其理论意义。
2. 试用比较优势理论解释服务外包。
3. 简述邓宁国际生产折中理论的主要内容。

五、案例分析

美国巴尔地摩律师事务所

1991年苏联解体,为美国的律师事务服务机构向外扩张提供了机会。美国巴尔地摩律师事务所位于港口城市,专长是海商法。该事务所在白俄罗斯建立了分支机构。这是该国第一个西方律师事务所。但后来他们发现这是一个错误的决定,因为白俄罗斯是一个内陆国家,没有海港码头,也没有远洋船队。

问题:请结合邓宁的国际生产折中理论进行分析。

第五章 服务贸易竞争力

本章要点

1. 服务贸易竞争力内涵
2. 服务贸易竞争力决定因素
3. 服务贸易自由化对国际竞争力的影响
4. 服务贸易竞争力评价方法

引导案例

新华社北京2015年2月14日电 经李克强总理批准,国务院近日印发《关于加快发展服务贸易的若干意见》(简称《意见》),这是国务院首次全面系统地提出服务贸易发展的战略目标和主要任务,并对加快发展服务贸易做出全面部署。

《意见》指出,大力发展服务贸易,是扩大开放、拓展发展空间的重要着力点,有利于稳定和增加就业、调整经济结构、提高发展质量效率、培育新的增长点。

《意见》明确,加快发展服务贸易,要以深化改革、扩大开放、鼓励创新为动力,着力构建公平竞争的市场环境,促进服务领域相互投资,完善服务贸易政策支持体系,加快服务贸易自由化和便利化,推动扩大服务贸易规模,优化服务贸易结构,增强服务出口能力,培育"中国服务"的国际竞争力。到2020年,我国服务进出口总额将超过1万亿美元,服务贸易占对外贸易的比重进一步提升,服务贸易的全球占比逐年提高。

《意见》提出,要充分发挥现代服务业和服务贸易集聚作用,在有条件的地区开展服务贸易创新发展试点,要积极探索信息化背景下新的服务贸易发展模式,打造一批主业突出、竞争力强的大型跨国服务业企业,培育若干具有较强国际影响力的服务品牌,要进一步扩大服务业开放,大力推动服务业对外投资。

第一节 国际服务贸易竞争力内涵

一、竞争力概念

竞争力是一个抽象的概念,单纯研究它是没有意义的,因为任何竞争力都是有竞争主体的，是以竞争主体为载体的。从竞争主体看，具有从微观到宏观的层次性，竞争力可分为产品竞争力、企业竞争力、产业竞争力、区域竞争力和国家竞争力。

其中，企业竞争力是指在竞争性市场条件下，企业通过培育自身资源和能力，获取外部可寻址资源，并综合加以利用，在为顾客创造价值的基础上，实现自身价值的综合性能力。

服务竞争力是一个综合性指标，是所有服务消费者评价的总和，是企业在服务方面相对其他竞争对手的比较优势，它决定了消费者消费过程的感性思维决策情况，是建立企业特色品牌的一个必要手段，是企业个性化竞争的一个重要评价因素。

二、国际服务贸易竞争力的内涵

国际服务贸易竞争力是一个比较宽泛的概念，从宏微观来看，包括国际服务贸易产业竞争力、国际服务贸易企业竞争力和国际服务贸易产品竞争力三个层次的内容。

国际服务贸易产业竞争力，是一个国家、地区综合竞争力在各个产业中的具体体现。是一国某产业能够比其他国家的同类产业以更有效的方式提供市场所需要的产品和服务的能力。

国际服务贸易企业竞争力，是服务贸易企业能够长期以比其他企业（或竞争对手）更有效的方式，提供市场所需要的产品和服务的能力。

国际服务贸易产品竞争力，是一国某个产品以其技术、性能、服务或者成本价格上的优势而获取的在国际服务贸易中的竞争能力，是国际服务贸易竞争力最基本的载体。

在《国际贸易竞争学》一书中，薛荣久和刘东升指出，服务贸易竞争力就是一国服务业参与国际市场所能给该国增加价值的能力以及增加国民财富的能力。这一定义是参照世界竞争力报告中对国际竞争力的定义而得出的，强调了出口能力与创汇能力，重视国民福利，不但国家要增加外汇，同时也应该相应提高国民收入和国民生活水平。加上一些前提和假设条件，可以把服务贸易竞争力定义为指一个国家或地区在经济全球化趋势下，以提高国民收入和生活水平为目的，其服务业参与国际市场竞争，创造增加值并保持良好的国际收支平衡的能力。

第二节　国际服务贸易竞争力决定因素

服务贸易对一国国际竞争力的影响大于农业和工业。中国人民大学竞争力与评价研究中心研究组（2001）的研究表明，国际竞争力与国家的出口成正向关系，而与进口成反向关系。在出口中，服务出口的比重对国际竞争力的正向作用最强，工业次之，农业最弱，这说明，在出口总额中服务贸易所占的比重越大，一国的国际竞争力越强；在进口中，服务进口所占的比重对国际竞争力的反向作用最弱，工业次之，农业最强。可见，无论是进口还是出口，服务贸易对于国际竞争力的益处均大于农业和工业。20世纪以来，国外一些著名学者，如熊·比特、索洛、迈克尔·波特等纷纷提出了许多理论来探讨国际竞争力，学者们从不同的角度出发来观察和定义国际竞争力，从而得出了不同的结论，而不同的国际竞争力定义，会形成不同的国际竞争力分析理论框架和指标体系。

【专栏】

波特的国家竞争优势理论

迈克尔·波特(Michael E. Porter)是哈佛大学商学研究院著名教授,当今世界上少数很有影响的管理学家之一。他曾在1983年被任命为美国总统里根的产业竞争委员会主席,开创了企业竞争战略理论并引发了美国乃至世界的竞争力讨论热潮。他还是世界各地很多企业领导和政府官员的顾问。他先后获得过威尔兹经济学奖、亚当·斯密奖,三次获得麦肯锡奖,拥有很多大学的名誉博士学位。到现在为止,波特已有十四本著作,其中最有影响的有《品牌间选择、战略及双边市场力量》(1976)、《竞争战略》(1980)、《竞争优势》(1985)、《国家竞争力》(1990)等。目前,波特教授的课已成了哈佛商学院的必修课之一。

美国哈佛经济学教授迈克尔·波特把国家竞争理论推到竞争理论的主导地位。在他的著作《国家竞争优势》中,全面地研究了国家竞争优势,提出了著名的"钻石模型"理论。所谓国家竞争优势,就是在参与国际竞争的过程中,必须从全局的高度,根据一国范围内可以调度的资源,并以最终在国际市场上确立本国产品市场占有率为目的的竞争能力,一国的国际竞争力就是企业、行业的竞争力,它的高低取决于其产业发展和创新能力的高低。该书强调了一国国内因素对其竞争优势的重要性,同时也强调了政策应用的价值,阐述了国家在决定国际竞争力方面的重要作用。其主要内容是一国竞争优势主要有四个基本因素,即生产要素、需求条件、相关和辅助产业、企业结构和行业竞争,以及政府和机遇两个辅助的因素。见图5-1。

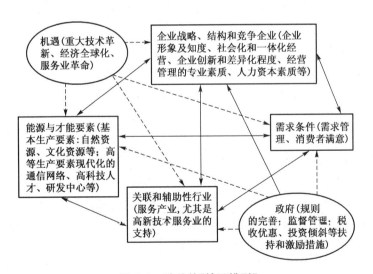

图5-1 波特的"钻石模型"

波特提出国家经济竞争力的提高一般需经历四个阶段的理论,第一阶段为生产要素主导阶段,如农业生产优势依赖于基本生产要素;第二阶段为投资因素主导阶段,国家竞争优势主要表现为政府和企业的投资积极性,生产因素、厂商决策和竞争环境得到持续改善;第三阶段为创新主导阶段,该阶段的竞争产业建立在较为完整的竞争力钻石体系上,企业向着国际化和全球化方向发展;第四阶段为财富主导阶段,该阶段的竞争来自前三个阶段财富与创新技能的积累。

由于迈克尔·波特理论从产业层面系统地阐述了行业和企业竞争力形成和发展的规律,为竞争力研究提供了一套极富操作价值的系统框架,在此,以波特的观点为竞争优势理论的核心,结合服务贸易的特征来探讨影响服务贸易国际竞争力的因素。

(一)从服务的特征来看

1. 服务具有不可触知性,是抽象的,服务的购买者难以事先对服务做出评估,购买这些服务的风险比购买货物的风险更大,企业形象和知名度成了购买者决策的依据。另外,能否提供与竞争对手不同的服务,能否在购买者心中形成不断追求提高的形象感觉,也是服务提供者成功与否的关键。

2. 服务的生产和消费的不可分离性决定了服务业要具有规模效益的可能性较小,要求服务提供者要具有一定的经营管理优势和专业素质优势。实现规模效益只能依靠无形资产和管理资源的规模使用,如服务业社会化经营和一体化经营。

3. 服务具有不可储存性,它必须在生产中被消费掉,其有用的时间往往很短。服务提供者必须设法让生产能力尽量具有弹性,在设施和人力资源上加以调节而不影响服务质量,并使需求总体上稳定均衡地分布在各个时段里。

4. 服务具有不稳定性,其质量难以标准化。通过重构服务行为、加强服务管理和服务人员的培训,将服务生产过程进行简化和标准化,可以使提供的服务尽量一致,这就要求企业具有管理和人员培训方面的优势。同时,服务的可变性为提供个性化服务提供了契机,通过向顾客提供多种选择,突出服务企业的特色,使之成为一种竞争优势,创新和差异化优势在此显得尤为重要。

(二)从服务的要素密集度来看

按照传统的要素密集度来划分,可将服务划分为劳动密集型服务、资本密集型服务和技术密集型服务。劳动密集型服务是指主要靠人直接提供的服务,如会计服务、保险服务等,其比较优势侧重于劳动力素质;资本密集型服务是指主要靠设施提供的服务,如电话服务、自动洗车服务等,这里的资本除了有形的机器设备外,还包括人力资本这一重要因素;技术密集型服务是指主要靠信息技术提供的服务,如电信服务、信息服务等,这类服务贸易的比较优势侧重于研究开发、培训教育和信息传输。

(三)从服务的活动类型来看

根据《服务贸易总协定》对服务贸易所下的定义,服务贸易包括四个方面:①跨境服务,其总体上要求服务提供者要有服务的规模、管理和技术优势;②境外消费,如国际旅游,主要依赖劳动力资源、文化资源和自然资源等比较优势;③商业存在,其比较优势取决于各国横向比较的行业经营实力和水平以及目标市场的同行业开发状况;④自然人流动(如劳务输出),其比较优势在于劳动力的素质,主要依赖于国家的教育和培训水平。

第三节 服务贸易自由化与国家竞争力

服务贸易自由化可以理解为国与国之间服务和服务要素自由无限制的流动,而且是双向的、互利的流动,在国际服务贸易过程中双方都可以做到"双赢"。任何形式的贸易模式中都存在服务贸易的输出国和服务贸易的流入国。现实生活中,服务贸易输出国的角色更多时候由发达国家扮演,因为发达国家具有先进的服务与技术;发展中国家和不发达国家更多扮演着服务贸易流入国的角色,需要引进先进的服务和技术来发展本国的相关服务业,以增强本国服务贸易竞争力。即使在"双赢"的局面下,服务贸易自由化无论对服务贸易输出国还是流入国的国际竞争力都可能造成正负两方面的影响。

一、服务贸易自由化对国际竞争力的影响不仅体现在拆除服务贸易壁垒上,更重要的是提高经济效率,改善国家福利,从而提高国际竞争力

服务贸易自由化导致生产专业化加深,但生产专业化不一定总是发生在服务部门,在商品生产部门和服务部门可能同时发生。服务部门的要素密集程度越高,发生专业化的概率就越大。服务生产专业化的程度以及专业化与现行经济环境的适应程度是服务部门国际竞争力的主要来源。由此可见,服务贸易自由化可以推动服务部门专业化和分工的深入发展,同时促进服务部门技术标准化和服务综合化,极大地加深一国服务部门国际竞争力的基础。

二、服务贸易自由化严重影响一国国际收支的平衡,从而影响国际竞争力

服务贸易自由化一方面降低服务贸易进口的限制,短期内服务进口将大量增加,造成国际收支恶化;另一方面,在服务贸易自由化背景下,服务贸易出口相应扩大,由于采用优质进口服务,可能降低成本,提高质量,增强出口的国际竞争力。此外,适度开放的金融服务市场有利于外资的流入。服务贸易自由化还从促进技术进步方面提高国际竞争力,这主要表现在服务本身是技术转让的载体,同时服务业的外国投资也往往伴随着某些技术的转让。服务贸易自由化带来的竞争压力迫使本国加快技术进步的步伐,以提高国际竞争力。当然,服务贸易自由化对技术进步也会有负面影响,例如过分依赖引进的高科技服务会抑制自身的研究和开发。服务贸易自由化对国际竞争力的诸影响中表现最直接、最明显的是在劳动就业方面,尤其像中国这样的劳动力密集、生产率较低的国家,在国内对劳动力的吸纳基本饱和的情况下,随着服务进出口的扩大,对外服务贸易将成为解决就业的重要途径,就业机会的增加,带来国家财富的增加,从而使国际竞争力得到提高。

三、服务贸易自由化可能影响输出国所在的政治、经济联盟的长远利益

服务贸易自由化可能造成服务贸易输出国在激烈的国际竞争中缩小、动摇甚至威胁既有的技术领先优势,提高竞争对手的竞争实力,从长远利益来看,可能会威胁国家的战略利益,甚至危及国家长远的政治、军事和外交利益,从而影响本国所在的政治、经济联盟的长远利益。所以,许多发达国家或技术领先的国家就认为有必要通过对先进技术(服务)的出口采取限制措施,以保持在国际市场上长期的技术领先优势,从而获取长期利益。对于广大的发展中国家而言,服务贸易自由化可能会使其丧失一些经济政策的自主权,加深对发达国家的依赖性,不利于本国服务业的国际化程度的提高,从而降低了保护本国国内经济竞争力的能力,尤其不利于保护本国幼稚服务产业,影响本国就业且动摇了国家经济独立性。目前,许多服务贸易流入

国都采取加强对国内服务部门控制的措施,以期发展本国服务业使得服务出口多样化,提高本国服务业的竞争能力。

四、对外投资的限制可能会由于服务贸易自由化而逐步取消,会造成本国金融服务市场的不稳定和不安全

随着对外投资限制的逐步取消,发达国家的金融服务机制就可能会凭借其在金融服务领域的优势来削弱发展中国家对金融服务的管理能力。由于服务贸易流入国大量引进服务(或先进技术),导致大量外汇外流,不利于国际收支平衡,同时国外服务提供商会逐渐取代国内服务提供商,使得国内对进口服务的需求依赖性增加。

五、伴随着服务贸易自由化程度的加深,服务贸易流入国可能会失去对本国新兴服务业的控制

如果放开对服务贸易的控制权,就意味着失去对本国新兴服务行业,如银行业、电信业、航运航空业等服务行业的控制,使得这些新兴但有极大发展潜力的服务部门直接面对发达的服务贸易出口国的激烈竞争。在传统服务行业的竞争潜力已经没有多大发掘余地的国际市场上,服务贸易流入国的服务贸易竞争力将受到很大影响。

六、服务贸易自由化还可能影响到一国的文化传播

服务贸易自由化还可能在意识形态上威胁到一国精神意识"市场"的安全,严重的甚至会威胁到一国文化的传统性和创造性,从而使这些国家慢慢落入某些居心叵测"服务帝国主义"设下的文化"陷阱"中,间接地削弱了该国的国际竞争力。

综合以上分析,无论是服务贸易发达国家还是服务贸易发展中国家,在追求服务贸易自由化的同时,会不约而同地采取一些限制手段来限制服务贸易自由进出口,以期保护本国的经济安全,提高国家的国际竞争力,实现本国经济发展的目标。但是实施这种服务贸易限制措施必须付出一定的保护成本,例如为了保护国内新兴的服务行业,一般的限制做法是提高国内价格,可是此类服务的国内价格一旦上升将导致出口价格相应提高,从而影响了本国服务出口的能力。

第四节 国际服务贸易竞争力评价方法

一、服务贸易总量

包括进出口总额、出口额、进口额以及各自的增长率和在世界的排序。这是一个国家服务贸易国际竞争力的直接体现。

二、国际市场占有率

一国国际市场占有率＝该国出口额/世界出口总额

国际市场占有率指标直接反映某产业或某产品国际竞争力的实现状态，用以比较不同国家或地区同一产业或同类产品在国际市场上的竞争能力。

三、进出口行业结构

出口结构是否合理是影响国际竞争力的重要指标。发达国家是服务出口的主要国家，他们都在致力改善国际服务贸易的出口结构，主要表现为提高知识、技术密集型服务的比重。

四、劳动生产率

服务业就业的出口效应（Export Effect，EE），表示服务出口收入对服务业就业影响的弹性系数。若用 E_y 和 Q_S 分别表示服务出口收入和服务业就业人数，计算公式为：

$$EE = (\triangle E_y/E_y)/(\triangle Q_S/Q_S)$$

五、服务贸易对外开放度（SO）

$$SO = (S_x + S_y)/GDP$$

其中 S_x、S_y 分别表示服务贸易的出口总额和进口总额，GDP 是国内生产总值。

六、固定市场份额模型指标（The constant Market share Model，简称 CMS）

固定市场份额模型指标的基本含义是：一定时期内，本国某产品的出口增长率与为保持该产品原有的市场占有份额应有的出口增长率之差。

如果 CMS 数值为正，则表明该国该产业在这一时期内的出口竞争力相对于其他出口国有所提高；如果 CMS 数值为负，则表明该国该产业在这一时期内的出口竞争力相对于其他出口国有所下降。这一指标的难点是不容易测算保持原有市场份额而应达到的出口增长率。

七、显性比较优势指标（Revealed Comparative Advantage Index，简称 RCA）

显性比较优势指数（Index of Revealed Comparative Advantage，RCA）又称出口效绩指数，是分析一个国家或地区的某种产品是否具有比较优势时经常使用的一个测度指标。该指数的含义是：一个国家某种出口商品占其出口总值的比重与世界该类商品占世界出口总值的比重二者之间的比率。RCA＞1，表示该国此种商品具有显性比较优势；RCA＜1，则说明该国商品没有显性比较优势。

其计算公式为：

$$RCA = (X_i/X_t)/(W_i/W_t)$$

式中，X_i 表示一国某商品出口值；X_t 表示一国商品出口总值；W_i 表示世界某商品的出口值；W_t 表示世界商品出口总值。

RCA 指标是反映贸易结构与贸易依存状况的指标。一般认为若 RCA 指标大于 2.5，表示该产业的国际竞争力具有很强的竞争优势；若 RCA 指标在 1.25～2.5 之间，表示该产业具有较强的国际竞争力；若 RCA 指标在 0.8～1.25 之间，表示该产业具有一般水平的国际竞争力；若 RCA 指标小于 0.8，则表示该产业的国际竞争力较弱。

八、贸易竞争指数（TC 指数）

TC(Trade Competitiveness)指数，是对国际竞争力分析时比较常用的测度指标之一。是指一国某一产业或商品进出口贸易的差额占进出口贸易总额的比重，即

$$TC = (X_{ij} - M_{ij})/(X_{ij} + M_{ij}) \quad (-1 \leqslant TC \leqslant 1)$$

其中，X_{ij} 和 M_{ij} 分别表示 i 国 j 产业或产品的出口额和进口额。

通常 TC 指数取值范围为 [-1,1]，如果 $TC > 0$，说明比较优势大，而且越接近 1 越大，竞争力越强；如果 $TC < 0$，说明比较优势小，竞争力也小；如果 $TC = -1$，说明该国第 j 种商品只有进口而没有出口；如果 $TC = 1$，说明该国第 j 种商品只有出口而没有进口。当该指数接近 0 时，说明比较优势接近平均水平。

九、出口优势变差指数

出口优势变差指数是将各产品的出口增长率与总的外贸出口增长率进行比较，从而可以确定一个时期内，何种产品具有更强或较强的出口竞争力。其计算公式如下：

$$E_i = (G_i - G_0) \times 100$$

其中，E_i 为出口优势变差指数，G_i 为 i 产品出口增长率，G_0 为总出口增长率。

本章小结

自 20 世纪 80 年代以来，国际服务贸易发展迅速，已成为世界经济增长的"新引擎"。服务贸易已日益成为衡量一国国际竞争力强弱的一项重要指标。

波特的国家竞争优势理论对于分析服务贸易竞争力的形成非常适用。波特理论从产业层面系统地阐述了行业和企业竞争力形成和发展的规律，为竞争力研究提供了一套极富操作价值的系统框架。

国内外学者近年来对服务贸易国际竞争力展开了研究，提出了多种具体的衡量指标：显性

比较优势指数、竞争优势指数、国际市场占有率、服务贸易对外开放度等。

思考练习题

一、名词解释
服务贸易竞争力　显性比较优势　国家竞争优势　贸易竞争指数

二、单选题
1. 国际服务贸易竞争力从宏微观来看，以下（　　）不属于国际服务贸易竞争力范畴。
   A. 企业竞争力　　　　　　　　　　B. 产业竞争力
   C. 产品竞争力　　　　　　　　　　D. 购买力竞争力
2. 波特提出国家经济竞争力的提高一般需经历四个阶段的理论，第三阶段是（　　）主导阶段。
   A. 生产要素　　　B. 投资因素　　　C. 创新主导　　　D. 财富主导
3. 波特的国家竞争优势理论指出，一国竞争优势主要有四个基本因素，不包括（　　）。
   A. 生产要素　　　B. 政府　　　　　C. 需求条件
   D. 相关和辅助产业实施自由化　　　E. 企业结构和行业竞争
4. （　　）是一种出口专业化指，用来衡量一国某类产品的出口量占世界出口总额的比重。
   A. RCA　　　　　B. EE　　　　　C. TC　　　　　D. IIT
5. 以下对于服务贸易自由化对国际竞争力影响表述不正确的是（　　）。
   A. 服务贸易自由化严重影响一国国际收支的平衡，从而影响国际竞争力
   B. 服务贸易自由化可以推动服务部门专业化和分工的深入发展，同时促进服务部门技术标准化和服务综合化，极大地加深一国服务部门国际竞争力的基础
   C. 伴随着服务贸易自由化程度加深，服务贸易流入国可能会失去对本国新兴服务业的控制
   D. 对于发展中国家来说，服务贸易自由化有利于本国金融市场安全性的提高
6. 为了保护国内新兴的服务行业，一般的限制做法是提高国内价格，可是此类服务的国内价格一旦上升将导致出口价格相应（　　）。
   A. 提高　　　　　B. 降低　　　　　C. 不变　　　　　D. 无法确定
7. 通过将各产品的出口增长率与总的外贸出口增长率进行比较，从而可以确定一个时期内，何种产品具有更强或较强的出口竞争力的指标是（　　）。
   A. 显性比较优势指标　　　　　　　B. 出口优势变差指数
   C. 固定市场份额模型指标　　　　　D. 国际市场占有率
8. 竞争优势指数的取值范围为（　　）。
   A. [−1,0]　　　　　　　　　　　　B. [0,1]
   C. [−1,1]　　　　　　　　　　　　D. [−1,0)和(0,1]
9. 服务贸易自由化一方面降低服务贸易进口的限制，短期内服务进口将大量（　　），造

成国际收支(　　)。

A. 增加、恶化　　　B. 增加、改善　　　C. 减少、恶化　　　D. 减少、改善

10. 一国运输服务贸易 RCA 指标为 1.5,说明该国运输服务贸易竞争力(　　)。

A. 极强　　　　　　B. 较强　　　　　　C. 一般　　　　　　D. 较弱

三、判断题

1. 服务的生产和消费的不可分离性决定了服务业要具有规模效益的可能性较小。(　　)

2. 服务贸易自由化导致生产专业化加深。(　　)

3. 现实生活中,服务贸易输出国的角色更多时候由发达国家扮演。(　　)

4. 如果 CMS 数值为正,则表明该国该产业在这一时期内的出口竞争力相对于其他出口国有所下降。(　　)

5. 显性比较优势指数取值为 95,表明该国服务出口具有极强的比较优势。(　　)

6. 竞争优势指数其值等于 1 表明一国某产品只有进口没有出口。(　　)

7. 服务贸易自由化无论对服务贸易输出国还是流入国的国际竞争力都可能造成正负两方面的影响。(　　)

8. 无论是服务贸易发达国家还是服务贸易发展中国家,在追求服务贸易自由化的同时,会不约而同地采取一些限制手段来限制服务贸易自由进出口,以期保护本国的经济安全。(　　)

9. 国际市场占有率比例提高说明该国该产业或产品的出口竞争力增强。(　　)

10. 服务部门的要素密集程度越高,发生专业化的概率就越小。(　　)

四、简答题

1. 波特"钻石模型"中服务贸易竞争力的决定因素有哪些?
2. 简述服务贸易自由化对国际竞争力的影响。
3. 服务贸易竞争力的评价指标主要有哪些?

五、案例分析

商务部印发服务贸易发展"十三五"规划

2017 年 3 月 2 日,商务部会同中央宣传部、国家发展改革委等 13 个部门印发了《服务贸易发展"十三五"规划》(简称《规划》)。

《规划》提出了"十三五"时期服务贸易发展三大目标,即:服务贸易大国地位进一步巩固,服务贸易强国建设加快;"十三五"期间力争服务贸易年均增速高于全球服务贸易平均增速;技术、知识密集型和高附加值服务出口占比持续提升,人力资源密集型和中国特色服务出口优势进一步巩固,服务贸易在开放型经济发展中的战略地位显著提升。围绕服务贸易创新发展,《规划》提出了六项主要任务。一是完善发展体制。加快完善服务贸易管理协调机制,统筹服务业对内对外开放,促进产业政策、贸易政策、投资政策的良性互动。加快推进服务贸易创新发展试点,推进服务贸易领域供给侧结构性改革,探索适应服务贸易创新发展的管理体制、促进机制、政策体系、监管模式,打造服务贸易制度创新高地。二是优化行业结构。稳步提升传统服务出口,着力增强传统服务贸易国际竞争力。积极扩大新兴服务出口,培育服务贸易竞争新优势。继续提升服务进口质量,为促进重要服务进口创造便利化环境。三是壮大市场主体。

打造影响力大、国际竞争力强的服务贸易领军企业,做强主业突出、国内领先的服务贸易企业中间梯队,积极扶持特色明显、善于创新的服务贸易中小型企业。四是培植创新动力。推动服务贸易交易模式创新,打造新型服务贸易促进和交易平台。加快服务贸易发展业态创新,积极培育新的增长点。五是扩大开放合作。积极推进对外开放,提升服务市场国际化新水平。积极稳妥"走出去",拓展服务贸易发展新前沿。积极参与规则制定,主动融入国际服务贸易新格局。六是健全监督体系。创新监管举措,完善事中事后监管体系。加强信用监督体系建设,建立服务贸易市场主体信用评价体系及相应守信激励、失信惩戒机制。《规划》还提出了优化营商环境、完善促进体系、健全合作机制、强化人才支撑、加强统计考核等五个方面的保障措施。

问题:请结合以上材料谈谈提升我国服务贸易竞争力的措施。

第六章 自然人流动服务贸易

本章要点

1. 自然人流动概述
2. 自然人流动对发达国家的影响
3. 自然人流动对发展中国家的影响
4. 中国自然人流动服务贸易发展

引导案例

《经济学家》杂志2015年2月14日报道,过去越南人寻求去前苏联及其卫星国工作,而目前的主要目的地是中国台湾、日本、马来西亚和韩国。自2005年以来,在国外工作的越南劳工数量翻了将近一番,达到约50万人。尽管很多越南人在国外合法工作——其中1/3为女性,但其中的一些劳工正遭受剥削。2014年美国国务院发布的一份报告称,海外越南劳工属于亚洲负债水平最高的劳工行列,因此容易面临债务束缚和强迫劳动。2013年越南非政府组织CSAGA调查显示,350名受访的海外越南劳工中,近1/3受到欺骗或剥削。尽管面临很多困难,但越南农民,尤其是北部和中部省份的农民仍急切地想要出国。

第一节 自然人流动概述

经济全球化促进了世界经济的融合,随着其进程向纵深发展,能源、商品、信息、服务等资源在世界范围内加速流动,《服务贸易总协定》(GATS)对规范和促进世界服务贸易发展起到了不可替代的作用。它是目前国际上参与最广泛的与服务贸易相关的多边法律机制,现有153个成员国,其设立宗旨是在符合透明度和信息公开的条件下,通过谈判增进贸易自由化,促进成员国的经济增长和服务业的发展,并增加发展中国家在世界服务贸易中的参与度。自然人流动是GATS框架下的第四种贸易方式,是GATS法律框架的重要组成部分,随着服务贸易在世界贸易中所占的份额不断提高,自然人流动具有广阔的发展空间。

自然人流动概念的界定

自然人流动(Movement of Natural Persons)是指一成员的自然人(服务提供者)到任何其他成员境内提供服务,以获取报酬。它的特点是服务提供者在外国境内向在该成员境内的服务消费者提供服务,例如专家教授到国外讲学、作技术咨询指导,文化艺术从业者到国外提供文化、娱乐服务等等。

(一)"自然人流动"的提出

1986年9月GATT乌拉圭回合谈判开启,劳动力跨境流动问题便成为发展中国家与发达国家争执的焦点。作为向发达国家输出劳动力的主要国家,如印度、孟加拉国、巴基斯坦、菲律宾、埃及、墨西哥,纷纷要求在多边框架下纳入劳动力自由流动的规则。这些国家认为:首先,劳动力作为生产要素之一,其流动的自由化对正在形成的多边贸易体制至关重要;其次,发展中国家具有劳动力方面的比较优势,这应被适宜地利用以促进世界经济的整体协调发展;此外,若GATS中缺乏对劳动力流动的规定,它将会因为仅有对资本流动的规定而失衡。发达国家却试图仅将其具有优势的资本要素流动包括到服务贸易之中,而极力反对制定允许劳动力自由流动的规则。这些国家反对的理由有两点:第一,"临时劳动力流动"的定义"当前"尚不明确;第二,劳动力自由流动的规定涉及高于贸易和劳动力问题的国家主权问题。

经过漫长的谈判,在1988年12月蒙特利尔部长级中期评审会议上,部长们指示,"服务贸易的定义工作应该在服务贸易多边框架的基础上进行,其中服务贸易包括跨境服务、消费者跨境移动以及对提供者来说必不可少的生产要素跨境流动",这一指示是对服务贸易进行定义的开始,也标志着"劳动力流动"问题正式纳入服务贸易谈判。

(二)自然人流动概念的形成

1989年秋,蒙特利尔中后期评审工作阶段产生了8个包括谈判代表和部门专家的部门工作小组,其中一个是劳动力流动工作小组,劳动力流动工作小组的工作和对于定义的非正式磋商促使了GATS中服务贸易定义方法的产生(1990年12月布鲁塞尔部长会议,谈判代表就服务贸易的模式化定义方法达成了共识)。1991年达成的GATS草案中第一条第二款对劳动力流动的定义与正式GATS中对自然人流动的定义几乎一样,只是后者在称谓上将"参加方"改为了"成员方"。1993年12月GATT各成员方达成协议,于1994年4月15日在马拉喀什正式签署GATS,GATS成为多边贸易体制下第一部规范国际服务贸易的框架性法律文件。GATS第一条第二款将自然人流动又称服务贸易第四种提供方式,正式定义为:一成员方服务提供者通过在任何其他成员领土内的自然人存在提供服务。

(三)自然人流动定义的解析

当今国际间的人员流动如果从进入国外市场的目的以及时间长短上进行划分可以包括以下几类:一是劳动力短期进入国外市场提供物质劳动或服务以获取收入;二是人员长期进入东道国劳动力市场并长期在东道国居住,即为通常意义上的移民;三是一些特殊意义的短期国际间人员流动,如留学、学术访问以及外交人员的流动等;四是一些特殊的长期人员流动,如国际间的政治避难等。

其中第一种国际短期劳动力流动又可以根据劳动者进入外国市场后是从事物质性劳动还

是提供服务进行划分。如果短期进入国外市场并以提供服务来赚取收入,则为 GATS 中服务贸易的一种提供方式——自然人流动。在 GATS 中,自然人流动是由一成员国(如 A 国)的服务提供者通过一成员(A 国或其他国家而非 B 国)的自然人存在于另一成员国(B 国)境内提供服务。这其中包含本身即为服务提供者的自然人或受雇于服务提供者的自然人两种形式。前者,如甲国的律师赴乙国向当事者提供法律服务;后者,则如甲国银行在乙国设立分支机构并派遣本公司高级职员赴乙国掌管业务经营。

至于东道国本土公司雇用的外籍人员是否属于 GATS 下的自然人范畴,至今各成员方与国内外学者并无共识。GATS 对自然人流动的定义为"一成员方服务提供者通过在任何其他成员领土内的自然人存在提供服务",从该定义挖掘,服务提供者(公司法人)和服务提供地当属于两个不同的成员国,显然受雇于东道国公司这一服务提供者的外籍雇员不属于 GATS 管辖。此外根据《GATS 下提供服务的自然人流动附件》(简称《附件》)第二条,"本协定不适用于影响寻求进入一成员就业市场的自然人的措施,也不适用于在永久基础上有关公民身份、居住和就业的措施",进入了东道国劳动力市场并受雇于东道国本地公司的自然人应排除在 GATS 管辖范围之外。然而根据《附件》第一条,"本附录适用于在一项服务的提供方面,对作为一成员方的服务提供者的自然人和被一成员方的服务提供者雇用的一成员方的自然人具有影响的措施",该条显然没有将东道国公司的外国雇员排除在 GATS 外。1998 年,WTO 秘书处解释说,如果自然人是基于合同为东道国公司工作,则其跨境提供服务属于 GATS 下自然人流动,但若是作为该公司的雇员,则不属于"自然人流动"。

然而有不少成员国的具体承诺中其实是涉及了受雇于东道国的自然人的,如美国就临时受雇于美方企业、具有特殊才能和专业的工作人员(H-1B 签证持有者)做出了承诺。我国劳务输出的第三种情况——综合外派劳务的显著特征就是劳务人员受雇于国境外的雇主并在境外提供劳务。在服务贸易谈判中明确将受雇于东道国本地公司的自然人纳入 GATS 体系之内,对包括中国在内的广大发展中国家扩大就业机会、增加外汇收入作用重大。

(四)自然人流动的特征

1. 自然人流动的服务提供具有个体性

提供服务的自然人必须是另一成员方的居民或者具有另一成员方的永久居留权,并且提供服务的方式是以自然人个体的形式。例如我国的篮球运动员姚明在 NBA 打球是以个人的身份进行的,不代表任何组织或团体,这是典型的自然人流动。

2. 以自然人流动形式提供的服务具有暂时性

自然人流动中的自然人在另一成员国的存在是暂时的,且不能取得其他成员国永久公民的资格、不能永久居留和就业,各国承诺表中都对自然人流动提供的时间做了一定的限制。

3. 自然人流动形式提供的服务内容广泛

所有的服务部门和分部门,例如专业服务、计算机服务、教育服务、通信服务、建筑服务、商业分销服务、金融服务、运输服务和环境服务等,都可以自然人流动方式提供服务。各国在服务贸易承诺表中,在水平承诺和具体承诺中对各个部门以自然人流动做出承诺或限制。

4. 自然人流动的壁垒很多

自然人流动通常与一国的签证和移民政策有密切联系,传统上一国的签证和移民政策都属于各国垄断性管理范畴,具有一定的排他性。多数国家特别是发达国家都对其实行了保护主义,对自然人的自由流动设置重重壁垒,限制外国人来本国提供服务。对外国人来本国提供服务的限制,通常表现为要求来本国提供服务者具备一定的专业资格,获得了一定的专业证书,处于一定的管理阶层,服务于具有一定规模的、指定类型的机构(如外商投资企业),并已取得了入境签证、本国的工作许可和入境许可等。

(五) 自然人流动与其他相似概念之辨析

1. 与境外消费以及国际移民的关系

这三者之间的区别主要在于目的不同,自然人流动是为了在他国境内提供服务,境外消费是为了在他国境内消费服务,而国际移民则是为了取得公民永久居民身份,是一种长期流动。

自然人流动与移民均是劳动力跨国流动的形式,但由于自然人流动的暂时性使得其与移民有了很大的区别。以自然人流动形式提供的服务具有暂时性,自然人流动中的自然人在另一成员国的存在是暂时的,且不能取得其他成员国永久公民的资格、不能永久居留和就业,各国承诺表中都对自然人流动提供的时间做了规定。移民是一国劳动力永久性移至他国,劳动力在转移过程中伴随着国籍的改变。母国劳动力的减少和东道国劳动力的相应增加是永久性的,这一特点与自然人流动的暂时性移动是明显相反的。

2. 自然人流动与商业存在

这两者的不同点在于自然人主要是以自然人的身份在所在国提供服务,而商业存在则是指允许外国企业和经济实体到一国境内设立商业机构或专业机构来提供服务,包括设立合资、合作企业和独资企业,这种服务贸易往往与所在国的直接投资相联系在一起,规模大、范围广、发展潜力大,因此对服务所在国的吸引力较大。而以自然人流动提供服务的方式则具有暂时性、短期性的特点,贸易规模较小,时间有限。

3. 自然人流动与国际劳务贸易

这两个概念之间既存在相似之处,又在外延上有所差异。首先我们需要强调的是,自然人流动是一种国际贸易服务方式,就向所在国提供劳务服务这一点上,与国际劳务贸易并无二致,但是二者在外延上存在的差异,主要表现在两个方面:第一,活动内容的差异。自然人流动主要是通过提供服务性劳动的模式——不直接进入物质生产过程来进行服务,而国际贸易服务除却这一种模式之外,还包括要素性的劳动——直接作为第一要素进入生产过程,在输入国的物质资料生产部门做出创造物质产品的活动,即工农业生产。第二,提供劳务地点的差异性。国际贸易可以根据所提供的劳务收取报酬,如三来一补,国际旅游;后者指劳务直接输出国外,在国外为他国提供劳务,收取报酬,而自然人流动则侧重于后者。

【专 栏】

自然人流动壁垒的产生与成因

自然人流动壁垒是指服务出口国与服务进口国所采取的对以自然人存在方式提供国际服务的贸易方式所设置的各种限制与障碍。各成员国基于不同的考虑对自然人流动进行限制。自然人流动壁垒之所以会产生,主要基于以下几个方面:

1. 维持国内劳动力的就业水平。增加本国国民的就业机会,充分保护国内劳动力市场,维持一定的就业水平,对于维护一国经济与政局的稳定具有直接的影响。因此,如果一国开放国内劳动力市场,放任外国移民工人的大量涌入,必定会挤占国内劳动者的就业岗位,带来不利影响。对于发展中国家来说,由于普遍人口众多,就业压力大,如果放任外国自然人来本国提供服务,必定会使原本严峻的就业难题雪上加霜,加剧因就业困难所带来的社会问题。对于发达国家来说,虽然不像发展中国家那样存在因人口众多而带来的普遍的就业难问题,但是,发展中国家的廉价劳动力必定会给工业化国家某些产业部门的就业工人造成巨大压力,减少当地国民的就业机会,这些产业工人必定会联合起来劝说政府阻止发展中国家廉价劳动力的大量涌入。

2. 限制外国服务的输入,以减少因此而带来的消极影响。自然人流动是一种国际服务贸易方式,与商业存在、境外消费、跨境提供有着密切的联系,涉及若干服务项目。一国提高自然人流动自由化程度,可以增加其他国家以自然人流动或其他服务贸易方式向该国进行的国际服务贸易出口。外国服务不加限制的进口可能会危及输入国的主权和安全,导致国际收支失衡,对民族文化、社会道德和社会利益造成负面影响,因此,各国纷纷通过制定法律、法规或采取行政措施以设立壁垒,而对自然人流动的限制成为阻挡外国服务输入的手段。

3. 防止可能由此引发的政治问题。外国自然人的大量流入必定会增加东道国管理上的难度,而且目前普遍存在着签证滥用现象,即获得短期签证者想方设法永久居留下去,私自将短期流动转变为移民的现象。各国对移民的限制通常是比较严格的,因为它不仅会给东道国带来经济问题,而且由于外来人口与当地人口文化上的差异和融合过程中的磨擦可能会引发政治问题。出于对签证滥用及由此可能引起的政治问题的担心,某些国家在签证的签发上执行更严格的政策,这便无形中对正常的自然人流动构筑了壁垒。

4. 服务出口国设置自然人流动壁垒限制本国服务人员的出口。从经济上考虑,主要是为了防止人才外流,特别是本国经济建设所需要的中高级人才的外流。如果一国完全放任本国服务提供者的跨国流动,对其出国提供服务的行为不加限制,那么在以价格为导向的国际劳务市场上,依据客观的经济规律,自然人必然会从收入低的地区与部门向收入高的地区与部门流动。发展中国家为培养高级人才耗费了大量的资金,但是其收入水平普遍低于发达国家,如果本国高级人才为了获得高收入而大量流向发达国家,这对人才紧缺的发展中国家来说,无疑是一大损失。为此,发展中国家会通过大力发展经济,改善本国就业环境的方式留住人才,但是,这是一个长期的过程。在短期内,一国可通过采取一些鼓励、优惠措施吸引人才回流,或直接采取限制措施阻止人才流出,即构筑自然人流出的壁垒。

(资料来源:智库.百科)

第二节　自然人流动对发达国家的影响

一、发达国家对自然人流动管制的背景

GATS下的自然人流动与移民问题有着千丝万缕的联系。根据入境目的不同,申请入境的自然人分为移民和非移民。移民的目的是进入东道国后永久性居留,以达到家庭团聚、就业、避难或庇护等目的。非移民是进入东道国后暂时性居留,达到目的后如期退出东道国,其

居留时间受制于东道国法规,如果逾期无故不退出者,被称为非法滞留。此外,发达国家(东道国)入境管理机构的一个根深蒂固的观念是,以非移民目的入境的发展中国家自然人往往改变入境目的,要求永久居留,即企图移民。这就导致发达国家常常把GATS框架下正常的暂时入境提供服务的自然人当作有非法滞留或移民企图的对象而严加限制,阻碍了自然人正常流动和贸易的提供。

这种"过敏"行为一方面反映了发达国家当前"反移民"的政治背景,另一方面,也反映了发达国家的利益。过多的外来自然人尤其是非技术和半技术型自然人不符合发达国家的利益,而且还可能对国家安全造成威胁。GATS框架下的自然人流动与移民有着相似的形式和转化的可能,发达国家既无法甄别两者的不同目的,也无法彻底杜绝转化的可能,因此,为了保护自身利益,发达国家往往会对其严加管制。

外国自然人入境会给发达国家造成政治、社会、经济安全方面的影响,从而使得发达国家对于来自发展中国家的自然人流动会有所顾忌和管制。

二、自然人流动对发达国家政治安全的影响

(一)边境安全

维护国家边境安全、预防恐怖主义威胁和非法移民是发达国家对外来自然人进行管制的首要目的。尤其在"9·11"事件之后,美国和加拿大加强了边境管理和合作。美国移民局2002年实行对外国自然人的国家安全出入境登记制度,在各入境点对来访人员进行问话和提取指纹后才允许其入境,已经入境的外国男子必须到移民局登记。对于墨西哥非法移民,美国众议院力主在美墨边境设立"安全墙"并增加打击力度。

(二)国土安全

发达国家认为,通过合法或非法方式入境的外国人都有可能给本国安全造成隐患。例如,每年合法进入美国的3亿外国人中,有200万人逾期不归或长期滞留。美国实行国家安全出入境登记制度就是为了确保能对入境外国人进行查寻和追踪。对于境内1 200万非法移民,美国众议院主张严厉打击并将"非法滞留美国"定为重罪。

(三)政治安全

发展中国家自然人在发达国家境内发挥着越来越大的政治影响力。以美国的墨西哥移民为例,随着他们的人数、政治地位和影响力不断上升,以及强烈的母语意识和严重的非法移民问题,都深深触动了美国主流社会的"本土主义"神经,因而受到猛烈攻击。此外,美国西南地区的日益拉丁化和持续不断的墨西哥移民也加深了美国政府对墨裔聚居区分离运动的担心。而德国接纳的大量难民和欧盟东扩后来自东欧国家的移民也为德国的政治、社会安全埋下隐患。由此可见,GATS下的自然人流动会增加发达国家的不安全感,恐其与境内的不安全因素相结合造成更大的安全隐患。

三、自然人流动对发达国家社会文化安全的影响

外国自然人不断流入发达国家会改变其人口构成。例如,美国境内拉美裔的高出生率正

在改变美国的种族构成,到 2050 年美国白人在全国人口中的比例将从目前的 70% 降至 50%,而拉美裔人口将占全国总人口的 1/4。人口构成的变化将对发达国家的教育、传统文化、养老、医疗、选民投票倾向、住房价格、社会治安等问题产生影响。

(一) 资源分配

不断增加的外来人口会加重城市的负担,在争夺诸如廉租房、社会福利等资源方面与当地人产生冲突,并激化为社会矛盾。

(二) 文化传统

遍布全美的墨西哥移民社区为墨西哥移民提供了保留母国认同的环境,加重了墨西哥移民对美国文化认同的挑战。因此,德国这样的非移民国家为了维持社会稳定和历史文化传统,长期对外坚守严格的移民管制和排斥政策。

(三) 社会治安

外国自然人的流动可能给发达国家带来犯罪率上升、贩毒等社会治安问题。以上问题导致发达国家对外来自然人采取排斥态度。然而,发达国家又将面临日趋严重的人口老化和低出生率问题。到 2030 年,美国 65 岁以上老年人占总人口的比例将由目前的 12% 上升到 20%;德国如果再坚持"非移民国家"政策,50 年后的人口将下降到 5 880 万,而养老比例将由目前的 4.4∶1 下降到 1.8∶1,只有每年补充 340 万外来人口才能将养老比例维持在目前水平,那么 2050 年将有 28% 的人口是移民;2000 年瑞士 65 岁以上老年人的比例从 10 年前的 14.6% 增长到 15.4%,20 岁至 39 岁中青年人比例从 31.2% 降至 28.9%。可见,发达国家对外来自然人既排斥,又无法抛弃,只能采取有选择的管制来吸纳自己需要的特定类型和数量的自然人。例如,美国 2005 年用永久居留身份(绿卡)收获了 112 万名外国劳动力,而且主要是 25 岁至 34 岁的青壮年。

四、自然人流动对发达国家经济安全的影响

(一) 对发达国家经济的积极影响

发达国家的经济发展离不开外国劳动力。例如,20 世纪 70 年代以来,来自发展中国家的廉价劳动力在美国经济中一直发挥着降低成本、扩大利润的重要作用。美国每吸收一个墨西哥移民,就相当于对美国经济间接补贴 4 万美元。此外,加拿大、德国、瑞士等国的人口老化问题加剧了专业技术人才短缺问题。对于人口少且出生率偏低的加拿大,移民是刺激加拿大经济增长的动力。加拿大政府将寻找具有合格教育背景和技术的劳动力作为重要任务,仅 2005 年就新增移民 24 万人,其比例高出美国的两倍。而德国信息技术人才的缺乏使许多企业失去竞争机会,德国每年至少需要 25 万外来劳动力才能满足需求。在瑞士,移民占了总人口的 1/4,其中 75% 的人员具有永久工作许可。

(二) 对发达国家经济的负面影响

外国劳动力也会对发达国家经济产生不利影响。例如,墨西哥移民尤其是非法移民人数众多,而且大多来自社会底层,一方面造成了美国工人的高失业率,另一方面增加了美国地方医疗费用的负担。而加拿大的外国移民收入水平逐年下降,1975—1979 年的加拿大移民收入

相当于本地人的83%,10年后这个数字下降到66%,并在继续下降。此外,外国移民的就业率也日趋恶化。在加拿大生活不到5年的新移民的失业率达12.7%,远高于本地人的7.4%。而德国自20世纪90年代以来居高不下的失业率使其不得不对外来自然人进行管制,而且外来自然人普遍受教育程度低、缺乏专业技能,失业率高达20%,远远超过德国10%的平均水平,从而依赖于社会救济。发达国家对自然人管制的经济问题集中于一个问题,即外来自然人到底是经济发展的动力还是社会福利的负担。美国保守派认为,外来低技能自然人所交税款远不抵他们领取的福利,一个外来家庭每年要领3万美元的福利但只交纳1万美元的税金。北卡罗来纳州大学的研究得出了相反的结论,2004年该州拉美移民领取的福利总额为8.17亿美元,而向该州纳税总额为7.56亿美元,但他们当年对该州的经济贡献则达到90亿美元,他们创造的财富远高于所领取的福利。可见,发达国家对外来自然人管制的重点在于其技术水平的高低。因为只有高技术的自然人才能给发达国家带来更多税收,而非技术和低技术水平的自然人虽然可能在短期内为发达国家创造利润,却无法长期为其经济发展做出更大贡献,反而会享受更多的社会福利,成为发达国家的负担。因此,在种族和文化冲突的表象下,经济利益才是发达国家对自然人流动管制的实质原因。

综上所述,发达国家对自然人流动的管制有其政治、社会和经济等方面的原因。这是因为外来自然人流动同时给发达国家带来正、负两种影响,发达国家采取管制手段,正是为了选择有利于自己的特定类型和数量的自然人,而将对缺乏价值或有潜在威胁的自然人排除在外,达到"趋利避害"和"利益最大化"的目的。

五、发达国家对外来自然人的管制手段

(一) 通过市场准入选择适当的自然人类型

德国、瑞士规定,只有拥有大学学位的外来自然人才准入境,拥有绿卡的IT专业人员和具有高级职务或专业资格的自然人优先,并可以不满足经济需要测试。

(二) 通过歧视性待遇控制适当的自然人数量

德国劳工局在考虑劳动力市场容量和国内及欧盟的就业状态后才会考虑外来自然人,瑞士要求IT专业人员还必须有瑞士企业的雇用合同,并且不允许变换岗位和工作地点。

(三) 通过签证制度将不符合需求的自然人排除在外

德国2000年的《电脑人才签证条例》规定电脑人才必须大学毕业、年薪超过10万马克才给予签证,而瑞士则根据每年的工作许可配额发放签证。

【专栏】

劳动力短缺!美国增加季节性劳工签证

当地时间2017年7月17日,美国国土安全部在一份声明中说,因部分非农临时工作岗位劳动力短缺,将在今年一次性增加1.5万份季节性劳工签证。

美国国土安全部长约翰·凯利在声明中说,经过与劳工部沟通,认定劳动市场缺少"符合条件并有工作意愿的美国人",因此国会授权国土安全部向那些可能遭受不可逆转伤害的企业

提供暂时援助。

增加的签证为H2B签证,是一种短期劳工签证,持有者可以进入美国从事季节性、非农业领域的工作,其中大部分短期劳工被美国旅游业部门雇佣。

美国政府目前每年为H2B签证设置的上限是6.6万份。美国企业普遍对外国短期劳工持欢迎态度,除旅游业外,园林、肉类加工、赛马等行业也依赖具有特殊技能的外国劳工。

(资料来源:新浪新闻中心)

第三节　自然人流动对发展中国家的影响

一、发展中国家自然人流动的背景

正是由于自然人流动壁垒的重重限制才导致了当今自然人流动贸易方式服务贸易额的较小发展。因而,解除对自然人流动的诸多限制措施使自然人流动趋于更加自由化必然使服务贸易的发展更有潜力,也必然会使世界的经济发展前景更加明朗。关于自然人流动方式提供的服务贸易额并没有一些可靠的全球统计数据,这是因为各国现存的可以获得的有关劳动力流动的相关数据是残缺不全的,同时由于统计口径的不同也不具有太大的可比较性,而且各国有关劳动力流动统计的数据中有一部分人员跨境流动并没有涉及服务的提供。因而,很难找到全面反映自然人流动发展规模的统计资料。然而,国际间相关的统计信息如国际劳工处(International Labor Office)就业统计、联合国国民所得账体系(the United Nations System of National Accounts),以及国际货币基金(International Monetary Fund)之国际收支统计资料中也可窥见自然人流动的发展轨迹以及其对发展中国家的经济影响。

在现今高级技术管理人员的自由流动中,发展中国家遭受了巨大的人才流失。进一步的自然人流动自由化并不会使得发展中国家人才流失的局面更加严重。然而,伴随着发展中国家大量中低级人员跨国提供服务,必然会从就业增长、工资福利提升、国际收支增加、技术升级等方面给发展中国家经济带来一些积极的影响。虽然发展中国家在这些方面发生的一些积极变化并不能完全归因于自然人流动进一步自由化,但其主要部分应该是伴随发展中国家大量中低级人员的跨国提供服务而产生的,从发展中国家在这些方面发生的变化可以看出自然人流动自由化对与发展中国家经济发展的重大意义。

二、自然人流动对发展中国家的影响

(一) 就业增长效应

虽然GATS中规定其并不适用于那些试图进入东道国就业市场的自然人,但自然人流动对发展中国家就业的影响却十分明显。如果短期出国服务人员是国内过剩的失业人员,则自不必说。如果出国服务人员是国内已就业人员,也可以在短期内留出空位给国内未就业人员提供更多的机会。发展中国家农业人口一般占全国人口的60%~70%,有的高达80%~

90%,劳动力严重过剩。因此,自然人流动特别是发展中国家具有比较优势的中低级人员的自由流动成为缓解就业压力的途径之一。如墨西哥,在其总人口有8 000多万人时,常年在国外工作的人数则高达800多万人,出国服务人员竟占国内总人口的10%,解决国内就业的作用可见一斑。菲律宾是亚洲最大的劳务输出国,在世界上排名第二,全国每5个新就业者当中就有一个是在国外解决的。印度每年的输出劳务都超过200万人次。

首先,与商品出口、引进FDI相比,自然人流动所创造的就业机会更加直接。由于是境外就业,因此不会产生就业机会的"挤出效应",不会与国内劳动者形成对有限资源的争夺,不会造成本国国内环境成本的增加。其次,从总体上来说,劳动力流动使得就业机会增加从而有利于提高人力资本的利用效率,使之在社会经济中实现优化配置。流动提高了劳动力的生产率,促进了人力资本与其他生产要素的合理配置与优化组合,并使资源利用效率得以有效提升;同时,劳动力能相对自由的流动,也使劳动力能够根据个人偏好来选择恰当的位置,有助于发挥其更大的积极性,这很大程度上增加了其内含人力资本的价值,从而为经济增长做出了巨大的贡献。世界银行等机构研究证明,劳动力由低生产率部门向高生产率部门的重新配置对GDP增长的贡献份额约为16%~20%。最后,发展中国家众多的中低级劳动力在严重的就业压力下收入来源渠道较少,收入不平等问题日益严重。就业机会的增加也使得发展中国家的中低级人员的就业渠道更加广泛,收入来源更加多样化,对于减轻发展中国家的收入差距问题有一定作用。总之,自然人流动是解决发展中国家长期就业压力的一条有效途径,是发挥其劳动力资源丰富的比较优势,获取比较利益的又一方式。

(二)工资福利提升效应

市场经济体制下,人员的跨国流动是将国际劳动力市场与国内劳动力市场连接的过程,这种内外劳动力流动的连接会对国内劳动者的工资水平产生拉动效应。伴随着国内此类劳动力的减少,国内此行业的工资水平将会产生向上的拉力,而国外此行业却由于此类劳动力的增加推动工资水平降低。菲律宾经济学家Wickramasekera在2002年曾经对自然人流动服务贸易大国菲律宾做过关于自然人流动水平与国内工资水平之间相互关系的研究。1996年菲律宾国内一个普通海员的工资水平大约是每小时1美元,而美国、德国、英国等对海员有需求的发达国家的平均工资却达到了每小时8美元的水平。巨大的工资差异导致菲律宾每年都有大量海员输往国外。由于国内海员劳动力绝对数量的不断减少以及国外同行业工资水平的示范效应,到了2002年,菲律宾国内一个普通海员的每小时工资达到4美元,而同类海员在发达国家的平均收入为每小时9美元,原先的工资差异水平大大缩小。

伴随着国内工资福利水平的不断提升,发展中国家的中低级自然人流动自由化也会对其国内的人力资本投资方向产生一定的引导效应。其逻辑过程是:

国外高工资收入→一部分国内劳动者流出→国内该类劳动者供给减少→该类劳动者工资提高→国内人们的人力资本投资转向→国内其他类型的劳动者供给减少→工资提高。

可见,国际市场对劳动力的需求不仅会对国内工资水平、劳动力供给产生影响,而且对人力资本投资方向也会产生极大影响,这一影响具有重要意义。一方面,吸引大量高素质人才进入国际市场大量需求的职业,当这种职业正为国内经济发展所需要时,这种劳动力数量的大增对行业发展有极大的促进作用,印度计算机软件人员就是典型的例子;另一方面,通过面向国际劳动力市场的职业教育与培训,不仅提高了劳动者素质,而且随着各种培训机构的产生,又创造出更多的国内就业机会。

（三）国际收支效应

2002年10月联合国公布的相关报告指出，目前发展中国家在发达国家的外出务工人员，每年汇往本国的资金达到800亿美元，占整个发展中国家国内生产总值的比重为1.3%。在南亚地区，2002年汇回国内的外汇规模就达到160亿美元，占其国内生产总值的比重竟达到2.5%。庞大外汇汇回成为发展中国家经济发展资金来源的渠道之一，远远超过发达国家向发展中国家提供的官方援助的数额，而且发展中国家的外汇汇回速度增长迅猛，因而，自然人流动已经成为发展中国家创汇的主要途径之一，对于维护发展中国家的经济安全起到了巨大作用。在菲律宾，海外劳工的收入不断增长成为国家出口和外国投资之外的主要外汇来源，庞大的海外劳工队伍为经济的快速发展做出了重要贡献，海外劳工的工资外汇收入一直是菲律宾外汇的重要来源，对菲律宾平衡国际收支、稳定本国货币汇率和推动国内经济发展都具有举足轻重的地位。

（四）人员回流效应

由于自然人流动是短期的跨国提供服务，伴随着签证期限的结束必然有部分人员会回到国内提供服务或另谋生路。据有关资料显示，50%的发展中国家的短期跨国服务提供者在国外停留8年左右（期间要有2到8次的签证申请）后回到国内创业，10%左右的短期服务提供者在国外停留的时间超过10年，而仅有将近6%的短期服务提供者后来留在了国外成为东道国新的移民。因此，伴随着发展中国家中低级人员的进一步自由化，每年必然有近千万服务提供者返回国内，这些人员对发展中国家的经济将会从以下几个方面产生巨大影响。

首先，人员国际流动的过程是劳动者接受技术培训、掌握和提高劳动技能的过程，也是开拓视野和了解他国管理模式、市场信息的过程，有利于劳动者素质的提高和技术的不断进步。这些在技能、观念等方面都得到提高的人员重新进入国内劳动力市场，必然会产生国外先进技术、管理理念的外溢效应，对国内同行业的技术水平提升将会产生推动作用，有利于国内的产业结构升级。

其次，劳动者回国时将会带回在国外工作过程中积累的财富，加之在国外受到了先进技术及管理理念的熏陶，部分人员可能会自己走上创业道路而在国内寻找投资机会。这样就必然使得国内的投资增加，不仅会促进发展中国家的经济增长，而且会额外解决部分失业人员的就业问题。

最后，劳动者回国时将会传递消费示范效应，影响本国居民的消费方式，增加消费需求弹性。在国外工作的过程中，大部分人员都已习惯了国外的消费和生活方式，加之又积攒了一定的财富，因此这些跨国提供服务的人员大都消费观念较强。这必将对国内与其有联系的人员产生一定的消费示范效应，刺激发展中国家的消费需求从而有利于经济增长。

【专 栏】

菲律宾年轻劳工供过于求　薪资低吸引外来投资

据新加坡《联合早报》2014年12月25日报道，近年来，随着经济发展、物价抬高，东南亚各国劳动者工资亦水涨船高，对日本制造业企业在当地的发展形成障碍。但在这个"涨工资"的大潮中，菲律宾由于年轻劳动者供过于求，工资水平维持在低水平，深受日本企业的追捧。

据报道,尽管马尼拉首都圈的工资水平与印尼、泰国的城市区一样高,但马尼拉郊外的工厂区的工资水平仅为日薪1 000日元(约合人民币51.584 8元),且多年来工资涨幅百分比都维持在个位数,预计未来工资激增的可能性较小。

菲律宾工资提不上去的原因主要包括:人口已突破1亿人的菲律宾平均年龄仅为23岁,在亚细安诸国中最年轻;大多数年轻人找不到工作;若将非全职工作者和求职人员都包括进来,菲律宾大概有30%的人在找工作。

从宏观经济角度而言,则主要是因为菲律宾的通胀率相对较低。由于菲律宾是世界上最大的劳务输出国之一,约有1 000万菲律宾人在全球务工,每年汇回菲律宾的外币约合20 000亿日元(约合人民币1 031亿元)以上。而拿到外币的菲律宾人将其兑换成本国货币的需求较大,导致菲律宾比索价格坚挺,物价也较其他东南亚国家低。

《日本经济新闻》进一步指出,日本制造业企业为了追求低廉的劳动力成本,自20世纪90年代开始进入中国市场,而随着中国劳动力成本的上升,则开始实施"中国+1"战略,在东南亚建立新的工厂。近年来,东南亚诸国工资水平节节攀升,印尼、越南、柬埔寨等国,最低月薪的年增长率大概在20%~30%。

据报道,日企进入菲律宾的时间相对较早,加上菲律宾2014年治安状况有所好转,工资水平低且涨幅慢,使日企在菲律宾设厂的积极性提高。

(资料来源:环球网,2014年12月25日)

第四节 我国自然人流动服务贸易发展

一、我国的自然人流动现状

我国的自然人流动以1979年为开端,由于自然人流动未在国内立法上被作为特殊的服务类型,且GATS法律框架不能直接用以调整我国自然人流动法律关系,因此,对我国自然人流动现状的研究,只能借助劳务输入和输出的情况分析。两者虽密切联系,但不完全相同:自然人流动的法律基础是GATS框架下的政府承诺,劳务输入和输出的法律基础是国际劳务合同;前者属于国际法范畴,后者属于私人契约关系;前者局限于单纯的服务性活动,后者还涉及物质生产性劳动;从外延来看,自然人流动只是劳务输入和输出的一部分。

(一)我国的自然人输出概况

我国自然人输出主要以团体派遣为主,跨国服务提供者一般是外派企业(对外服务公司)根据海外需求在社会上或者行业内进行招聘,派遣期为2~3年,公司内部人员流动可以延长至3~5年。

我国自然人输出的方式有四种:

(1) 外派企业与境外雇主签订合同,按合同规定确定人选,办理出国相关手续,向境外派出劳务人员,这是我国目前最主要的对外输出的方式。

(2) 通过国际承包工程服务输出,国内的承包公司在获得国外工程项目的承包或者分包权后,为实施工程项目而派出各种劳务人员。

(3)海外投资服务输出,国内服务提供者在我国境外合资或者独资企业中提供经营、管理或技术服务。

(4)民间劳务输出,个人通过多种渠道到境外谋取职业的服务输出,服务提供者持中国护照,经济上独立自主,直接受雇于境外雇主,这种方式规模尚小,形式分散,尚待进一步开发。

我国自然人输出的区域集中在东南亚、中东、非洲及欧美部分区域。由于欧美发达国家经济情况和生活水平远高于其他国家,对外籍劳工具有很大的吸引力,但这些国家普遍对国家安全和移民问题比较敏感,低技术水平服务提供者的市场准入空间非常有限。如美国,其劳务输入的主体是永久性移民,自然人流动市场较小,主要集中在工程承包、电脑技术、医护人员等方面,低技术水平服务提供者很难进入美国市场;欧盟情况比较特殊,内部国家的自然人可以自由流动,其他国家的服务提供者进入市场非常困难,主要集中在欧盟成员国劳动力无法或者不愿从事的工种和岗位;中东地区拥有十分丰富的石油资源,而人口稀少,劳动力不足,在石油化工、基础设施建设及维修服务方面对海外劳动力的需求很大,且比较稳定;非洲的自然人流动市场以不同国家、民族和部落为单位的小市场组成,我国在非洲的许多援建项目是自然人输出的主要途径,以高技术水平专业人员和技术服务人员为主,由于非洲经济贫困,条件恶劣,地方割据严重等条件制约对高技术服务提供者吸引力并不大,随着非洲政局稳定和经济起步,越来越多的国内服务提供者开始选择前往非洲淘金。

我国的自然人输出呈以下特点:

(1)自然人输出以低技术水平服务提供者为主,这主要由我国劳动力整体水平决定,我国高技术水平人才相对稀缺,庞大的人口基数和密集型生产模式决定了我国有大量低技术水平剩余劳动力,这部分人成为对外劳务输出的主力军。

(2)服务提供者整体技术水平较低的特点,决定了他们主要从事的职业为建筑、纺织、渔业、餐饮等劳动密集型产业。

(3)大部分专业人员和高级技术人员的输出都以在国外设立的商业实体为依托,在国外设立分支机构或者承揽工程项目是自然人输出的前提。

(4)我国的服务提供者与国际竞争者相比缺乏比较优势,目前世界一体化进程加快,国际市场的开放程度越来越大,自然人流动的国际竞争越来越激烈,但我国自然人流动无论在人员素质还是技术水平方面都不具备比较优势,目前国际市场上流动的自然人每年约2 500万,我国所占的比例不到1%。

(二)我国的自然人输入概况

我国非常重视人才的引进,目前正处于外国人入境的活跃期,除了数量初具规模之外,我国的自然人输入还具有独特的特点:

第一,港、澳、台地区入境人数数量巨大。由于港、澳、台地区为中国领土,这部分人员流动不属于跨国流动,但是从其提供的服务内容和实质上看,其中有很大部分符合自然人流动特征。第二,我国的自然人输入主要来自亚洲和欧美发达国家。第三,自然人输入在外国人入境人数中所占的比重较小。我国入境外国人分为观光休闲、访问、服务员工、会议商务和其他入境目的五类,自然人输入大部分包含于服务员工和会议商务类型,其中有多少属于自然人流动尚无统计,但由于我国对自然人输入限制比较严格,总量不会很大。第四,自然人输入以高技术水平人员为主且分布相对集中,他们中60%以上集中在北京、上海、广州等经济发达地区。

二、我国自然人流动自由化面临的问题

总体上看,我国对自然人流动的态度相当保守,在 GATS 框架下所做出的承诺无论广度还是深度都十分有限,在国家层面的市场准入限制非常严格,给予外国人的国民待遇相当狭窄,在实际操作和制度建设层面上也存在许多问题,因而自然人流动的自由化程度较低。

(一) 有关自然人流动的立法缺失

随着我国对外贸易不断发展,每年通过自然人流动方式进出国境的服务提供者呈增长趋势,但从国内法律层面上看,我国尚未出台管理和规范自然人流动的专门法律规范,自然人流动在中国无法可依,可以称为国内法律领域的一个"黑户"。对我国自然人流动的研究,只能从国家用以规范和控制劳务输入和输出规范中管窥。如:《中华人民共和国对外贸易法》《中华人民共和国公民出入境管理办法》《关于我国对外承包工程和劳务合作的管理规定》《对外贸易经济合作部、外交部、公安部办理劳务人员出国手续的办法》《外派劳务人员培训工作管理规定》《外国人在中国就业管理规定》等。

总体来看,首先,这些法律法规有些是低层次的行业规范,缺乏权威性;其次,这些规则针对性不强,没有将自然人流动类型特殊化;再次,许多规范是具体问题的应急性解决办法,不具有普遍意义,不能称之为一般性的规则。国内法与国际法的断裂,导致自然人流动制度的异化,中国的自然人流动不得不依附于劳务输入和输出,只是一个学理上的概念。现实操作中,自然人流动与劳务输入、输出不存在严格界限,亦没有自身鲜明特点,它不得不在劳务输入和输出的构架内,经过繁琐的程序和复杂的手续,将自身装扮成一种劳务输入或输出类型,才能获得法律正当性。国内法的缺失严重阻碍了自然人流动在中国的发展。

(二) 自然人输出相关的制度缺陷

我国的自然人输出从属于劳务输出,我国传统上习惯将劳务输出称为劳务外派,其中与自然人流动密切相关的制度主要有:外派劳务培训制度、外派劳务执行制度和外派劳务监管制度,这些制度目前尚存在一些缺陷。

第一,我国的外派劳务培训制度不完善。在我国,服务提供者的出国前培训是自然人输出的前提,也是自然人输出的重要保障机制,缺乏完善和高效的培训机制极大地制约了服务提供者输出的质量。

第二,我国外派企业的管理不规范。自然人输出大部分遵循劳务外派模式,外派企业代表服务提供者同境外雇主签订外派劳务合同,其好处在于其类似官方的劳务输出,有利于增强外国雇主对我国服务人员的信任,便于集中管理,但外派企业在管理自然人输出方面存在一些问题,如外派企业受经济利益驱使,经常接受有损服务提供者利益的条件;出现劳务争端时,外派企业不愿积极履行保护我国服务提供者利益的责任。

第三,外派合同普遍存在不公平的情况。外派合同是自然人输出的法律基础,由外派企业代表服务提供者与外国雇主签订,实践中由于外派企业有意无意的疏忽,致使这类合同在内容和形式上存在种种对服务提供者不利的约定。

此外,我们自然人输出还缺乏国际服务信息交流的平台,而这一机制的建立有赖于政府的政策支持和外派企业积极配合。外派人员超期滞留问题也普遍存在,这不仅关系到国家形象,

也会造成我国人才的流失,因而需要在制度上进一步完善。

(三) 自然人输入的市场准入壁垒

我国对自然人输入的态度十分审慎,因而对其市场准入限制非常严格,承诺水平普遍低于其他发展中国家,相对于其他贸易方式,自然人流动市场开放程度也相当有限。据统计,在GATS涉及自然人流动的领域,我国有45%的部门未做出承诺,相比之下,其他发展中国家的平均开放水平高达80%;我国对自然人流动做出承诺的部门皆为"有保留"的承诺,而在跨境交付和境外消费两种贸易方式中,我国"不作限制"的承诺分别占21%和52%。总体来看,所有涉及自然人流动的部门承诺我国都有所保留,大部分做出承诺的部门是涉及高技术水平服务提供者输入的领域;在一些专业性要求较高、各国资格认证标准不一的部门中,我国未做出承诺;在一些与国家利益密切相关的部门中我国拒绝任何承诺。

总体上,我国在GATS框架内的自然人流动承诺水平普遍低于其他国家,特别是与发展中国家存在较大差距,自然人输入的范围和开放度都十分有限,所以我国自然人输入壁垒重重,自由化之路任重道远。

三、我国自然人流动自由化的前景

自然人流动自由化是不可逆转的趋势,我们应看到自然人流动自由化蕴含的巨大潜在利益,也应看到我国在自然人流动方面存在的问题,要主动采取措施、适时调整国家的自然人流动战略,以自然人流动自由化推动我国服务贸易向纵深发展。

(一) 促进我国自然人流动自由化的有利因素

我国是世界上人口最多的国家,劳动力的绝对数量上具有先天优势,与许多发展中国家相比,我国在经济结构、人员素质等方面也存在优势,总体上看,我国在自然人流动方面具有潜在竞争力。

第一,我国劳动力资源在数量上存在绝对优势。我国人口基数庞大,除了大量具有工作经验的各类专业技术人员,还有全国各高校大批的高素质储备人才,因而能满足国际服务市场的大量需求。

第二,我国劳动力资源在年龄、素质上具有相对优势。我国处于青壮年年龄段的劳动力数量庞大,平均受教育程度高于印度、巴西等发展中国家,大量的年轻劳动力以及较高层次的教育背景使我国服务提供者更能适应国际市场多样化的需要。

第三,我国劳动力资源具有技术上的比较优势。当前高技术水平人才已成为自然人流动的主力军,我国科技实力虽与发达国家尚存差距,但在某些领域,如航空航天、计算机应用、信息自动化等方面,已达到甚至超越了国际先进水平,相比其他发展中国家更具有明显的技术优势。

第四,我国劳动力资源具有文化上的比较优势。随着中国经济的崛起和国际社会地位的提高,中国文化成了越来越多外国人追捧的对象,在能够体现中华民族特色的服务项目上,如中餐、汉语、功夫等方面,我国服务人员拥有绝对竞争优势。同时,随着我国经济结构调整和对外开放步伐加快,我国在世界服务贸易中的地位和竞争力也在不断地增强,我国经济的持续快速发展,综合国力的增强,为我国自然人的跨国流动提供了坚实的经济基础和必要的安全保障。这一切都为我国的自然人流动自由化搭建了稳固的平台。

(二) 我国自然人流动自由化可遵循的路径

我国自然人流动自由化势在必行,在起步阶段掌握发展先机,有利于今后掌握市场的主动权,我国须在国际层面和国内层面积极推动自然人流动自由化进程。在国际层面上,我国自然人流动的自由化需从 GATS 框架、区域贸易组织、国家双边协定三个方面积极寻找出路。

第一,积极参与 GATS 自然人流动的谈判。①我国应采取积极措施寻求从旧的服务贸易规则遵守者向新的服务贸易规则制定者的角色转变,联合其他发展中国家积极表达共同的利益诉求,改变以往谈判内容和进程由发达国家主导的态势,促进能够彰显发展中国家利益的规则产生;②在谈判中应将自然人流动同其他服务领域相互联系,在其他领域谈判中适时将自然人流动自由化作为筹码,利用互惠原则吸引其他国家提高与我国的自然人流动合作水平;③应积极推动在 GATS 框架下建立低技术水平服务提供者的保障机制和优惠措施,从而有利于发挥我国在这方面的竞争优势;④应在谈判中积极寻求与发达国家之间资格认证的统一化,以此提高我国高技术水平服务提供者的输出范围和规模;⑤应在谈判中积极推动成员国,特别是发达国家签证制度的改革和完善,在可能的范围内寻求统一签证规则的建立,提高我国自然人流动的效率;⑥通过谈判积极寻求其他国家对我国服务提供者做出国民待遇承诺,可以通过相互授予国民待遇资格,或者互免税费方式降低服务提供者输出成本;⑦应积极寻求自然人流动信息的透明化,积极推动各国市场需求信息共享机制的建立,为我国的自然人输出提供更多的信息和渠道;⑧通过谈判积极寻求其他国家经济需求测试的标准化,包括测试标准、测试程序、测试结果的规范化和透明化,减少自然人流动壁垒对我国服务提供者的阻碍;⑨在对国内市场充分评估的前提下,在一部分领域适当做出开放自然人流动市场准入和国民待遇的承诺,以有利于引进我国稀缺人才和改善我国国际形象。

第二,积极参与区域贸易组织合作,尤其在我国加入的亚太经合组织中,积极发挥我国在经济和政治方面的重要作用。①发挥后发优势,借鉴 GATS 和其他区域经济组织经验教训,在亚太经合组织内部建立完善的自然人流动法律机制;②发挥我国在亚太经合组织中的主导作用,积极寻求建立有利于自然人流动的互惠性规则;③积极完善亚太经合组织已经建立的统一签证机制,适时推动成员国在自然人流动方面建立类似制度;④积极协商确定优先开放市场准入的自然人流动领域;⑤寻求在亚太经合组织中建立统一的自然人流动信息共享机制,可能的情况下建立旨在促进成员国间自然人流动自由化的中介性服务机构;⑥积极促进成员国消除国内贸易壁垒,如在经济需求测试、市场准入、输入配额、出入境制度等方面给予成员国互惠措施;⑦积极推动自然人流动规则范本的建立,包括自然人输入和自然人输出协议附件范本,以期在成员内部实现更加自由的自然人流动等。

第三,积极开展与自然人流动自由化有关的双边合作。①利用地缘优势,积极与我国相邻的国家以及与我国周边的国家发展自然人流动贸易;②利用经济优势,积极发展与其他区域经济体之间的自然人流动贸易;③利用人力资源方面优势,积极发展与发达国家之间的自然人流动贸易。这方面具有重要借鉴意义的成果是我国在 2008 年与新西兰签订的《新中自贸协定》,该协定旨在方便新西兰和中国公民进入对方国家提供临时性服务贸易,其突破性的尝试是,规定在新西兰技术短缺的特定职业中,中国的临时性服务提供者进入该国市场无需经过经济需求测试,该规定在我国旨在寻求的消除经济需求测试贸易壁垒方面起到了示范作用,它表明基于共同的利益,通过双边贸易协定突破经济需求测试是可行的。

在国内层面上,我国的自然人流动自由化须解决三个主要问题:调整自然人流动机制、优化自然人流动管理机制、消除自然人流动贸易壁垒。

第一,我国需要适当调整自然人流动机制。①应将自然人流动确定为国内劳务输入和输出之中的特殊类型,建立与自然人流动相关的国内立法,以解决国内法与国际法脱节的现状;②促进自然人输出的劳动密集型结构向技术密集型结构转变,采取加大教育资金投入、科技资金投入、发展高精尖技术产业、普及职业技术教育培训等政策措施,提高我国服务提供者的技术水平和整体素质;③建立市场需求测试机制,并使该机制完善化、透明化,以便根据国内市场需求确定自然人输入的类型和规模,有利于我国市场健康发展;④建立自然人流动市场公共信息平台,可参照国外实行会员制,也可完全免费向公众公开,该平台旨在搜集国际服务贸易市场的劳动力需求信息,分析各国市场行情,并提供有关国家的相关法律制度和市场准入规则;⑤加大对国外的投资力度,支持技术成熟、实力雄厚的国内轻工、制造、家电、通讯等行业的企业到国外投资,如提供税收优惠、政府补贴等,以此带动我国自然人输出,特别是高技术水平服务提供者的输出;⑥开拓劳务外派之外的自然人输出方式,如通过行业组织或者自主择业,为这些服务方式建立制度性规则,包括输出途径、培训方式、资格授予、保障机制以及约束机制等制度性构建。

第二,建立灵活高效的服务人员输出管理体制。①改变出国前培训机构和外派企业的单一经营模式,引入市场竞争机制,减少服务提供者对他们的依赖,从而减少不法行为的产生;②加大对出国前培训机构和外派企业的监管力度,指定专门的监管负责机构,并出台相关责任法律规范,规范他们的行为,确保他们承担应有的责任;③完善出国前培训模式,从单一的技术培训扩展为多层次的综合培训,培训内容应包括语言培训、技术培训,以及除此之外的对服务提供者在国外工作、生活至关重要的社会文化培训、法律知识培训、思想道德培训等;④建立规范的外派合同范本,要求外派企业与外国雇主签订合同必须参考范本,合同范本应由专门机构负责编纂,并开通专门渠道负责为服务提供者答疑;⑤完善出国人员的归国制约机制,完善出国前担保机制,建立归国信用机制对服务提供者的归国能力进行出国前评估,也可以考虑建立出国基金制度以制约出国人员按期归国;⑥加强政府部门的分工协作,提高自然人流动管理效率,外事部分、商务部门、海关部门之间应当建立分工协作机制,简化自然人流动的出入境程序,提高国家机关管理政策的透明度等。

第三,采取消除自然人流动壁垒的措施。①简化自然人出入境程序,与此相关,可以考虑建立自然人流动便利签证机制,对已被国外雇佣和已在国内确定工作岗位的服务提供者提供特殊的自然人流动签证,持该类签证的人可以享受快速通关的优惠;②根据我国自身情况确定市场开放程度,在我国人才相对稀缺的领域,可以适当放宽市场准入和国民待遇壁垒,采取方便入境和税收优惠的手段吸引更多国外高技术水平服务提供者输入,在我国人力资源比较充裕的低技术领域,合理利用壁垒抑制外国自然人输入,以免因为挤占国内服务市场而造成失业率增加;③建立自然人流动服务机制,为服务提供者提供了解目的国的社会文化信息、国外市场状况、政策法律规范的渠道;④建立服务提供者保障机制,为他们提供专门的人身、财产、医疗等保险措施,提供归国后的再就业或者再次被国外雇佣的优惠机制;⑤建立服务提者维权机制,为服务提供者提供争端解决的必要帮助,可以建立服务提供者维权的专门咨询机构,负责对发生的争议提供法律咨询、援助等帮助,也可以考虑建立非官方性质的服务提供者联合组织,加强服务提供者之间的联系和支持,在出现争议时帮助服务提供者向外派企业和雇主争取权益;⑥对我国的行业技术标准和国家技术标准进行必要的梳理和重新评估,在标准高于或者与国际标准相当的领域积极推动与国际接轨,或者寻求与其他国家的相互承认,在国家标准与国际标准存在很大差距的领域,应采取措施逐步提高国内标准;⑦积极与其他国家签订避免对自然人流动双重征税的协定,通过国家间的谅解协定,对双方进入对方国境的临时性服务提供者免征社会保障税收,以降低服务提供者的输出成本等。

专栏

2016年我国对外劳务合作出国打工市场分析

2016年,我国对外劳务合作出国打工人员规模和期末在外人员规模首次同时出现同比下降。主要呈现以下几个方面的特征:

1. 外派人数规模继续下降,在外人员规模首次出现下降

2016年,我国对外劳务合作派出各类劳务人员49.4万人,较去年同期减少3.6万人;其中承包工程项目下派23万人,劳务合作项目派出26.4万人。这是自2015年以来连续两年出现派遣规模下降现象。截至2016年12月末在外各类劳务人员96.9万人,较去年同期减少5.8万人,首次出现下降现象,降幅为5.65%。

从统计数据看,下降的主要原因是安哥拉、阿尔及利亚等部分承包工程国别市场和日本等劳务市场受各方面因素影响,派遣人数和在外人数均有较大幅度的下降。

2. 亚洲地区业绩规模基本稳定,非洲地区有所下降

从外派劳务人员规模所分布的地区看,与2015年相比,亚洲地区外派劳务人员34.9万人,同比持平;非洲等部分地区外派劳务人员均同比有所下降,其中非洲减少3.2万人,欧洲减少0.4万人,拉丁美洲减少0.3万人,大洋洲增加0.2万人,北美洲增加0.07万人。

在外劳务人员的地区分布分别为:亚洲64.4万人,非洲23.3万人,拉丁美洲4.6万人,欧洲2.9万人,大洋洲1.3万人,北美洲0.4万人。其中,亚洲和非洲作为我国对外劳务合作的主要地区,所占比重为90.5%,继续保持主导地位。

从2016年全年对外劳务合作人员分布的国家和地区来看,我外派劳务人员主要分布在:中国澳门、中国香港、新加坡、日本、阿尔及利亚、沙特阿拉伯、巴拿马、马来西亚、伊拉克、巴基斯坦等国家和地区,共计30万人,占全部外派人员的60.6%,比2015年下降0.6%。

截至2016年12月末累计在外劳务人员分布的主要国家(地区)为:日本、中国澳门、新加坡、阿尔及利亚、中国香港、沙特阿拉伯、安哥拉、巴拿马、马来西亚、印度尼西亚等,共计63.5万人,占全部在外人员的65.6%,比2015年增长1.1%。

3. 海外雇用所在国人员数量连续两年下降

截至2016年12月末,我国企业在外共雇佣项目所在国人员70.09万人,相比2015年的72.99万人有一定幅度的下降,也是连续两年出现下降。

4. 在外人员规模首次出现下降,建筑、制造业、交通运输业等主要行业降幅明显

截至2016年12月末,我国在外各类劳务人员仍主要分布在建筑业、制造业和交通运输业三大主要行业,合计人数70.6万人,所占比重为72.8%;其中建筑业45.1万人,制造业15.3万人,交通运输业10.2万人。

与2015年同期相比,除住宿和餐饮业、科教文卫体业在外人员同比增加外,其他行业人员

同比均有不同程度的减少。

5. 外派劳务人数咨询多于投诉

2016年,中国对外承包工程商会(外派劳务人员投诉中心)共受理劳务人员信访6件次,涉及劳务人员18人;上访11批次,涉及劳务人员50人;向外派劳务人员提供咨询376人次。其中下半年受理劳务人员信访5件次,涉及劳务人员16人;上访1批次,涉及劳务人员23人;向外派劳务人员提供咨询170人次,投诉和咨询较上半年有所减少。

(资料来源:河南外奥 http://www.waiaohr.com/)

本章小结

自然人流动是GATS框架下的第四种贸易方式。随着服务贸易在世界贸易中所占的份额不断提高,自然人流动对发达国家、发展中国家的影响深远,具有广阔的发展空间。

外国自然人入境会给发达国家造成政治、社会、经济安全方面的影响,从而使得发达国家对于来自发展中国家的自然人流动会有所顾忌和管制。

在现今高级技术管理人员的自由流动中,发展中国家遭受了巨大的人才流失。然而,伴随发展中国家大量中低级人员跨国提供服务,必然会从就业增长、工资福利提升、国际收支增加、技术升级等方面给发展中国家经济带来一些积极的影响。

自然人流动自由化是不可逆转的趋势,我们应看到自然人流动自由化蕴含的巨大潜在利益,也应看到我国在自然人流动方面存在的问题,要主动采取措施、适时调整国家的自然人流动战略,以自然人流动自由化推动我国服务贸易向纵深发展。

思考练习题

一、名词解释

自然人流动　境外消费　国际移民

二、单选题

1. 自然人流动概念中的自然人是指(　　)。
　A. 服务提供者　　　　B. 服务消费者　　　　C. 服务购买者　　　　D. 服务出口商
2. 我国的篮球运动员姚明在NBA打球是以个人的身份进行的,不代表任何组织或团体,是指自然人流动的什么特征(　　)。
　A. 广泛性　　　　　　B. 个体性　　　　　　C. 暂时性　　　　　　D. 壁垒性
3. 自然人流动与移民的最大区别在于(　　)。
　A. 广泛性　　　　　　B. 个体性　　　　　　C. 暂时性　　　　　　D. 壁垒性
4. 下列属于自然人流动界定范围的是(　　)。
　A. 劳动力短期进入国外市场提供物质劳动或服务以获取收入

B. 人员长期进入东道国劳动力市场并长期在东道国居住
C. 一些特殊意义的短期国际间人员流动如留学、学术访问
D. 一些特殊的长期人员流动，如国际间的政治避难等

5. 自然人流动对发达国家政治安全的影响不包括（　　）。
   A. 边境安全　　　B. 国土安全　　　C. 政治安全　　　D. 经济安全
6. 不属于发达国家对外来自然人的管制手段的是（　　）。
   A. 通过市场准入选择适当的自然人类型
   B. 通过歧视性待遇控制适当的自然人数量
   C. 通过签证制度将不符合需求的自然人排除在外
   D. 通过逮捕强制遣返的方法控制自然人的数量
7. 由于自然人流动是短期的跨国提供服务，伴随着签证期限的结束必然有部分人员会回到国内提供服务或另谋生路。这种效应称为（　　）。
   A. 人员回流效应　　　　　　　　B. 工资福利提升效应
   C. 就业增长效应　　　　　　　　D. 国际收支效应
8. 通过自然人流动可以为流入国赚得大量外汇收入，对发展中国家的经济发展贡献大，这种效应称为（　　）。
   A. 人员回流效应　　　　　　　　B. 工资福利提升效应
   C. 就业增长效应　　　　　　　　D. 国际收支效应

三、判断题

1. 自然人流动是GATS框架下的第一种贸易方式，是GATS法律框架的重要组成部分。（　　）
2. 自然人流动是服务消费者在外国境内向在该成员境内的服务提供者提供服务。（　　）
3. 国际移民则是为了取得公民永久居民身份，是一种长期流动。（　　）
4. 自然人流动是指允许外国企业和经济实体到一国境内设立商业机构或专业机构提供服务。（　　）
5. 自然人流动壁垒是指服务出口国与服务进口国所采取的对以自然人存在方式提供国际服务的贸易方式所设置的各种限制与障碍。（　　）
6. 维护国家边境安全、预防恐怖主义威胁和非法移民是发展中国家对外来自然人进行管制的首要目的。（　　）
7. 国内外劳动力流动的连接一定会对国内劳动者的工资水平产生抑制效应。（　　）
8. 我国自然人输出以中、高技术水平服务提供者为主。（　　）
9. 我国自然人输入以低技术水平服务提供者为主。（　　）
10. 我国已经实现了自然人流动市场的高度开放。（　　）

四、简答题

1. 简述自然人流动服务贸易发展特征。
2. 简述自然人流动对发达国家的影响。
3. 简述自然人流动对发展中国家的影响。
4. 简述中国自然人流动服务贸易的发展对策。

五、案例分析

2007年,某公司派往非洲某国国家毛纺厂的缝纫工数量达到400人。5月,该公司领导到工厂进行例行的年度客户拜访并到各车间看望了劳务人员,行程顺利。晚23:00左右,驻工厂领队突然打来电话说在厂工人均未休息,全部在食堂集中,全体要求回国。考虑到事态的严重性,该公司领导立刻赶往工厂。该工厂是当地最大的纺织厂,员工有1万多人,食宿免费,工厂生活设施完备。公司派出的工人在厂工作基本都在1年以上,在目前交通、通讯工具如此便利的条件下,在国际劳务输出中,一旦出现风险,需引起最高关注。工人罢工主要原因在少数人,本身工人在外工作一段时间后会有一个厌倦期临界点,需要正确引导。少数人利用了工人的从众和凑热闹的心理,以达到自己的目的。

问题: (1) 这些工人到非洲打工的行为是否属于自然人流动?为什么?

(2) 结合案例分析自然人流动对我国的影响。

第七章 国际旅游服务贸易

本章要点

1. 旅游服务贸易概述
2. 世界各国旅游服务贸易发展现状
3. 中国旅游服务贸易发展

引导案例

(海外网2014年4月24日电)据马来西亚媒体报道,马航370事件已导致共3万个中国旅行团取消来马,目前也未接获任何中国旅行团明年到访预订。

据悉,赴马来西亚的中国游客已从2011年的100万人增至2012年的150万人。《华尔街日报》援引知名金融机构美林公司的研究报告称,目前赴马游客中,中国游客约占10%,给马来西亚贡献了6%的旅游业收入,相当于其国内生产总值的0.4%。根据预测,今年赴马的中国旅客将减少40万~80万人,如果以人均花费1万元人民币计算,马来西亚旅游业将至少损失40亿~80亿元人民币。

第一节 旅游服务贸易概述

一、旅游服务的含义

(一)旅游服务的概念

旅游服务是指为了实现一次旅游活动所需要的各种产品与服务的组合。这些服务包括咨询服务、交通服务、住宿服务、餐饮服务、导游服务、购物服务、文体娱乐服务、手续服务、专项服务以及零星委托服务等。旅游服务产品的概念和一般产品的概念不同,它是指在旅游者从离家开始到结束旅游回家过程中,为其提供的娱乐、休息、餐饮、交通等各种服务的总和。

(二)旅游服务产品的特点

1. 无形性

旅游产品是旅游者向旅游商购买的一种特殊产品,它是各种旅游企业借助一定的设施、设备或条件,向旅游者提供的服务。这种服务产品仅仅是一种预约和安排,购买前是看不见、摸不着的,只有在进行消费时才能感受到有关旅游部门或行业提供的服务。

2. 综合性

旅游产品是由多种资源、设施、设备和服务构成的,是物质的和非物质的多种产品的组合。提供服务的旅游部门需要与其他相关部门、行业配合,而且要求结构合理,比例适当,因而旅游产品具有综合性。

3. 时间性

旅游产品一般在旅游者来到生产地(旅游目的地)时才生产和提供,其生产和消费是在同一地点同时发生的。这一特点决定了旅游产品不能贮存,时间性极强。此外,季节对旅游产品的影响也很大,旅游需求在不同时间有很大差异。

4. 不可转移性

旅游产品无法运输,旅游者只能到生产地(旅游目的地)进行消费,在旅游者购买旅游产品后,也不发生所有权的转移。旅游活动结束后,旅游产品的价值随之消失,旅游者得到的不是具体的物品,而是一种经历和感受。

二、旅游服务贸易的概念和特点

(一) 旅游服务贸易的概念

旅游服务贸易是指一国(地区)旅游从业人员向其他国家(地区)的旅游服务消费者提供旅游服务并获得报酬的活动,既包括本国旅游者的出境旅游,即国际支出旅游,在国际收支上表现为本国旅游服务贸易的进口,又包括外国旅游者的入境旅游,即国际收入旅游,在国际收支上表现为本国的旅游服务贸易的出口。

旅游贸易不仅包括了个人的旅游活动,也包括了旅游企业的活动,其范围涉及旅行社和各种旅游设施及客运、餐饮供应、食品等,与建筑工程承包、保险和数据处理等服务有直接的联系,与国际空运的联系也极其密切,在整个国际服务贸易中的比重很大,基本占到了其总量的1/4。按WTO服务贸易理事会国际服务贸易分类表,旅游及相关服务包括:宾馆与饭店、旅行社及旅游经纪人服务社、导游服务和其他。另外服务贸易中的自然人提供服务附件也涉及旅游服务。

《服务贸易总协定》(GATS)作为迄今为止第一套有关国际服务贸易的具有法律效力的多边规则,涵盖了有关旅游服务贸易的规定。GATS 将旅游服务贸易的主要原则规定为两类:一是一般性义务,即每个缔约方均需遵守的纪律,如最惠国待遇原则、透明度原则、发展中国家更多参与原则、国内法原则;二是规定每个缔约方都需经谈判做出具体承诺,如市场准入原则和国民待遇原则。在 WTO/GATS 的框架下,旅游服务贸易的开放度不断加强,其发展速度超过了世界经济中的许多部门,已成为一个蓬勃发展的行业。

根据世贸组织关于服务贸易的定义,旅游服务贸易的定义可以从四个方面去理解。

(1) 从一个成员的国境向另一成员的国境提供的旅游及相关的服务;

(2) 从一个成员的国境向另一成员的服务消费者提供旅游及相关的服务;

(3) 通过一个成员的(服务提供实体)法人在另一成员的商业存在提供旅游及相关服务;

(4) 由一成员的自然人在另一成员境内提供旅游及相关服务。

(二)旅游服务贸易的特点

旅游服务贸易与传统货物贸易相比,其特点是旅游提供者以本国的自然旅游资源通过广告宣传、自我推销等方式来吸引旅游消费者到本国购买消费旅游产品服务,就地货物出口和就地服务出口,其运行又具有综合性和整体性。

1. 对自然旅游资源有依赖性

旅游服务贸易最大的一个特点就是旅游服务贸易的发展受到旅游自然资源等地理人文方面因素的支持和约束,对于大多数的国际旅游者特别是入境旅游者来说,旅游目的地丰富多样的自然旅游资源是吸引他们注意力的最主要因素,没有丰富优质的旅游自然资源,一个国家的旅游服务贸易产业也难以发展。

2. 就地货物出口

国际旅游者到旅游产品生产地进行消费,出口方就地输出产品而获得外汇收入。这种出口不存在产品的包装、运输、仓储、保险以及关税等开支,也不存在外贸出口业务中有关手续费、换汇比率较高等问题。此外,旅游服务产品基本以自然资源为主,几乎不存在传统货物贸易的成本问题。

3. 就地服务出口

旅游接待国或地区向旅游者提供无形的服务产品,也提供其他实物产品,无论哪种产品都要消耗大量劳动。旅游者到该国用外汇支付旅游服务费用,这样就使旅游服务劳动具有就地服务出口的性质,通过这种方式能换取大量外汇收入,这也与传统货物出口不同。

4. 旅游服务贸易的运行具有综合性和整体性

所谓综合性是指旅游者在旅游过程中,支付外币购买旅游产品,以满足旅游消费的需要。旅游消费包括住宿、饮食、交通、游览、娱乐等,是物质和非物质的多种产品的组合,是综合性的消费。因此,提供的旅游服务也是综合性的服务。所谓整体性是指尽管旅游经济部门和行业提供的服务内容各不相同,但提供服务的过程却是整体性的。旅店、饮食店提供膳食服务,交通运输部门提供地区转移服务,旅行社提供信息和组织旅游等服务,商店为旅游者提供购物服务等。这些不同性质的服务必须从质量和内容上满足旅游者的需要,因此,必须在地区和时间上做出统筹安排,以便从总体上向旅游者提供优质的、统一的旅游服务。

5. 旅游服务贸易是敏感性的产业

旅游服务贸易对本国的政治、经济、社会乃至自然因素等都很敏感。这些因素产生的影响使旅游服务贸易在某一特定时期或地区内有很大的波动性,影响旅游需求。如2003年,中国的"非典"疫情,由于中国是重灾区,人员流动受到了限制,旅游服务贸易由于其敏感性遭到了重创,其业务量比去年同期下降了70%以上。此外,旅游服务贸易对季节也格外敏感,旅游目的地的旅游经济多有明显的淡季和旺季之分。

6. 旅游服务贸易是世界性的产业

旅游是一种跨地区、跨国界的广泛的世界性的人际交往活动,因此从事旅游服务贸易的企业所提供的产品是面向来自世界各国、各地的旅游者的。旅游服务贸易的世界性决定了相关企业应根据世界市场的需求开发旅游产品,广泛开展跨区域、跨国界的旅游服务合作,促进国际间的友好往来。旅游服务贸易的世界性还使相关企业面临着来自国际市场的竞争,竞争的激烈性要求企业开发出符合市场需要的独具特色的旅游产品。

三、旅游服务贸易的作用

旅游服务贸易是国际服务贸易的组成部分,对发展国民经济起着十分重要的作用。

(一)增加外汇收入

国际旅游服务收入是指来访的外国人在一国逗留期间购物和提供服务所收取的外币款项,这种收入实质上是外国社会财富转移到旅游接待国或地区,它直接导致接待国或地区财富的增加。旅游创汇收入是国家非贸易外汇收入的主要来源。国际旅游业创造的巨额外汇收入对支援国民经济建设、弥补贸易逆差、平衡国际收支起到了特别重要的作用。据测算,旅游外汇收入每增长1个百分点,外贸出口额相应增长1.05%;旅游外汇收入每增加1美元,利用外资金额相应增加5美元。旅游外汇收入可减轻由本国旅游外汇支出给国家外汇储备带来的压力,增加国民出国旅游的支付能力。

(二)创造就业机会

作为一项典型的劳动密集型产业,旅游业创造了大量直接的或间接的就业机会,容纳了大批具有各种技能和水平的劳动力。据统计,1990年世界旅游业直接就业人数已达1.18亿,间接就业人数为2.95亿,1990年世界旅游从业人员与总就业人数之比为1∶15。旅游业调整就业增长速度极快,为劳动力开辟了广阔的市场,随着这一行业就业人数的增加,劳动力素质也在不断提高。

(三)优化产业结构

旅游是一个综合性行业,几乎涉及国民经济所有部门和行业,作为一项产业将提高国民经济整体运行能力。旅游引导产业结构适应旅游者的消费需求及市场状况,将起到改善和调整国民经济结构的作用。

【专栏】

旅游投资发力"一带一路"

中国社科院财经战略研究院和旅游研究中心日前在北京发布了《2015—2016年中国旅游发展分析与预测》(即2016《旅游绿皮书》)。该报告指出,在"一带一路"倡议的推动下,中国对外旅游投资正加速发展,呈现出投资主体多元化、投资模式多样、投资区域扩大等特征。中国对"一带一路"沿线国家的旅游投资已成为中国对外开放过程中的重要组成部分。

据国家旅游局预计,未来5年,也即"十三五"期间,中国将为沿线国家输送1.5亿人次中国游客和超过2000亿美元的旅游消费,同时还将吸引沿线国家8500万人次游客来华旅游,拉动旅游消费约1100亿美元。旅游被认为是"一带一路"国家和地区互联互通中共识最多、分歧最小和基础最扎实的领域。

报告提出,目前中国对外旅游投资与对外开放大格局表现出一致性,即东快西慢、海强陆弱,"21世纪海上丝绸之路"地区的旅游投资企业数量明显多于陆上"丝绸之路经济带"旅游投资企业数量。

从全球范围看,西欧、北美、亚太地区是全球旅游经济规模最大的3个地区,其中亚太地区特别是东亚、东南亚是旅游业发展最为活跃的地区。

正因为如此,蓬勃发展的国际贸易、便捷的交通区位、优良的度假资源、庞大的旅游经济规模,使得东南亚地区成为中国"一带一路"倡议下对外旅游投资的重点地区。

饭店、旅行社是主要业态

报告分析,从投资业态看,"一带一路"沿线的中国旅游投资主要聚焦于饭店、旅行社、餐饮等旅游领域,包括旅游管理与咨询、签证业务、免税品、餐饮管理和投资等。中国国旅、中铁集团、阳光国际商务有限公司等大型国企,在新加坡、柬埔寨、泰国、尼泊尔、阿联酋、俄罗斯、土库曼斯坦等"一带一路"沿线多个国家都有布局。

从投资主体看,主要分为典型旅游企业和非典型旅游企业,典型旅游企业如中国国旅、港中旅、海航集团、广之旅等主营业务为旅游的企业,非典型旅游企业如中铁集团等能源、地产、农业企业等,这些企业将旅游业作为配套主营业务发展的辅助性业务。目前,非典型旅游企业已成为中国在"一带一路"沿线旅游投资的重要组成部分。

优化战略选择是当务之急

对"一带一路"沿线国家旅游投资增强了中国对沿线国家的旅游经济影响力,有利于打造中国与沿线国家的利益共同体和命运共同体。报告提出,中国旅游企业未来仍面临一些挑战,应及时把握投资机遇,充分分析东道国的旅游经济规模和潜在消费能力,合理规避和控制投资风险。

报告建议,中国企业需优化对外旅游投资的战略选择,应充分利用亚投行、丝路基金等投融资平台,促进对"一带一路"沿线国家的旅游基础设施建设、旅游资源开发和旅游上层设施建设;充分契合"一带一路"倡议下的中巴经济走廊、中印缅孟经济走廊、中蒙俄经济走廊、新欧亚大陆桥等战略走廊,将旅游业投资纳入宏观经济投资和国际贸易中,推动旅游贸易投资便利化,确保旅游投资的安全和稳健。

此外,报告分析说,中国企业要合理选择对外旅游投资的国别和模式。例如东南亚地区的新加坡、马来西亚、泰国等国家不仅旅游经济规模庞大、经济发展水平相对较高,而且华侨华人比例高、文化亲缘度高,可以作为中国企业对外旅游投资的重点关注国家。

在进入模式方面,根据企业投资动机和东道国国情,可相应选择股权投资和非股权投资。如在东南亚的经济型饭店投资、在线旅游投资等,可采用股权投资方式以确保利润最大化;而在西亚、中亚、中东欧地区的旅游投资,则可采用特许经营、管理合约等非股权方式以降低投资风险。

(资料来源:人民日报海外版,2016 年 4 月 28 日)

第二节 世界各国旅游服务贸易发展现状

一、现代国际旅游服务贸易的总体发展情况

现代国际旅游服务贸易从第二次世界大战结束后开始兴起。20 世纪后半期,随着新科技

革命的产生,世界经济得到了持续快速的发展,国际环境相对稳定,各国间的文化交流日益频繁,旅游也日趋发展成为一种大众化的消费品被越来越多的人所接受。目前,旅游服务贸易已成为当今世界发展最快、前景最广阔的新兴产业。据世界旅游组织统计,1950年全球国际旅游人数为2 530万人次,2015年全球国际游客数量达到11.86亿人,较2014年增长5 200万人,这是自2009年经济危机后,国际游客数量连续6年的持续增长。2015年美国和亚太地区国际游客到访数量增长约6%,欧洲接待国际游客数量增长5%,中东接待国际游客数量增长2%,到非洲旅游的国际游客数量下降3%。法国、美国、西班牙和中国是最受国际游客喜爱的旅游目的地;泰国排在第六位;中国香港上升一位,排在第九位;墨西哥也排在第九位。同时,2015年中国、美国和中国香港也是输出国际游客最多的国家和地区。世界旅游组织预测显示,在未来几年里国际旅游服务贸易将保持良好的发展势头,2020年全球国际旅游人数将会达到16亿。

全球旅游收入不断增长,1950年国际旅游业收入20亿美元,1980年已经增长至1 040亿美元,2000年增长至4 950亿美元,2015年达到1.26万亿美元。旅游业是全球国际贸易的重要组成部分,除了旅游胜地获得收入外,2015年国际旅游还在出口方面贡献了2 110亿美元,主要包括国际游客运送服务等。因此,2015年全球国际旅游业收入高达1.5万亿美元,每天就能产生40亿美元的收入。2015年国际旅游业占全球商品和服务出口的7%,和2014年相比增长6%。旅游业已经成为全球第三大出口行业,仅次于石油和化学品,领先于食品和汽车。

二、现代国际旅游服务贸易的发展特点

(一)旅游服务贸易日益受到各国的重视

旅游服务贸易的长足发展已经引起了各国的广泛重视。一些传统的旅游大国如法国、埃及等都不断推出新的旅游产品,以保持其优势地位;而新兴的旅游市场如亚洲的越南、韩国等则结合本国的民族特点,以独特的民族风情吸引境外的旅游者。许多国家,特别是发展中国家已把旅游业作为其实现经济腾飞的重点产业来扶持,加大资金投入,推出别具特色的旅游项目,完善相关配套设施,加强旅游管理。此外,许多国家还从出入境手续的办理着手,简化签证手续,缩短签证时间,实施落地签证甚至取消签证政策以鼓励国际旅游服务贸易的发展。

(二)旅游需求结构多样化

知识经济时代的到来使旅游服务贸易的需求结构日益多样化。首先,生产自动化和劳动生产率的提高使人们的闲暇时间越来越多,从总量上增加了对旅游的需求;其次,科学技术日新月异,经济快速发展,也使人们的价值观念和消费模式发生了变化,一些新的旅游需求随着时代的发展应运而生,如探险旅游、生态旅游、工业旅游等,在旅游服务贸易中所占的比重日益增加。再次,人们对知识文化的热情使旅游产品的文化气息愈来愈浓,旅游产品不断推陈出新,各种展览馆、影视中心、迪斯尼乐园、文化艺术长廊等与文化相关的旅游产品特别受国外旅游者的青睐。最后,信息高速公路和互联网的普及,使旅游销售信息的传播和旅游产品的网上销售成为可能,从而形成了旅游服务全球化,使旅游消费者的需求得到全方位的满足。

(三)旅游服务贸易的抗风险性增强

旅游服务贸易作为一个敏感型的产业,易受国际政治、经济形势变化的影响。随着旅游服

务贸易的不断发展与完善,20世纪90年代后,其抗风险的能力得到了加强。1997年,源于东南亚的国际金融危机逐步蔓延到亚太地区,形成了影响全球经济的金融危机。在金融危机中,国际旅游服务贸易虽然受到了负面影响,但并没有想象中的严重。1997年、1998年两年,国际旅游服务贸易的收入增长有所放缓,但两年内接待人数的增长幅度却不小,分别为3.33%和2.51%。这充分说明了国际旅游服务贸易抗风险能力的增强。

(四)旅游者的人均消费增长较快

随着世界经济的发展,旅游者在旅游目的地的人均消费也呈现出较快的增长速度。据世界旅游组织统计表明,20世纪90年代国际旅游接待人数的增长要小于国际旅游总收入的增长。十年间,国际旅游者增长了38%,年均增长3.8%;而国际旅游总收入增长68%,年均增长6.8%,上述数据从一个侧面反映出国际旅游人均消费的增加。纵观国际旅游服务贸易的发展,国际旅游服务贸易已经日益受到各国政府的重视,旅游需求日趋个性化、多样化,旅游者人均消费的增长使旅游服务贸易保持着持续增长的势头。

三、代表性国家旅游服务贸易发展分析

(一)美国旅游服务贸易发展分析

1. 美国概况

美国作为世界上发达国家之一,同时也是一个旅游强国。美国旅游资源极其丰富,其幅员辽阔,地貌地形特点丰富,气象万千,是一个集森林、湿地、湖泊、河流、草原、沙漠、高山、火山、峡谷、冰雪、海洋于一体的国家,风光秀丽,美不胜收。美国还有现代化的大都会,现代的科学和文化,现代的生活方式,拥有快捷方便的海、陆、空交通服务体系。其次,美国从联邦政府到各州政府以及旅游城市政府等都十分重视旅游产业的发展,早在20世纪70年代,联邦政府就制定了一系列政策措施来促进和扶持旅游业发展。1995年还专门召开了研究旅游工作的白宫会议,由国会批准了免签政策,美国从这些免签证的旅游者身上获得了全部国际旅游收入的60%。因此,美国的旅游收入多年稳居世界第一,2005年达到13 000亿美元,相当于每天产生34亿美元,其中国际旅游收入达930亿美元,成为世界旅游服务贸易出口第一大国。2016年美国的境外游客消费总额为1 220亿美元,同比增长8%,仅次于中国,排在全球第二位。

2. 美国主要的成功发展经验

(1) 实施全球化战略

美国发展旅游业始终坚持以市场为导向,立足全国,面向世界,不惜成本大力宣传推销本国旅游产品和景区景点。联邦政府和各州地方政府都设有专门机构分别负责全国性和地方性的旅游促销宣传,增强各目的地在国际市场上的竞争力,以此促进美国整体入境旅游的发展;其次,美国联邦政府每年都会为旅游促销进行经费预算;同时,美国政府在世界各地还专门为旅游业设立办事处和派驻业务代表,建立遍及全球的信息通道,以此招徕更多的国外游客。

(2) 施行支持性战略

旅游业作为美国的主导性产业之一,美国政府非常重视旅游资源的开发利用和旅游业的发展,在各个方面都给予大力的支持。如美国在国家内政部设立国家公园管理署,专门负责全国重点公园的管理和保护,雇员达到17 000多名,并实行垂直管理,国家每年还给公园管理署

财政预算18亿美元,用于重点公园在建设方面的各项业务支出,同时,地方政府还设立了旅游局,形成国家、地方、社会相互协作,共同管理旅游业的强大合力。美国政府还在开发政策、基础设施建设、环境优化、人才培养和宣传促销等方面都给予旅游业大量的投入和扶持。例如自然环境十分恶劣的不毛之地拉斯维加斯,在政府允许开展博彩业的政策后,短短几十年时间已经发展成为闻名于世的诱惑之都。

(3) 重视产品的文化内涵

虽然美国是一个仅仅只有200多年历史的移民国家,与有5 000年文明历史的中国相比,在文化内涵和深度方面不可同日而语,但是美国并不是一个文化荒漠,而是一个思想非常开放、能兼容东西文化的国家。在旅游产品的开发上,非常重视产品本身文化内涵的挖掘,使旅游产品具有深远的历史文化韵味。美国十分重视博物馆的建设和保护,各类博物馆的经费开支直接列入联邦政府财政预算,由国会审议批准,为旅游文化资源的保护和开发创造了良好的条件。还有许多景点非常简单,但其蕴涵的历史、文化却十分丰富,如珍珠港,作为二战的纪念馆,主题十分突出,以两艘军舰为景观,一是被日军炸沉的亚利桑那号军舰,另一个是签订停战协议的密苏里号军舰,游客在直观地了解它们的地理外貌的同时,还可以了解到珍珠港事件爆发的一些细节,这样就具有了一种文化旅游的理念。其景点本身就是一种历史文化的浓缩。

(4) 注重自然资源保护

美国是一个经济发达国家,地广人稀,海岸线较长,原始森林、原始植被覆盖率高,并且对它们的保护较好。其旅游景点、旅游产品的开发布局往往更多地借助于这些自然优势,像好莱坞和迪斯尼乐园的许多旅游项目就是借助原始森林、自然地势等顺势而成。美国是首先以国家力量介入保护自然文化遗产和首先提出世界遗产概念的国家,也是自然文化遗产保护较为成功的国家之一。美国的国家公园为当今世界自然资源保护最好的一个例子,所有的公园尽可能地保持原有的自然状态,当树木自然倒下后,它会被留在地上任其腐烂,用以肥沃土壤。由此可见,美国非常重视旅游业的可持续发展,注重保护旅游自然资源。

(5) 先进的立体化旅游交通体系

美国是建立在汽车轮子上的国家,是高速公路网最密集、设施最先进、道路绿化率最高的国家,已经形成了全国大、中、小城市的航空、铁路、公路、海运等立体交通网络,四通八达,为旅游者提供了便捷的旅行条件。大多数高速公路都可以通往全国各个景区景点和旅游城市,少数进入景区的支线公路也相当的宽敞漂亮。美国也是世界上航空交通最发达的国家,航空客运能力和条件明显是其他任何一个国家都比不上的。其次,美国的铁路网更是全世界最大、最长的,美国对旅游交通建设重视是值得我国学习借鉴的。

(6) 旅游企业先进的经营管理理念

美国拥有许多实力雄厚、在国际旅游市场极具竞争力的著名旅游企业,如运通、环球、经纬、东方等大型旅游集团,在企业内部管理、市场营销、开展电子商务拓展销售渠道、连接相关产业联动发展,形成了全球最大的旅游跨国公司。以美国旅游业的巨无霸运通公司为例,2001年时,中国最大的旅游企业还不及美国旅游集团运通公司规模的1%,中国7 000家旅行社年营业收入总和(近400亿美元)却不抵运通公司一年的销售收入。自从美国运通1999年开始全球新战略实施以来,一直在拓展自己的全球旅游网络,世界500强企业中70%都与其建立了商务旅行的业务关系。该旅游集团旗下的宾馆、交通、景点、培训学校,建成了一条龙的接待体系,凸现出品牌管理、信息等多方面的竞争优势。

(7) 政府组织和非政府组织共同引导旅游业的管理体制

由于旅游业本身的关联性高,国家旅游资源分散在森林公园、国家公园、博物馆等多头体系当中。所以美国的旅游业管理体制比较复杂,总的来说,分为政府组织和非政府组织两类。牵涉旅游业管理与市场促销的政府部门繁多,但其职责划分清晰、履行也很到位,部门之间能相互协调提高管理旅游业的效率。

(二)西班牙旅游服务贸易发展分析

1. 西班牙概况

西班牙利用本国得天独厚的气候条件和吸引旅客的旅游资源,重点打造海滨休闲度假产品,积极发展文化旅游,进行整体促销和联合促销的结合,同时加强法制建设,注重质量管理,重视环境保护,走出了一条符合本国国情的旅游发展道路,成为较具有旅游服务贸易国际竞争力的国家之一。据世界旅游组织统计,2015年西班牙国际游客数量达到0.68亿人,较2014年增长5%,旅游服务贸易较为发达。

2. 西班牙主要的成功发展经验

(1) 发展文化旅游,旅游产品实行多样化

西班牙重视挖掘旅游产品中蕴含的文化韵味,文化成为当地旅游的灵魂,旅游业的持续发展主要是靠文化来支撑的。西班牙政府从20世纪90年代已经认识到了光靠发展阳光、沙滩传统的单一产品难以适应竞争和满足旅游者多样化的需求,便开始重视对其他旅游产品,尤其是文化旅游产品的开发,实现旅游产品的多样化。西班牙有37处世界人类遗产,居世界第二,众多的博物馆、教堂、古城是西班牙文化旅游的重要组成部分,饮食也是西班牙非常具吸引力的特色文化之一。其次,西班牙有9个人类遗产城市群,使其在世界上享有重要的地位,这些城市自然景观保护完好,更有许多名胜古迹和富有浓郁地方色彩的建筑以及当地风格迥异的生活方式。同时西班牙开发了可以满足旅客个人品味的多类旅游路线,各地不同的历史背景和多姿多彩的文化艺术使旅途充满情趣,很好地契合了旅行者不同的旅游需求。

(2) 创造旅游品牌效应

西班牙紧密依靠阳光、海洋、沙滩等本国旅游自然资源优势,发展海滨旅游,是其发展旅游的一大显著特点。在20世纪50年代至60年代,西班牙政府开始大规模地开发海滨旅游,沿地中海长达300千米海岸线的阳光海岸是西班牙最负盛名的海滨旅游地。这里有常年普照的阳光和温和的地中海海风,海、陆、空交通工具构成了便捷舒适的交通立体网络,现代化的基础设施使西班牙太阳海岸成为世界瞩目的海滨旅游目的地。其次,西班牙政府除了重点打造太阳海岸这样的旅游目的地外,还重视开发岛屿的旅游资源。

(3) 重视旅游宣传推广,促销方式多样

西班牙政府非常重视旅游宣传促销,并设有专门的旅游宣传促销机构即西班牙促进会,该机构在国外设有多个驻外旅游办事处,投入大量的资金对本国旅游进行促销,2003年西班牙旅游局预算9 400万欧元,其中境外宣传促销费用4 300万欧元。其次,西班牙非常注重对整体促销和区域联合促销方式的结合。在整体促销方面,政府非常重视对国家形象的宣传。在区域联合促销方面,西班牙不仅根据不同阶段适时、有针对性地提出全国整体性的主题营销口号,而且重视区域联合的宣传促销。如圣地亚哥朝圣之路,这条文化旅游线路的成功推出就在于沿途7个大区城市同意路线和旅游标志,区域联合携手共同宣传这一品牌,形成了共赢的局面。

（4）严格实施旅游质量计划

从20世纪末，西班牙政府为了应付国际旅游的竞争，特别是加勒比海和非洲地区海滨旅游迅速发展的挑战，为了应对以质量替代价格竞争，1992年西班牙启动了旅游业全面质量管理计划，它包括协调规划、现代化规划、新产品规划、促销规划和创优规划五个部分。2000年，西班牙政府又适时提出2000—2006年西班牙旅游业提高质量水平总体计划，以迎接近期、中期本国旅游业面临的挑战。实施旅游质量认证标准与ISO 9000相比更加具体、细化且操作性强，其范围揽括了旅行社、饭店、航空、公路运输、滑雪场、航海站、会议中心、乡村旅行、旅游咨询中心等。该质量标准不仅规定企业和从业人员应该做什么，而且还规定了应该怎么做；不仅涵盖了技术性操作程序，而且还包括了企业的组织结构如何设置等。企业自愿参加质量认证，由政府委托评定机构进行认证，认证合格者发给带Q的标识，但一旦在日后的评估中不达标，企业将取消其Q的标识。在开展全面质量管理计划的同时，西班牙还实施了旅游名牌计划和旅游发展计划，是提高质量计划的重要组成部分。实施这两个计划，是由中央、大区、城市三级政府联合改造旅游目的地和基础设施，其宗旨是让每个旅游目的地都得到完全、可持续的质量管理。

（5）保护自然环境，实现可持续发展

西班牙政府重视旅游业的可持续发展，认为旅游业的可持续发展应在生态多样化、社会文化的持续性和经济的可持续性上下功夫。在旅游资源开发和利用的过程中，政府采用多种形式进行环境保护和治理，全国参与环境保护的意识非常强。专门的规划部门要对旅游资源的开发进行定量环保研究，分析未来旅游活动可能对环境的影响和应该采取的对策。

其次，在旅游产品开发上始终以保护理念为基础。例如西班牙国内古城堡分布广、数量多，为保护城堡，按原貌修复。西班牙政府还以国有方式购买古城堡，将古城堡改建为饭店。为此还专门成立了隶属经济部的古建筑饭店管理公司进行管理，把其产权收归国有，并用古城堡饭店赚来的钱去收购更多的古城堡，这样不仅起到保护文化古迹的作用，又获得了很好的经济效益，用赚取的钱去再开发。同时发展航海旅游、职业旅游，以其作为旅游业新的增长点。西班牙海滨城市充分利用自身优良的海域、港口资源，大力发展航海旅游、职业旅游，这样既不污染海域，也可以产生很好的经济效益。

（6）充分发挥政府职能

西班牙旅游业的管理主要是由西班牙的17个大区政府进行，而中央政府主要从事对各地旅游业以及旅游与其他相关行业部门的协调和市场推广。政府部门的职能是：保护和开发旅游资源（涉及自然资源、人类文化遗产的保护）、基础设施建设（涉及土地规划、交通设施、交通工具、公共卫生设施）、职业培训（涉及开设旅游院校、培训语言人才）、规范旅游市场（通过制定法规保证本国各地的旅游质量、进行环境保护、保护企业间的自由竞争和旅游者的合法权益免受侵犯）、旅游推广（树立西班牙旅游目的地形象、支持旅游目的地、品牌和产品的销售）。此外政府注意通过法律形式来约束和规范旅游业的发展。

【专栏】

全球旅游业每年贡献7.2万亿美元 中国市场潜力大

当地时间2016年4月6~7日，世界旅游及旅行理事会（WTTC）"2016年度全球峰会"在美国德克萨斯州达拉斯市举行。本次峰会的主题为"旅游跨越边界"，与会代表们从政府与私营公司合作、全球恐怖主义威胁与旅游安全、科技自动化对旅游业影响等方面共同进行了探讨。

美国总统奥巴马在 6 日的开幕式上发来视频贺电。他表示,旅游业是美国十分重要的一个产业,美国政府现在对该产业大力支持,并希望美国成为全球吸引海外旅客最多的国家。

中国是最大出境游市场

联合国世界旅游组织(UNWTO)今年 3 月 8 日在德国柏林发布了一份报告预测,称尽管经济增速有所放缓,但 2016 年中国仍将继续保持全球第一大出境游市场的地位。

在本届峰会上,中国作为旅游大国备受瞩目。多个与会嘉宾提到了中国对于全球旅游业起到的推动作用。

"在欧洲地区,我们有 7 家购物村,中国是赴我们集团旗下购物村进行消费的人数最多的国家,其次是新加坡等东南亚国家,再次是中东地区和俄罗斯。这些中国消费者对于品质、服务和确定性有很高的要求。"欧洲和中国奢侈品折扣店购物村运营商唯泰集团(Value Retail)首席执行官 Desiree Bollier 在本届峰会期间接受 21 世纪经济报道采访时表示。

在购物村运营行业有着 20 多年从业经验的 Bollier 表示,据她观察,中国游客在赴欧洲消费时相较以往呈现出了新的趋势:越来越多的中国游客出行前会事先查好希望去消费的地方,与此同时,自由行的旅客数量也相较以往团队出行有了很大的增加。

"通过欧洲的经验,我们看到了中国的发展机会。2014 年,唯泰在苏州开设了奕欧来,开设后的第一年,苏州的销售额已达到了在欧洲开设了 20 年的购物村的年销售额水平,这证明了中国市场的巨大。今年 5 月 19 日,我们与迪士尼和上海申迪集团在上海迪士尼乐园的新购物村将开始营业,这也将是我们在全球迄今开设的最大购物村。我们希望能够通过迪士尼概念,吸引到来自中国和整个东南亚的客流。"Bollier 说。

(资料来源:21 世纪经济报道,2016 年 4 月 8 日)

第三节 我国旅游服务贸易发展

一、我国旅游服务贸易的现状

旅游业是当今世界服务业中发展较快的产业之一,是促进经济社会发展和提升人们生活质量的持续增长的产业。近些年来,我国旅游服务贸易飞速发展,成为国民经济中的一个重要产业。根据国家旅游局统计,2015 年,我国接待入境游客约 13 382.04 万人次,同比增长 4.14%。其中,接待旅华外国游客 2 598.54 万人次,同比下降 1.42%,总量维持平稳发展态势;接待港澳台入境游客回升至 10 783.49 万人次,同比增长 5.58%。接待入境过夜游客 5 688.57 万人次,同比增长 2.30%。2015 年中国出境旅游人数达 1.17 亿人次,同比增长 9.8%。虽然相比前几年 20% 左右的高速增长,涨幅明显趋缓,报告仍预计,中国出境游市场保持增长势头。

根据国家外汇管理局及中国统计年鉴相关数据显示,我国旅游服务贸易自 2009 年以来长期处于逆差状态,且逆差额在逐年增加。但据国家旅游局数据中心消息,为掌握我国出境旅游花费规模,自2015年起,国家旅游局数据中心开始测算并发布上一年度出境旅游花费数据。经测算,2014年、2015年和2016年我国出境旅游花费规模的测算数据分别为896.4亿美元、1045亿美元和1098亿美元,旅游服务贸易差额分别157.4亿美元、91.5亿美元和102亿美元,一直保持顺差。

专栏

出入境旅游贸易中的顺差与逆差

2017年4月4日,世界旅游组织发布2016年《UNWTO世界旅游晴雨表》称,中国当年出境旅游支出为2610亿美元,同时公布美国出境旅游支出为1220亿美元。照此数据,我国旅游服务贸易为逆差。

然而,4月17日,国家旅游局数据中心发布《2016年我继续保持最大旅游消费国地位和旅游服务贸易顺差》报告,澄清了中国出境旅游支出为1098亿美元,并非2610亿美元。按照国家旅游局数据中心的数据,我国旅游服务贸易为顺差。上述数据差异究竟如何作解?旅游贸易顺逆差又应如何看待?对此,旅游专家王兴斌向新京报记者阐述了上述疑问。

疑问1　如何看待这两种数据?

国家旅游局数据中心及时对这两种数据的由来和内涵做出解说,回应社会关切十分必要。

看上去,"数据中心"一方面认可世界旅游组织对中国(大陆)出境旅游支出世界第一的排位,另一方面又不认可世界旅游组织对中国(大陆)出境旅游支出2610亿美元的数据,认为是1098亿美元而不是2610亿美元,但若承认世界旅游组织公布的美国出境旅游支出为1220亿美元,中国就不是"最大旅游消费国"了,而是第二旅游消费国。

事实上,世界旅游组织发布的2610亿美元,数据来自中国国家外汇管理局公布的出境"旅行支出",是2611亿美元。"数据中心"提出,"旅行和旅游属于两个不同范畴的定义……旅行的统计范畴和核算范围远大于旅游";并解释,"旅行支出"2611亿美元中应扣除"出境停留时间超过1年的非旅客,而且包括长期留学、长期务工、长期医疗,甚至购房和金融投资等支出"。

不过,上述解释并不确切,国家外汇管理局在《国家外汇管理局国际收支报告》中已经指出,"对于'以旅行之名,行投资之实'的交易,也尽可能在可获得的数据范围内进行了还原处理,如境外购房和购买境外投资性保险产品"。可见2611亿美元中已扣除"购房和金融投资等支出"。"数据中心"从2611亿美元中扣除1513亿美元,其合理性、准确性仍有待斟酌。

目前,测算旅游贸易中的收支数据十分复杂,旅游学界有不同看法,应该作为学术问题"百家争鸣",并通过讨论探索如何建立中国特点的出入境旅游统计体系。

(资料来源:新京报,2017年5月2日)

我国的旅游服务贸易占世界旅游服务贸易的份额也呈逐年上升趋势,现已成为世界十大旅游贸易国之一。但是,从贸易竞争指数和显示性比较优势指数方面来考虑,我国并不是旅游强国。

当前,我国旅游服务贸易对国民经济发展的突出贡献得到了政府和全社会的认可,我国已把旅游业列入第三产业优先发展的第一序列。在"十二五"规划中提及需要扶持旅游新业态,其中包括旅游装备制造业、文化创意、动漫游戏等产业的联合发展是明确扶持的方向。

二、我国旅游服务贸易存在问题分析

(一) 旅游市场不规范,缺乏监督

近年来,旅行社违规现象普遍,严重扰乱了旅游市场秩序,不仅损害了游客的合法利益,而且有损我国国际形象。这突出表现在强买强卖、随意加收费用、更改旅游路线、欺骗顾客购买质次价高的旅游纪念品收取回扣等现象上。此外,我国旅游立法滞后,立法体系尚未形成,以旅游法为主导,其他旅游专业立法仍是空白。立法层次低,现行的旅游服务立法全部属于行政法规和部门规范,还有一些是地方性法规和内部规定,这使得这些法规的法律效力下降,对旅游市场的约束力较低。

(二) 旅游资源开发过度,保护力度不够

我国旅游资源虽然丰富,但是有的地方资源开发不合理,不考虑本地实际情况和资源优势,盲目采取大力招商引资的办法予以开发,还有的景区至今仍未开发,缺乏科学统一的规划,人造景观水平低,不注意景点与周围环境相协调,使景区的整体旅游价值下降。有些旅游区的发展存在短视行为,只顾旅游收入的增长,不重视区内配套的环保卫生设施建设,导致环境污染问题严重,不仅破坏了当地的生态环境,也影响了旅游资源的可持续发展。

(三) 旅游企业经营管理落后

目前,我国旅游企业尤其是旅行社行业,存在着规模小、分布散的现象。这使得企业规模效益低,成本高,效益差;零散的小型企业间经常利用价格搞恶性竞争。同时由于资金有限,往往经营手段落后,利用现代科学技术手段开发旅游市场的能力不强,从业人员水平低,这使得我国旅游水平和服务质量不高。

(四) 我国旅游产品过于单一

我国的旅游服务往往只停留在浅层次的观光方面,旅游产品的后续开发和深度挖掘不够,这与国际旅游产品细分、多样、全面的特点有相当的距离。而且有的旅游区纪念品缺乏文化内涵,定价过高,使纪念品市场未得到有效开发。

(五) 消费者层次的问题

从我国的旅游消费者看,消费心理尚未成熟,普遍存在着消费示范效应以及从众心理。以至于公园以及其他旅游场所人满为患,于是就有了"旅游变成花钱买罪受"的说法,旅行社的服务质量大打折扣,消费者权益严重受损。

三、政策建议

(一) 完善相关法律法规

完善国内立法体系,建立科学、合理、全面、系统的旅游法律法规体系。提高操作的科学性、透明性和规范化,真正做到"有法可依、有法必依、执法必严、违法必究"。同时提高对旅游资源的开发和保护力度,将景区环境保护及相关操作用法律的形式加以规范,把景区违规操作

降到最低。加强监督体系的构建,各地政府应结合当地具体情况制定适合当地情况的相关旅游规范。

(二) 充分利用国内和国际两个市场

利用政策引导和各种优惠措施,刺激国内市场对旅游服务的需求。当今社会,外国企业纷纷想要进入中国市场,以求拓宽自己的市场占有率,提高营业收益。中国市场不仅因为其市场容量受到大家的青睐,更重要的是中国市场的战略地位。除利用各种方法充分利用国内市场之外,我们还应该鼓励企业"走出去",到国外市场寻找商机,开拓国外市场。但是需要注意的是,各个企业要在充分认识市场和自己优势的基础上,设立自己的战略和市场定位。当然,我们不能片面强调哪个市场更优,因为不同的地区、景点其具体情况各不相同。

(三) 加大旅游教育投入

在旅游服务业中,无论是旅游机构的服务人员与游客之间的关系,还是游客之间的关系都需要旅游从业人员的协调,这也对旅游从业人员的经营管理能力、协调关系和处理矛盾的能力、语言能力等提出了要求,这种人力资本在旅游业的发展中起着重要的作用。提高从业人员素质,包括提高决策人员、管理人员以及服务人员的素质,是提高旅游服务竞争力的关键。

(四) 增加旅游的创新性

首先,加强营销的创新,即根据营销环境的变化情况,并结合企业自身的资源条件和营销实力,寻求营销要素某一方面或某一系列的突破或变革的过程。据香港旅游协会资料显示,每增加1美元的旅游宣传投资,可增加123美元的旅游收入。通过营销手段的创新和营销组合的改进,提高各景区的竞争优势,满足人民日益增加的个性化和多元化的需求,增加旅游产品的结构层次和收藏价值,适应散客市场发展的需要。可以利用不同地区和景区进行协调组合,增加游客的选择空间。其次,改变原有的以观光型旅游方式为体验式的旅游消费方式,实现景区和游客的互动。满足游客的个性化需求,实行市场需求和景区特色相结合的战略,提高游客的满意度,还可以有效地提高"回游率"。

(五) 加强景区硬件和软件设施等支持产业和产业链的建设

增加对景区交通工具、酒店、旅行社、娱乐及购物场所等硬件设施的投入,建设交通便捷、设备齐全的旅游环境。对于酒店和旅行社,要发展国际旅游企业集团。我国目前还没有在国际市场上有影响力的旅游企业集团,因此必须大力支持、扶植建立我国的大型旅游企业集团。对外能够与国际大型旅游企业相抗衡,对内发挥引导、规范市场的作用,从而真正做到提高我国旅游业的国际竞争力,但是为了保证充分的竞争,减少垄断,也应该注意企业的规模,在实现规模经济的条件下,尽可能地增加竞争机制,降低垄断程度。

随着信息技术的发展,产业信息化、电子化的趋势加强。全球互联网、卫星通信的发展为旅游业的全球消费提供了可能。各景区可以利用全球通信系统开展网上预售服务,同时可以利用折价销售等优惠措施,减少旅游业季节性和不可储存等不利因素的影响。此外,还要充分利用中介机构的辅助作用。

(六) 提高国民素质,增强东道主意识

一国居民的行为举止可以折射出一个国家的道德素养,体现一国的形象。近几年,一些素质较低的国民走出国门去旅游,表现出一些不文明的行为,严重损害了我国"礼仪之邦"的形

象,引起海外舆论的关注和批评,对我国的国际形象造成了极其恶劣的影响。政府首先要加强管理,重点做好机场、车站、港口、码头及景区等公共场所的文明管理和文明监督;其次,要加强宣传力度,对游客进行文明教育和引导。同时培养国人的东道主意识,提高国民素质,提升我国的国际形象和国际影响力。

【专栏】

旅游服务贸易收支数据核算方式及 2016 年报告

近日,国家旅游局数据中心发布 2016 年报告称,2016 年旅华游客人均花费约 866.4 美元,国际旅游收入即旅游服务贸易收入约为 1 200 亿美元。出境旅游花费方面,以在全国 8 个主要口岸进行的出境游客评价调查(其中包含停留时间和花费调查)数据为基准,核算得出 2016 年我国居民出境旅游人均花费约为 793.1 美元,全年旅游服务贸易支出约 1 098 亿美元。

为掌握我国出境旅游花费规模,自 2015 年起,国家旅游局数据中心开始测算并发布上一年度出境旅游花费数据。经测算,2014 年、2015 年和 2016 年的测算数据分别为 896.4 亿美元、1 045 亿美元和 1 098 亿美元,旅游服务贸易差额分别为 157.4 亿美元、91.5 亿美元和 102 亿美元,一直保持顺差。

对于顺差的统计方法,国家旅游局数据中心对其的说明是,目前全球多数国家和地区仅统计其经济领土内国际旅游收入,而不进行国民出境旅游花费核算。只有约 1/3 的国家和地区,特别是执行旅游卫星账户调查的国家和地区按要求增加了游客出境花费调查,并总和游客出境旅游花费数额。

我国现行的《旅游统计调查制度》亦无出境花费测算相关调查和指标设置。多年来,按照《旅游统计调查制度》安排,我国像多数国家一样仅针对入境游客进行花费调查并统计国际旅游收入。

囿于《旅游统计调查制度》在调查制度上没能与国际接轨,没能对停时在 3~12 个月的游客进行抽样,势必明显拉低整体入境游客在我国旅游的平均停留时间和人均花费。为此,国家旅游局数据中心结合在全国 8 个主要口岸进行的入境游客评价调查(其中包含停留时间和花费调查),抽取停留时间 3~12 个月样本数据对按照《旅游统计调查制度》回收的数据进行修正,得出以上数据。国家旅游局数据中心结合我国公民出国留学、务工、住房和金融投资等非旅游项目花费,从国家外汇管理局旅行支出数据中进行扣减,测算结果也与其出境旅游消费调查统计结果相一致。

今年 3 月 30 日,国家外汇管理局发布了《2016 年中国国际收支报告》,列明当年我国旅行服务支出为 2 611 亿美元。世界旅游组织发布的 2016 年《UNWTO 世界旅游晴雨表》中的中国旅游服务支出使用的正是我国外汇管理局发布的这一数据。通常情况下,各国国际收支平衡表在来年 3 月即可发布,而基于旅游卫星账户的出境旅游支出调查统计数据则因其复杂性至少滞后半年以上。

根据联合国统计委员会《2008 年国际旅游统计建议》,旅行和旅游属于两个不同范畴的定义。旅游指游客的活动。"游客"指出于任何主要目的(出于商务、休闲或其他个人目的,而非在被访问国家或地点受聘于某个居民实体),在持续时间不足一年的期间内,出行到其惯常环境之外某个主要目的地的旅行者。一年以上的长期工作者、长期学生和长期病人,公共运输工具上的乘务员、经常跨越边境者、外交官、领事馆工作人员和军事人员及家属等不列在旅游范畴之内。

国家旅游局数据中心指出，因我国至今没有将出境游客花费纳入常规调查和统计，世界旅游组织（UNWTO）多年来一直引用我国外汇管理局国际收支平衡表旅行项数据，来替代旅游服务支出数据。然而，旅游与旅行概念与内涵大相径庭，不能相互替代。具体测算上，我国外汇管理局自2014年开始采用支付渠道核算法，将涉外信用卡和借记卡、汇款和现钞纳入统计，其中，银行卡和汇款数据全数统计，现钞数据通过年度个人调查获得的现钞花费比例进行估算，得出我国居民出境花费数值。该数据不但包含出境停留时间超过1年的非旅客，而且包括长期留学、长期务工、长期医疗，甚至购房和金融投资等支出，使得旅行支出较旅游支出包含项更加宽广。

（资料来源：中国青年报，2017年4月20日）

本章小结

随着国际环境的变化和发展，旅游市场范围由一个国家扩展到区域甚至全世界，使旅游政策的范围和内容也相应扩大，这就要求各国必须制定适应促进旅游服务贸易发展的政策。在经济全球化背景下，各国旅游服务贸易政策的基本目标，就是要充分反映国际旅游市场的要求，通过制定合理配套的旅游服务贸易政策体系，不断提高本国旅游服务效率和水平，增强本国旅游服务贸易经营管理能力，从而在遵循国际规则的前提下，最大限度地提升本国旅游服务贸易的竞争力。

纵观当今世界各国的旅游服务贸易政策，突出表现在两方面：一方面，大多数国家都逐步放松对出入境旅游的管制，实行了自由的出入境旅游政策，尤其是在国际服务贸易规则推动下，通过积极发展国际旅游和旅游服务贸易，相应带动国际服务贸易、技术贸易和货物贸易的迅速发展。另一方面，通过制定促进旅游生产要素跨国流动的政策，从国际市场中获取更多的经济利益，如创造更为优良的投资环境，积极吸引外国金融机构、企业集团的投资，以加快本国的旅游开发和建设；通过输出劳务、人才、技术、管理及对外投资，加强对外旅游服务和人才培训等，直接从其他国家获取相应的经济收益。

思考练习题

一、名词解释

旅游服务　旅游服务贸易

二、单选题

1. 旅游服务产品仅仅是一种预约和安排，购买前是看不见、摸不着的，只有在进行消费时才能感受到有关旅游部门或行业提供的服务，表现为旅游服务的（　　）。

A. 无形性　　　　　B. 综合性　　　　　C. 时间性　　　　　D. 不可转移性

2. 旅游产品一般在旅游者来到生产地（旅游目的地）时才生产和提供，这属于旅游服务的（　　）。

A. 无形性　　　　　B. 综合性　　　　　C. 时间性　　　　　D. 不可转移性

3. 旅游产品是由多种资源、设施、设备和服务构成的，是物质的和非物质的多种产品的组合，这体现了旅游服务的（　　）。

A. 无形性　　　　　B. 综合性　　　　　C. 时间性　　　　　D. 不可转移性

4. 旅游产品无法运输，旅游者只能到生产地（旅游目的地）进行消费，在旅游者购买旅游产品后，也不发生所有权的转移，这体现了旅游服务的（　　）。

A. 无形性　　　　　B. 综合性　　　　　C. 时间性　　　　　D. 不可转移性

5. 下列关于旅游服务贸易的作用，说法错误的是（　　）。

A. 增加外汇收入　　　　　　　　　B. 创造就业机会
C. 优化产业结构　　　　　　　　　D. 阻碍经济发展

6. 根据世贸组织关于服务贸易的定义，旅游服务贸易的定义说法错误的是（　　）。

A. 从一个成员的国境向另一成员的国境提供的旅游及相关的服务
B. 从一个成员的国境向另一成员的服务消费者提供旅游及相关的服务
C. 通过一个成员的（服务提供实体）法人在另一成员的商业存在提供旅游及相关服务
D. 由一成员的自然人在另一成员境内外提供所有服务

7. 按 WTO 服务贸易理事会国际服务贸易分类表，不属于旅游及相关服务的是（　　）。

A. 宾馆与饭店　　　　　　　　　　B. 旅行社及旅游经纪人服务社
C. 导游服务　　　　　　　　　　　D. 物业服务

8. 旅游服务贸易逆差是指（　　）。

A. 旅游服务出口大于旅游服务进口　　B. 旅游服务出口小于旅游服务进口
C. 旅游服务出口等于旅游服务进口　　D. 无法判断

三、判断题

1. 旅游服务是指为了实现一次旅游活动所需要的各种产品与服务的组合。（　　）
2. 旅游活动结束后，旅游产品的价值同样存在。（　　）
3. 本国旅游者的出境旅游，即国际支出旅游，在国际收支上表现为本国旅游服务贸易的出口。（　　）
4. 作为一项典型的资本密集型产业，旅游业创造了大量直接的或间接的就业机会，容纳了大批具有各种技能和水平的劳动力。（　　）
5. 没有丰富优质的旅游自然资源，一个国家的旅游服务贸易产业也难以发展。（　　）
6. 从事旅游服务贸易的企业所提供的产品是面向来自世界各国、各地的旅游者的，因此旅游服务贸易是世界性的产业。（　　）
7. 简化签证手续，缩短签证时间，实施落地签证甚至取消签证政策可以起到鼓励国际旅游服务贸易发展的目的。（　　）
8. 我国旅游服务贸易的发展速度较慢，没有进步。（　　）
9. 我国的旅游服务往往只停留在浅层次的观光方面，旅游产品的后续开发和深度挖掘不够。（　　）

10. 旅游服务贸易的发展并不一定需要法律的监督机制。（　）

四、简答题
1. 旅游服务贸易的特点和作用。
2. 简述发达国家旅游服务贸易的发展特征。
3. 简述发展中国家旅游服务贸易的发展特征。
4. 简述中国旅游服务贸易发展存在的问题。
5. 简述中国旅游服务贸易发展对策。

五、案例分析

2017年上半年，中国出境旅游者的规模达6 203万人次；全国持有因私普通护照的人口比例达10%；此外，中国公民持普通护照可免签证或落地签入境的国家和地区数量已达65个。

根据国家旅游局近日发布的旅游统计数据，2017年上半年，中国公民出境旅游人数同比增长5%；同期我国接待入境游客6 950万人次。中国旅游研究院预测，2017年我国公民出境旅游花费将在去年1 098亿美元的基础上继续增长。出境游市场竞争越来越激烈，旅游者的需要也逐步显现出多元化、个性化的特点，旅游产业发展格局的创新迫在眉睫。"目的地产品具有碎片化和非标准化的特点，游客对于旅游的个性化和深度化需求也不断增加。我们通过整合优质的线上线下资源，覆盖了旅行的行前、行中、行后完善的服务价值链，让旅游产品提供更精准的服务。"日前，携程玩乐事业部总经理方洪峰接受了21世纪经济报道记者的专访，分析了在大数据时代下，旅游企业应该如何把握机遇做出创新。

问题：请结合材料分析我国旅游服务贸易未来的发展趋势。

第八章 国际金融服务贸易

本章要点

1. 金融服务贸易概述
2. 金融服务贸易自由化与资本流动
3. 商业银行国际经营动因理论
4. 中国金融服务贸易发展

引导案例

葡萄牙在1983—1993年间，成功地实施了金融自由化改革。首先，20世纪80年代的宏观经济失衡现象为金融业自由化改革提供了良好的契机，银行体系逐步对内、对外开放；银行提供服务的范围逐步加宽。1986年，在葡萄牙加入欧盟组织后，资本移动和过境交付金融服务贸易逐步对外开放。到20世纪90年代早期，资本控制被完全取消，过境交付金融服务贸易市场开放改革也获得了成功。与此同时，金融自由化改革也在同步进行：一方面，逐渐放松了对银行业和货币体系的管制，国有银行被私有化；另一方面，也加强了对银行的风险管理。

葡萄牙金融服务贸易市场开放的主要特征表现在：一是改革实施于该国成为欧盟组织成员国，降低了改革的政治压力；其他欧盟成员国的改革过程为葡萄牙改革次序、步骤的选择，特别是为谨慎规制的强化提供了宝贵的经验。二是资本账户和过境交付金融服务贸易的开放发生在国内市场竞争机制已经形成之后。

第一节 金融服务贸易概述

一、金融服务贸易的概念

（一）传统的定义

在1986年开始的关贸总协定乌拉圭回合谈判上，最早提出了金融服务贸易是服务贸易的概念。《服务贸易总协定》的金融服务附件中，对金融服务贸易的定义如下：金融服务贸易指由一成员方的金融服务提供者向另一成员方提供的任何有关金融方面的服务,包括所有保险和与保险有关的服务以及所有银行和其他金融服务。

国际货币基金组织将金融服务贸易定义为银行、保险公司和其他金融机构通过收取费用和佣金方式提供的非商品交易、经纪业务收入和金融服务所获得的服务收入。

经济合作与发展组织(OECD)于1990年提出,国际金融服务包括金融机构提供或接受下列服务时的收入或支出:①所有居民金融机构提供给非居民或从非居民处接受的金融服务;②所有非居民金融机构提供给居民或从居民处接受的金融服务;③记在国际收支平衡表相应项目下的所有资本流动。

OECD和WTO对国际金融服务贸易的概念界定,经历了一个从不完善到逐步走向成熟的过程,反映了国际社会和经济学理论界认识上的不断深化及对国际金融服务贸易问题重视程度的提高。但随着世界经济一体化脚步的加快和国际金融服务贸易的发展,这些概念日益显现出其自身的局限性。

(二) 对国际金融服务贸易定义的修正

OECD的定义显然只是从国际收支统计的角度对国际金融服务贸易所应包括的项目和内容进行了归类和概括,并不符合概念的规范要求,从而难以作为国际金融服务贸易的定义。WTO的定义目前已为世界贸易组织各成员国所普遍接受。但作为定义,从理论上来说,仍存在不足之处:一是此定义仍然只是强调了金融服务贸易的服务提供方而忽视了贸易需求方;二是此定义的适应范围受到限制,它只适用于参与WTO的成员国。

正因为如此,此定义必须作适当修正。综合前述,关于国际金融服务贸易的定义,结合国际金融服务贸易的特点,笔者认为,国际金融服务贸易是指发生在国家(地区)与国家(地区)之间的金融服务的交易活动和交易过程。国际金融服务贸易的标的物是金融服务,对于金融服务,可以从广义和狭义两个角度来理解。

广义上的金融服务,包括金融服务机构(银行和非银行类金融机构)从事的一切业务活动(如存贷款、证券承销等)。狭义的金融服务,主要指金融服务机构提供的基于手续费和佣金(而非资产负债表)基础上的金融服务。它主要包括国际结算(即对各经济实体之间因商品贸易、劳务供应、资金转移等而引起的跨国货币支付行为,如资金划拨)、国际信托(金融服务机构接受委托人的信用和指示,代为管理、营运或处理委托人的财产或事务,为委托人或委托人指定的受益人谋取利益的经济行为)等传统国际金融服务和金融机构代客户进行利率掉期安排、现金管理、外汇风险管理,为投资者进行国际投资组合管理,以及参与国际收购与兼并咨询、外汇交易咨询等咨询服务。关贸总协定的乌拉圭回合谈判将金融服务的范围界定为:一是保险及相关服务,包括人寿和非人寿保险、保险中介(如经纪和代理)以及对保险的辅助性服务;二是银行及其金融服务(保险除外),包括接受公众存款和其他需偿还基金、所有类型的贷款、金融租赁、所有支付和货币交割服务、担保与承兑、自行或代客金融资产交易、参与各类证券的发行、货币经纪、资产管理、金融资产的结算和清算服务、金融信息的提供与交换及金融数据处理、金融咨询中介和其他辅助性金融服务等。从上述描述可以看出,WTO几乎将金融机构所提供的一切金融业务活动都涵盖在内。因此,国际金融服务贸易是指广义上的金融服务贸易。

(三) 国际金融服务贸易的主要范畴

国际金融服务贸易既然是指国家间的金融服务交易活动,那么判断一项金融服务是否属于国际金融服务贸易的基本依据：一是该项金融服务活动是否跨越国境；二是该项金融服务交易的参与者，只有发生在居民与非居民之间的金融服务交易才能归入国际金融服务贸易的范围。

从服务提供者来看，是指希望提供或正在提供金融服务的自然人和法人。但需注意的是，一国的"公共实体"，即政府、中央银行或货币当局，由国家所有或控制的主要从事执行政府职能或为政府目的活动的实体，以及行使通常由中央银行或货币当局行使的职能的私人实体被排除在外。同时，作为法定社会保障制度或公共退休金计划一部分的活动，由公共实体代表政府或由政府担保，或使用政府财力进行的其他活动也被排除在外。但如果一国允许其金融服务提供者进行上述活动并与公共实体进行竞争，则这些公共金融服务也被列入"金融服务贸易"的体系。因此，国际金融服务贸易主要是指商业性的金融服务活动。服务提供者主要包括两类：金融中介机构以及货币和证券市场上的直接金融服务机构。前者创造或吸引金融资产，并通过负债获得所需要的资金；后者则通过出售股票和债券的方式促使交易在资金提供者与资金使用者之间直接进行。

从服务的提供方式看，GATS规定了服务贸易的四种方式，即跨境交付、境外消费、商业存在和人员流动。在此，我们认为国际金融服务贸易同样是以这四种方式进行的。金融服务的跨境交付和货物国际贸易相似，是指从一缔约方境内向其他缔约方境内提供金融服务，如一国银行向另一国客户提供贷款或吸收另一国客户存款，或者国内消费者向国外保险公司购买保险，这些活动都可归入该类金融服务。境外消费是指在一缔约方境内向任何其他缔约方的服务消费者提供金融服务，如一国银行向外国人提供信用卡和支票服务等。金融服务的商业存在是目前国际金融服务中数量最多、规模最大的一种，服务提供者通过在消费者所在国设立机构（包括设立办事处、分行、子行等）来提供服务，通过此种方式提供的服务占到整个国际金融服务贸易量的70%以上，它也使得金融服务与金融业的对外投资密切相连。金融服务的人员流动指一缔约方的金融服务提供者在其他缔约方境内提供服务，此种服务的提供者来自另一个国家，但在接受国境内无商业存在，如金融咨询服务的提供、风险评估、跨国银行内部高级管理人员的移动等。以上四种方式，除商业存在是通过外国直接投资进行的以外，其他三种都是通过销售来进行的，因此被列入国际收支平衡表中。

二、金融服务贸易的特点

（一）无形性

由于金融服务产品是无形的，所以金融服务贸易也有无形性的特点。金融服务贸易的最大特点就是实物资本投入少，这一点是与有形的商品贸易的本质区别。所有金融服务的数量是难以度量的，因此金融服务产品的价格也就无法通过计算精确地得到，从而也无法计算出准确的价格指数。由于金融服务产品的贸易往来具有无形性和不可计量的特点，因此，金融服务贸易的无形性也决定了统计上的困难性和复杂性以及政府管理上的困难性。

（二）不可分离性

金融服务贸易与有形商品的贸易相比，一个典型特征就是具有不可分离性。金融服务产品并不能表现为一个具有实体形式的产品，产品是体现在与金融业务相关的活动以及活动过程当中，所以金融服务产品生产、流通和消费是一脉相承、不可分离的。金融服务的不可分离性决定了大多数金融服务不可能像有形商品那样运输。

(三) 差异性

金融服务业是以人为主体的,金融服务的生产和消费是金融活动参与者所共同受益、获得满足的活动。因此,金融服务产品的优劣在很大程度上是由服务生产者和服务消费者的个人特点与偏好所共同决定的。

(四) 复杂性和特殊性

因为金融服务贸易与商品贸易相比截然不同,具有其独特的特点,因此,金融服务贸易所涉及的法律法规也更具有特殊性和复杂性。例如,由于金融服务贸易中的产品是无形的,这使得海关很难对金融服务贸易进行全面的、有效的监管。因此,海关不是各国对金融服务贸易监管的最有效方式,而是通过在各国国内颁布法律和规章制度来实现对金融服务贸易的监管。这样金融服务贸易就会出现另一个问题,由于各国法律法规的不同,金融服务的产品在国际交换的过程当中必然会涉及各国法律、法规相互冲突等问题,而且一些政治经济和国家主权等问题又会在法律法规的制定和执行过程当中体现出来。

三、二战后金融服务贸易的发展

(一) 二战后金融服务贸易的发展概况

作为国际金融服务贸易主要业务的银行业和保险业随着世界经贸的发展而异常活跃,出现了若干个世界性的金融服务市场中心,如纽约、伦敦、东京、香港和新加坡等。20世纪90年代,在各国开始普遍对金融市场加强监管的前提下,金融服务经营者不断寻找突破法律制约的金融创新,与此相应,国际金融服务贸易更是发生了深刻的变化。首先,国际金融资本流动加快,证券等虚拟资本在经济活动中的地位上升;其次,电子化、信息化引起了金融服务品种的不断创新,期货、期权、基金等各种金融衍生产品迅猛发展;再者,银行业兼并层出不穷,特别是1995年以来,日本三菱银行、东京银行的合并,美国一系列的银行兼并案给金融服务业带来巨大的影响。另外,发展中国家也积极推动着金融改革,力图打破国家垄断金融服务的局面,在银行业自由化的同时,逐步开放保险、证券等资本市场。

这个时期的国际金融服务贸易呈现出了范围多元化、扩大化的特征,各类形式的金融创新纷纷涌现,特别是具有金融价格发现功能的金融衍生工具的运用日趋活跃、广泛,离岸金融市场逐步产生、发展和规范,赋予金融服务贸易全新的概念。同时,电子、信息技术等一些高新技术的崛起也为金融服务贸易带来了全球化经营的思路,欧美等国由于信息高速公路、国际信息网络的架设迈入信息化社会,从而首先使金融服务进入无纸化时代,能在24小时之内在全球范围内实现无时差经营。

(二) 各国在金融服务贸易问题上的制度差异

国际金融服务贸易的发展给各国的金融服务法律制度制约的对象、涵盖的范围、监管的方式带来了严峻的挑战,国际金融服务贸易的开放立法进程显得参差不齐,跨国金融服务的发展存在着严重的不平衡因素,发达国家和发展中国家之间在金融服务自由化上存在着开放程度、经营限制等方面的法律制度冲突。

各国对于国际金融服务贸易开放的后果存在两种不同的认识。一方面,其有利因素在于,可以带来经济发展亟须的流动资金和外国投资;但另一方面,出于金融业与宏观经济之间错综复杂的相互关系,一国金融市场的开放,外国金融机构和资本的涌入,不仅可能对本国的货币和金融体系造成冲击,导致对外国金融服务的依赖,而且会对本国经济发展、国际收支带来潜在风险。对此,与一部分国家大力推进金融服务自由化相对应,不少发展中国家为了对本国金融机构加以保护,维护本国金融市场的安全和稳定,以便保护民族经济的利益,不得不采取金融立法的形式对本国的金融市场实行保护主义,甚至多数发达国家也对金融服务贸易持谨慎开放的态度。

(三) 各国在金融服务贸易问题上的法律限制

1. 对市场准入的限制

许多国家的法律对外国金融机构是否准许进入本国金融市场,以及准许进场方面的人寿险、财产险、再保险、医疗险、火灾险、海洋运输险等允许外国服务与否都会有所区别。市场准入还包括是否准许外国金融机构在本国设立办事处、分支公司,并对其登记手续、注册资本、高级职员和一般办事人员数额、经营范围做出规定。

2. 对国民待遇的限制

各国法律对国民待遇方面的歧视性规定对外国金融机构在本国的经营造成了不同程度的影响,例如对外国金融服务征收高于本国金融机构标准的税收,将导致外国金融机构的成本上升,盈利率下降,对其在本国金融市场的竞争力构成极大的威胁。由于外国金融机构营业的特点,有时即使是相同待遇的政策措施,也会更多地增加外国金融机构的负担,例如对金融机构从境外金融市场拆借资金征收高额预提所得税,将使主要采取这种方式融资的外国金融机构的利差减少。

3. 外汇管制

外汇管制不仅体现在对作为外国企业的外国金融机构的业务经营、资金进出有所限制,而且制约整个外汇金融市场交易的作用也是明显的。严格外汇管制立法的国家使得本国金融市场完全独立,外汇的流入、流出都要受到金融管理当局的审查,对主要提供外汇金融服务并在此方面占有优势的外国金融机构造成资金流通上的障碍。

此外,许多国家的法律还对外国金融机构采取更多的歧视性待遇,施加额外的限制性义务,进一步对国际金融服务贸易的进出口加以限制。因此,为了协调彼此间经济利益,促进金融服务的进一步自由化,产生了有关国际金融服务贸易开放的法律制度。

【专 栏】

全国金融工作会议即将对金融改革问题进行定调

五年一度的全国金融工作会议即将召开,金融工作会议将会对下一阶段重大金融改革问题进行定调。我们梳理了历次会议召开的背景和提出的改革措施,并基于宏观经济和金融业发展的现状,对本次会议做一些前瞻判断。

前四次做了哪些改革?第一次会议:1997年11月。会后撤销了人民银行省级分行以保证金融调控权集中在中央,设立保监会代替央行分管保险事宜;专门设立四大资产管理公司剥离四大行的不良贷款,维持金融稳定。第二次会议:2002年2月。成立银监会,替代人民银行专门履行银行业监管职责;实施农信社改革,成立汇金公司充当中、建、工行的股改出资人。第三次会议:2007年1月。实施《公司债券发行试点办法》;设立中投公司以承担外汇储备的投资管理工作;汇金公司注资国开行,国开行推行自主经营、自负盈亏、自担风险的商业化运作;创业板正式上市;农行挂牌上市,国有四大行全部完成股份制改革。第四次会议:2012年1月。提出"确保资金投向实体经济","防止虚拟经济过度自我循环和膨胀"。第四次会议后我国经济和金融领域发生了哪些变化呢?这些变化决定了未来几年我国金融工作的方向,我们接下来重点看一下。最近五年有哪些变化?首先,宏观经济增速连续下降。GDP同比增速从8%以上下降到不足7%,固定资产投资增速从20%以上下降到10%以下。工业部门去杠杆、去库存、去产能问题突出。宽松货币发力,财政更加积极。2012年至今央行总共7次降准、8次降息。广义财政也在发力,货币和财政刺激经济的力度可以说并不亚于金融危机时期。然而货币却大量流入了资产领域,资产泡沫膨胀。2014年和2015年股债双牛,但2015年中股市异常波动后,房地产市场接力,成为投资的新热点。多数指标均显示国内房地产价格偏高,接下来都承受着泡沫风险,需要小心翼翼地消化和控制。与货币宽松相伴随的是金融监管整体趋松,金融机构疯狂扩张。如果计算一下近三年的年化增速,私募基金高达130%,基金子公司专户为123%,基金公司专户为74%,券商资管为51%,均在50%以上;基金公司公募规模增速为45%,信托业为23%,保险为20%,增速都远远高于GDP增速和M2增速。银行业近三年年化资产增速15%,但非银机构资管规模高增长主要还是承接了银行业相关业务。疯狂扩张的背后,是金融风险的积聚。流动性风险、信用风险和整个经济的系统性风险在上升。整个系统变得非常脆弱:在房地产市场稳定时,一切看起来相安无事;而一旦房价风险暴露,金融体系也要遭殃。

未来金融业如何走?金融安全和统筹监管是重点。无论是从前几年金融业疯狂扩张带来的问题,还是从近年主要领导人和监管机构的表态来看,金融安全与金融监管都将是本次会议讨论的重中之重。2016年年底中央经济工作会议提出,要把防控金融风险放到更加重要的位置;"十三五"规划提出加强统筹协调、完善金融监管框架,实现金融风险监管全覆盖,将是下一阶段金融改革的方向;今年4月的中央政治局会议就维护金融安全提出6项任务,新华社连发7篇评论,以"三个统筹"谈金融监管的升级。具体如何统筹监管?第一,在总的方向上,金融工作会议有望将金融监管协调机制提到更高层面。第二,从监管类型上看,在现行分业监管的基础上,将会增强统筹协调,适当增加功能监管、行为监管。从级别上看,中央要求地方按照部署,做好本地区金融发展和稳定工作,形成全国一盘棋,意味着中央和地方金融监管的分工也可能进行协调统筹。资管业务监管的具体动作或已不远。

(资料来源:海通证券首席宏观分析师姜超,2017年7月12日)

第二节 金融服务贸易自由化与资本流动

一、金融服务贸易自由化的必要性

国际金融服务贸易早已开展,并取得了一定的成绩。从许多工业国家20世纪60年代的外汇控制和美国商业银行为自己的跨国公司服务而进入欧洲并扩张开始,到今天庞大的银行服务在全球的展开,金融服务贸易已得到迅速发展。但是,真正把银行服务拿到贸易政策领域来讨论的,则是近年来的事,现在已引起全世界的关注。像世界贸易组织、经济合作与发展组织、欧盟、亚太经济贸易合作组织及东盟等组织和机构,都普遍开展讨论这一议题。

金融服务贸易在国内市场中之所以还处于高度控制的环境之中,是因为银行担负着筹集资金的重要职责。银行业出现问题,很可能导致金融混乱和经济危机。所以,金融服务贸易政策的谨慎和控制是毫无疑问的。同样,银行机构的限制性政策也是国家货币政策和经济政策的重要组成部分。与开放性的离岸市场相比,它们可能损失很多利润,但许多国家可能在安全控制下的市场经营中得到相应的补偿。这种平衡也是导致严格控制政策的原因之一。由于金融服务贸易涉及一国的法规及主权问题,因此,银行服务领域的贸易自由化肯定不是件易事。

在银行服务领域的保护主义问题,主要涉及银行服务机构在境内市场开展业务竞争时的歧视性待遇问题(如前所述)。这样的歧视性政策,严重背离国民待遇原则,同时也提高了成本,限制了外资银行机构的市场准入及其融资。进行这种形式的保护,导致了金融服务贸易领域广泛而复杂的、类似于关税和配额方式的竞争扭曲。

对于那些国内银行服务商有高度竞争力的国家来说,它们的保护较少。有的国家则采取两种方式,把高度限制的境内银行市场与创建开放型的离岸金融中心结合起来。随着经济的发展,特别是外向型经济发展战略的实施,保护所带来的静态和动态成本已愈来愈明显。一些国家已渴望在银行服务领域实现自由化。

二、国际金融服务贸易自由化的概念界定

关于国际金融服务贸易自由化含义的具体界定,目前尚缺乏权威性的文献。一种观点(Ingo Walter,1988)认为,国际金融服务贸易自由化主要是指金融业的对外开放程度,即本国居民可获得的以外币表示的资产和负债管制的放松与非居民可在国内金融市场(包括通过外国银行市场准入的参与)经营资产和负债的放松。并且认为国际金融服务贸易自由化包括三种类型:一是允许本国居民,特别是公司,在国际金融市场上自由地贷款,并且允许外国居民自由地在国内市场上投资和贷款;二是允许本国居民转移资本和持有国外金融资本,并且允许外国居民在本国市场发行债券和贷款;三是允许本国居民间的债务人—债权人交易以外币进行,如银行的储蓄、外币贷款和自由买卖外币。

这一定义是目前国内文献中可以找到的关于国际金融服务贸易自由化少有的且比较完善的定义,因而具有一定的创新性。但该定义存在的不足之处也很明显:第一,自由化应从静态和动态两个层次来理解,从静态来看,它表现为一国市场开放和政府管制放松的程度和状态,一国经济活动由市场力量决定的程度和状态;从动态来看,它表现为一国经济活动和市场由封闭走向开放,由政府管制走向市场自由竞争的过程和趋势。而该定义中未能很好地体现自由化这一基本特征。第二,最为关键的是,该定义对国际金融服务贸易的涵盖范围界定不清。一般而言,贸易总是指发生在国与国之间,或居民与非居民之间的商品或服务的交易行为。因此,判断一种金融服务活动是否属于国际金融服务贸易,主要标准应该是交易的参与者,而不是交易的产品或服务的性质。该定义将本国居民之间以外币进行的金融交易活动也纳入国际金融服务贸易自由化的范围,显然有失偏颇。

基于上述分析,笔者认为,对国际金融服务贸易自由化可做如下界定:国际金融服务贸易自由化是指一个国家或地区逐步减少和消除各种金融服务的贸易限制和贸易壁垒,使金融服务贸易活动逐步纳入自由竞争法则的轨道,使贸易体制逐步由保护贸易体制向自由贸易体制转变的过程和状态。

三、金融服务贸易自由化的基本要素

(一)自由建立分支机构及代表处

分支机构、代表处或其他形式的分部门,是在国内市场提供服务、获得相同待遇的根本。无论是在顾客、产品、服务地区(场所)这三个结构要素市场,还是在其他的金融服务贸易市场,国家的反垄断政策是奠定外商与本地同业的同等待遇的基础。

(二)平等的竞争规则

对本国和外国的竞争者,在可能的情况下,应该采取对等的政策。这些政策包括谨慎控制一些比率,如资本需要量、资产比率、借贷限制规模、准备金及储蓄比率。同时还涉及国内证券市场准入的平等性问题,包括在本地和离岸金融市场本币管理及平等进入国内支付清算系统、货币市场、中央银行的贴现及信托与投资业务市场等问题。

(三)关键性资源的进口自由

这些关键性资源包括:专业人员旅行、居住,与本地企业同样的数据处理、电信设备及非分支机构的资本资料信息等。要求信息的交换或传递自由平等。

(四)有关汇率控制应用方面政策的平等

对于本地与国外的竞争者之间,资金的流动要求政策平等,如外商在国内市场的借款、本地向外国投资以及收益的汇返等。金融机构、"产品"市场,包括设立分支机构的特权,应与本地同业有相同的权利;销售份额的分配,根据国内法律,应该与本地金融机构有同等业务的竞争力。

以上这些因素,构成银行服务商在提供银行服务方面具有同等竞争机会的基本要素,也是金融服务贸易自由化的基本要素。应予指出的是,即使达到上述目标,也并不意味着外资银行服务机构就一定能够避免国内税收、谨慎的货币控制政策的影响。

四、国际金融服务贸易自由化内容的进一步解释

国际金融服务贸易自由化主要涉及:竞争机会平等、开业权和可能的商业存在及投资、国民待遇、有效的市场准入等四个既相似但又不相同的实质性问题。这些问题,每个都富有"弹性",对其解释和界定都可以有不同的说法。对影响这四个问题的措施,我们把它归纳为三类。

(一)在国内顾客市场上

在国内顾客市场上,有意在本国与外国银行服务供应商之间实施歧视性待遇措施。如果在两者之间强加不同的成本,显然类似于关税;如果在两者之间通过一定形式的许可证而使费用增加或使市场准入难度增加,显然又相似于配额限制。这类限制措施大都类似于商品贸易

中的技术标准问题。这类措施完全可以在国家间通过谈判来解决,因为施加障碍是人为的歧视,因此可以仿照已有的非关税壁垒的规则在多边贸易谈判中加以解决。

(二) 对于不同的银行服务机构

对于不同的银行服务机构,无论它是国内的还是国外的,在银行服务市场上,规定一定的活动区域或向一定的顾客市场提供服务,或提供指定的金融品种服务。这些措施没有明显的对外国服务商进行歧视,但外资机构在其国内市场和第三国市场最终还要受到一些相关条件的严格形式确定下来。这类措施是基于国内政策,有效影响非歧视性地对待外国银行服务商提供服务问题,而且这种有效影响又缺乏故意性的依据。在这种情况下,外商寻求的应该是有效的市场准入的国内政策的变化,而不是去反对实施这些政策目标本身。他们应相互支持,以便在谈判中达成一些执行规则,这些规则并不是具体要求取消这些贸易壁垒,而是寻求制定一系列标准,使它们与一系列的国内政策相适应,改变竞争扭曲,并且使它们很难从贸易保护的角度(目的)来实施这些措施。

(三) 在国内市场上

在国内市场上,并没有明显地规定保护本国服务商提供服务和阻止外商竞争。但外商面对本国竞争者,却更难准入市场或需花费更多的服务费。该类措施影响竞争地位问题,本质上纯粹是附带的。这类措施要在贸易谈判中得到解决,是困难的。当然,相互支持,在双边或多边协议中相互协调,是可能的。

五、国际金融服务贸易自由化与资本流动的关系

国际金融服务贸易按提供方式,可以分为跨境提供、境外消费、商业存在和人员流动四种类型,其中以商业存在方式进行的国际金融服务贸易占有最重要的比重,这也是当前国际金融服务贸易的最典型特征。以商业存在方式进行金融服务贸易,就必须通过金融服务业的对外投资,如在国外设立分支机构或子公司的方式,为当地客户提供金融服务。可见,国际金融服务贸易与国际直接投资有着密切关系,并且金融服务本身也涉及资金的运动,因而国际金融服务贸易自由化与国际资本流动密不可分。但是二者又是完全不同的概念,有着很大区别。国际金融服务贸易自由化要求必要的部分的国际资本能够流动,但并不要求全部国际资本流动自由化,因为国际资本流动不仅仅指金融领域,还包括其他领域的资本流动(尽管其他领域的资本流动也要通过金融机构,但仍有别于金融领域自身的资本流动)。金融服务贸易自由化和资本账户自由化的关系取决于金融服务的提供方式和类型。在跨境贸易模式中,有些金融服务贸易不需要资本流动,有些金融服务的跨境贸易,则和资本流动密不可分,还有一类金融服务,其跨境贸易与作为其基础的资本流动可以分离,但关联密切。

商业存在模式下的金融服务贸易自由化与资本账户自由化的关系取决于外国金融服务机构建立的当地机构的组织形式。根据是否为当地法人可以将跨国分支机构分为两类。一类是具有当地法人资格的附属机构,这类机构一般和资本流动关系密切,经营受到资本管制的影响,但是可以经营在东道国资本管制体制下许可的业务。如果存在资本管制,但是外国金融服务机构享有国民待遇,那么东道国资本管制体制就不会构成对贸易的限制。另一类是不具有当地法人资格的分支机构,包括分行、代表处和代理处,这些机构一般被视为当地居民,业务经

营与资本流动的关系类似于跨境贸易。因此,自由化分支机构提供的金融服务与资本账户的关系,类似于跨境贸易模式,不同的是其分离程度要高于跨境贸易模式。

【专栏】

王曙光:渐进而中庸的中国金融自由化

2015年3月1日,就在"两会"开幕的前夕,央行宣布进一步放开存款利率浮动空间,这是我国利率市场化进程中非常重要的举措。近年来,我国在利率市场化、银行民营化、国有金融机构改革等方面进行了积极而稳健的探索,实际上执行了一种渐进而中庸的金融自由化战略。中庸是中国传统儒家哲学中非常重要的一个范畴。"中庸"这个"中"就是不偏,"庸"就是不易,"中庸"就是不偏不易。中国金融自由化的战略是一个中庸的战略、渐进的战略,这个战略非常合适于中国,不要轻易改变,不要走过激的、休克疗法式的、大爆炸式的金融自由化。

未来我国金融改革仍旧要坚持中庸的金融自由化战略,其主要趋势是:

第一,逐步降低银行的特许权价值。换句话说,政府对银行的保护要变小。我们现在发现,中国银行的家谱逐渐多元化,银行业的竞争不断白热化,银行破产概率不断增加。今年下半年到明年,央行要逐步推出存款保险制度,所以央行副行长易纲和银监会副主席阎庆民都讲到,中国的银行为了避免银行破产所造成的社会震荡,要推出存款保险制度。存款保险制度推出的潜台词,就是银行有可能死掉,因此,银行业的总体风险也在不断显性化。

第二,利率市场化加速银行业的分化。利率市场化本身对银行不是单纯的好事。表面看来,银行都需要自由,要自由定价,但是在不自由定价的时代,银行过得是很滋润的。为什么呢?因为他的存贷利差非常稳定,只要把存款吸上来,贷款贷出去,存贷利差很稳定,空间很大,他的利润很丰厚。但是现在利率一旦市场化,存贷利差收紧,他存活的艰难程度就比以前加剧很多。这个时候银行业的业务结构要被迫转型,他必须从依赖存贷利差生存的业务结构转变成为更多的依赖中间业务、依赖理财业务、依赖表外业务来生存。银行应该遵循业务结构转型的需要,不断开发财富管理、金融服务、表外业务、中间业务等,因为这些业务不在资产负债表之内,不影响资金的占用。同时,利率市场化本身有可能造成银行业的分化,那些不好的、定价能力低的银行就要被淘汰掉。20世纪90年代,中国台湾在利率市场化过程当中,有些银行因为剧烈的存款竞争就倒下去了。定价能力低,金融创新能力差,这样的银行就会破产。在存款利率自由化之后,银行定价能力本身成为一个非常大的约束。

第三,未来中国要谨慎应对民间金融,以及由民间金融兴起而导致的局部金融危机。中国由于长期的金融抑制,导致民间金融十分发达,我们有大量的钱会、地下钱庄、地下典当业、各种集资等等,这种民间金融的兴起已经影响到了金融秩序。我们看到最近在各地都出现了大面积的民间借贷的"跑路"事件,引起了区域性的金融恐慌和金融风险,这是非常危险的。所以我提倡,民间金融需要阳光化、规范化、合法化,让它在阳光下活动,这样就可以避免民间金融的负面效果。同时,要大力防范局部的金融危机,当前由于企业担保链的断裂,而导致金融体系的连锁反应,整个银行业的不良贷款率上升。我们在监管方面要做好应对金融危机和系统性金融风险的思想准备和机制准备。

第四,中国小微金融的崛起。近年来,中国的小微金融处于崛起状态,这个小微金融包括我们的农村信用社、村镇银行、小贷公司,也包括大量的小区型的资金互助等等。现在即使是一些大型国有银行和股份制银行也在强调建设小区银行,把每一个触角伸到小区当中,为微型客户服务,加强对基层(如城市小区和村)的资金的动员能力和金融服务能力。微型金融在中国反贫困当中起到非常大的作用。中国是一个典型的二元金融结构,小微金融的崛起可以弥补这样的缺陷,使农村和边远地区的金融体系有更好的发展,来构建中国未来的普惠金融体系。

(资料来源:新浪财经,2015年3月11日。王曙光,北大经济学院副院长、教授、博导)

第三节 商业银行国际经营动因理论

一、商业银行国际化经营概述

(一)商业银行国际化经营概念

商业银行国际化经营是指商业银行以国际金融市场为舞台,以国际业务为内容,广泛利用国内外资源,从全球战略出发,进行综合运筹,在一定范围或领域进行的经济活动。

商业银行跨国界经营在自由资本主义时期就已经产生。英国和法国的银行在殖民地建立了海外分行,这种分行可称之为殖民分行。19世纪末20世纪初,自由资本主义发展到垄断资本主义,到第二次世界大战前,发达的资本主义国家就在垄断的基础上,建立了早期跨国银行。但这些跨国银行的资本有限,影响不大。第二次世界大战以后,特别是60年代以后,出现了银行国际化的现象,形成了一些规模庞大、分支机构遍布世界各地、在世界范围从事银行业务的现代跨国银行。

(二)商业银行跨国经营的原因

可以概括为以下几个方面。

1. 一些银行由于经营效率高,在国际业务活动中处于比较优势的地位,因而从事全球经营或者是由于银行的经营管理知识和经验、先进的业务技术和组织结构、多样化的业务技巧和商业情报等,只有在广大的国际金融市场上才能充分发挥作用,获得"规模经济"效益,因而促使他们向国际化方面发展。

2. 从投资决策来看,当各国经济情况不同和金融市场动向不一致的时候,银行业务的跨国化和多边化,可以减少银行利润水平的波动。

3. 银行通过全球性的网络系统把市场上的买卖关系变为企业的内部关系,这就增加了跨国银行资产负债管理的机动性、灵活性,降低金融的成本和风险,从而实现最大限度的利润。

4. 银行的跨国经营是由它在一定时间和地点具备的所有权、区位和内在化各方面的综合优势所决定的。此外,因各国国情的不同,现实的原因还有本国国力的增强、经济贸易的促进和政治、经济上的目标等多重动因。

二、商业银行国际化经营动因理论分析

西方学者经过多方考察和分析,形成了众多银行国际化经营动因的理论,这些理论最初多

是以国际贸易理论和企业的国际化经营理论为指导,后期出现了针对银行的金融机构特性来研究的动因理论。从这些理论的发展来看,20世纪80年代出现的成果比较多且比较具有影响力,90年代之后涌现的理论则比较少,多从一些侧面给出解释,补充之前的理论。

(一)经营优势理论

罗伯特·阿尔伯(R. Z. Aliber)是国际上第一个研究银行国际化的学者,他将古典贸易理论引入金融领域,提出了经营优势理论。经营优势理论也称为比较优势理论,该研究首先以银行的存贷利差作为衡量指标,认为银行的存贷利差越小,银行效率越高,该银行就更具有比较优势。同时Aliber还构造了"Q比率"(银行市值/账面价值),认为当"Q比率"大于1时,银行就会进行海外经营,且"Q比率"高的银行更倾向于向海外扩张。此后Tschoegl和Fung分别于1982年和2002年对该理论进行了引申研究和实证研究,研究结果认为经营优势理论符合实际。

(二)引导效应理论

该理论认为,国际贸易和对外直接投资引发了银行的国际化经营,银行国际化经营的目的是为了继续服务于本国企业,为其提供金融服务,满足其进行国际贸易、跨国经营和国际投资的需要。

因此引导效应理论又分成"贸易引导论"和"投资引导论"。"贸易引导论"认为,银行的海外机构可以为国内的进出口企业提供国际结算和支付业务,并监控东道国企业的资信状况和支付能力,为母国的企业把关。"投资引导论"认为,在当今的国际经济形势下,国际直接投资已经逐渐成为国际间经济合作的主要方式,银行追随母国国际直接投资,为政府和企业的投资提供相关服务。同时,银行的跨国经营也会提高本国在东道国的金融服务能力,引发本国的生产性企业到该东道国进行国际直接投资,也就是说跨国银行不仅追随本国企业,还会领导本国企业进行国际化经营,因此"投资引导论"也称为"追随领导论"。

(三)国际生产折中理论

国际生产折中理论是邓宁创立的,它的核心理论分别指所有权优势、内部化优势和区位优势,因此该理论也叫做OLI理论,该理论可用来解释各国的国际直接投资。

所有权优势理论,也称垄断优势理论,是海默(S. H. Hymer)在博士毕业论文中最先提出的,他认为进行国际化经营的企业必须具有垄断优势,以此同东道国当地厂商竞争。哈波特·格鲁拜尔(Herbert G. Grubel)最先将其运用于银行的国际化经营,格鲁拜尔提出的理论又称三分类理论,即跨国银行可分为三类:跨国零售业务银行、跨国服务业务银行和跨国批发业务银行,这三类银行各自都具有比较优势(陈四清,2010),如高效的金融服务、良好的管理经验等。

内部化优势理论是英国的巴克利(P. J. Buckley)和卡森(M. C. Casson)最先提出的,加拿大经济学者拉格曼(A. M. Rugman)最先将其运用于银行国际化经营当中。他认为,国际金融市场是不完全的,银行可以通过建立适合的组织结构,采取高效的管理手段,通过市场的内部化,取得比国内市场更大的利益。他建议各跨国银行可以合理地配置国内外分支机构、金融业务和从业人员,以达到节约成本、提高效率、资源优化的目的。

区位优势理论是指银行所选择的东道国在经济社会环境方面所具有的优势,例如良好的金融环境、优越的地理位置、较高的存贷利差等,这一理论可以量化的指标很多,因此一直是银行国际化经营实证研究中较多涉及的一个理论。

国际生产折中理论的内涵十分丰富,事实上,除上述的三种理论外,其他理论都可以纳入OLI框架体系当中来。如引导效应理论实际上是一种内部化优势,地理距离假说实际上是区位优势的一种,因此国内外的很多实证研究也趋向于使用国际生产折中理论来进行全面分析。

(四)规模经济理论

规模经济理论是由凯诺(Canal)提出的,他认为,许多银行都是为了追求规模效益才进行国际化,银行达到相应规模后,可降低银行的经营成本,产生更大的回报率。该理论认为规模经济是银行国际化的首要动因。

(五)参与银行体系重整假说

该理论主要针对的是在新兴国家和发展中国家建立银行海外机构的情况,这些国家的银行体系一般都不太健全,需要进行改革和重组,改革的方式除了在这些国家建立健全更完善的银行制度之外,另外一种就是调整这些国家的银行业准入方式,允许外资银行进入。这时跨国银行就可以大举进入这些新兴国家市场,获取利益,并帮助这些国家重建银行体系。

(六)地理距离假说

地理距离假说实际上是邓宁区位优势理论的一个引申,该理论认为,银行在国际经营的过程中,尤其是处于国际化经营初级阶段的跨国银行,为了降低成本,会优先选择地理距离较近的东道国。

【专 栏】

中国银行国际化业务实现新发展

近年来,中国银行紧密配合国家推进新一轮高水平对外开放战略,深耕海外这片"蓝海",国际化业务发展取得新进展。截至2016年年末,海外机构资产总额达7 307亿美元,在集团资产中的占比达26%。实现税前利润122亿美元,同比增长39%;贡献达36%。海外资产占比、利润贡献率遥遥领先国内同业。

2016年,中国银行加快建设"一带一路"金融大动脉,积极为国内"走出去"企业在沿线国家的并购、投资提供信贷支持,截至目前累计新投放授信近600亿美元。目前,海外机构已覆盖51个国家和地区,在"一带一路"沿线20个国家设立分支机构。发挥跨境经营优势,先后面向柬埔寨、菲律宾成功举办两期"一带一路"国际金融交流合作研修班。

人民币国际化业务继续领跑市场,获得美国人民币清算行资格。跨境人民币清算量312万亿元,结算量超过4万亿元,继续保持全球第一。着力打造全球现金管理业务,成为多家大型跨国企业集团的现金管理主办行,业务辐射亚太、欧洲、美洲地区。充分发挥银团贷款优势,在亚太市场以牵头521亿美元银团贷款的成绩排名市场第一,在欧非和美洲银团市场均排名中资银行首位。

中国银行积极运用市场机制推动改革,通过资本市场去杠杆、降成本,为提高资本运用效率提供了支撑。成功出售南洋商业银行和集友银行股权,有效减少集团业务重叠,降低管理成本。中银航空租赁在香港成功上市,实现集团整体价值提升和国有资产保值增值,多元化战略优势进一步凸显。积极落实东盟机构重组,推进中银香港区域化发展,集团在东南亚地区的业务协同能力明显增强。顺利完成山东、辽宁地区的机构调整工作,有效提升了在环渤海地区的市场竞争力。

(资料来源:每日甘肃网,2017年4月13日)

第四节 我国金融服务贸易发展

近年来,我国金融服务贸易进口额大于出口额,且金融服务贸易出口额变化波动较大,我国整个金融服务贸易(特别是出口贸易)还处于起步阶段,很容易受到世界金融环境变化的影响,金融服务贸易的发展首先离不开国内整个金融业的支持。

一、我国金融服务贸易的发展现状分析

根据我国国家外汇管理局提供的国际收支平衡表所统计的数据可知,从1997年至今,我国的金融服务贸易进出口总额呈现不断上升的趋势,金融服务贸易额从1997年的15.72亿美元,增加到2016年的346亿美元。

但是从进出口结构来看,我国金融服务贸易始终是进口额大于出口额,一直处于逆差趋势,且逆差的幅度在不断地扩大,但在2016年这种逆差的情况有所改观,2016年我国金融服务贸易贷方余额为211亿美元,借方余额为135亿美元,金融服务贸易顺差为76亿美元。从金融服务贸易的内部结构上来看,金融服务贸易的内部部门结构不均衡,保险服务贸易额占我国金融服务贸易额的比重远远大于其他金融服务贸易额占我国金融服务贸易额的比重。

从金融服务贸易占我国服务贸易的比重来看,与其他服务部门相比,我国的金融服务贸易总额占我国的服务贸易总额的比例很低,2016年金融服务贸易进出口总额占服务贸易总额的比重仅为0.79%,在服务贸易所占比重明显偏低。

从以上的分析可以看出,中国金融服务贸易从1997年到2012年进出口总额稳步增长,但是进出口结构失衡,一直维持着进口大于出口的逆差状态,直到2016年才有所改善。从中国金融服务贸易在整个服务贸易所占的比重来看,中国金融服务贸易占服务贸易的比重明显偏低。

二、我国金融服务贸易的发展展望

我国金融服务贸易起步晚、基础薄弱,但是发展速度较快。随着我国经济发展水平的不断提高,服务贸易竞争力也提升到了一个新的水平,但是相对于经济发达国家而言,我国金融服务贸易竞争力还没有很大的提高,存在着很多的不足。如何发展我国金融服务贸易,提升金融服务贸易竞争力是我们当下应该探讨解决的问题。可从以下几个方面着手,进一步增强我国金融服务贸易的竞争力。

(一)开创新型金融产品,扩大金融服务内需

我国国内居民对金融服务需求的增加,会促使金融服务提供者为了满足其需求不断改进所提供的金融服务,从而在国际金融市场上获得竞争优势。目前我国金融机构所提供的金融

服务产品类别单一、服务落后、手续繁杂,因此推出新型金融产品、积极引导国民消费、扩大金融服务内需是提高我国金融服务贸易竞争力的有效途径。具体措施如下:

首先,引进国外先进的金融技术,或者借鉴国外已经在市场上获得成功的金融服务产品。金融发达国家之所以能够在市场上获得成功,是因为其金融技术以及提供的金融服务切合了消费者的需求,这是我国金融服务行业所欠缺的,在没有自主研发能力的时候,引荐是最好的办法。

其次,可根据我国居民的特殊消费的偏好,结合我国经济、文化背景,研制符合国内居民消费需求的新型金融产品,来巩固已有市场,并在此基础上大力研发具备高科技含量、高知识含量、高附加值的新型金融产品,来填补目前国内空白市场。创造消费者的新需求,引领金融市场导向,从而达到扩大内需的目的。

(二)加强对人力资源的开发

国际市场上的金融服务贸易的竞争,实际上就是各国之间人力资本的竞争,金融服务属于资本密集型和技术密集型产业,其工作人员的素质对金融服务贸易的竞争力起着至关重要的作用,随着我国对外资银行限制的取消,我国金融服务的竞争将逐日加剧,这主要表现为对高素质人力资本和产品的竞争。可见,提高贸易竞争力,就需要有高素质的人力资本。我国虽然具有丰富的劳动力资源优势,但人员的整体素质偏低,相对经济发达国家人员来说还有一定差距,因此,培养高素质的复合型人才,提升金融服务贸易在国际市场上的竞争优势势在必行。

培养高素质的人才是一项长期的工程,政府应加大对教育事业的投入,坚定不移地执行科教兴国的方略,进一步改革教育管理机制,从基础教育抓起,使国民认识到教育的重要性,提高国民整体素质。在此基础上,要转变和更新观念,培养学生的创新能力。要给高等院校相对宽松的环境,建立完备的人才培养机制,迎合市场对人才的需求,而不是机械的、一成不变的教育模式,根据需要调整、开设相关专业课程,培养专业型、复合型、国际型的人才。鼓励企业对教育、培训及研究开发等项目的投入,使我国金融服务贸易结构尽快向资本密集型和技术密集型转化,从而增强我国金融服务贸易的国际竞争力。

(三)创造良好的金融贸易环境

金融服务贸易环境为贸易的开展提供了基本保证,其所涉及的金融服务贸易环境主要包括硬件环境和软件环境,即基础设施和金融政策保证。首先,我国应加大金融基础设施的建设,包括公路、铁路、航空等,特别是基础设施相对落后的中西部地区。虽然在上述分析中我国基础设施与金融服务贸易的关联度相对其他因素较弱,但良好的基础设施是外资金融机构投资的前提和基础,是国内金融机构扩张发展的物质保证,是提高金融贸易效率的前提。其次,扩大金融服务贸易开放度,推进我国金融服务贸易自由化。随着金融服务贸易日益全球化,中国的金融融入全球一体化成为社会发展的需要,然而我国仍然是发展中国家,特别是金融业处于发展的初期。

(四)政府合理实施宏观调控

亚当·斯密认为政府是"守夜人",其作用是间接的。而当代的经济发展表明政府的作用更加直接且重要。刘易斯认为"没有一个国家不是在明智政府的积极刺激下取得进步的"。对中国来说,国家的宏观调控对金融服务业的作用主要体现在通过制度创新来深化金融体制改革,加快政府职能转变,提高企业的国际竞争力。

金融业是国民经济的命脉部门，是经济发展的核心，与国家的政治稳定目标有密切的关系。它还连接着生产、交换、分配和消费的各个环节，社会经济的各部门、各单位都与其有着千丝万缕的联系。正因为如此各国才对本国金融业加以严格的保护和管制，然而随着全球金融自由化的加剧，管制和保护已经不再是其发展的措施，反而抑制了金融业的健康发展。政府的一个重要作用是为金融业的发展制定一整套合理的法律法规，使金融机构经营管理行为有法可依。根据入世的承诺和金融监管的国际管理，政府应抓紧清理现有的法律法规，修改和废止不符合国际惯例和我国承诺的规章制度。根据当前金融市场的开放现状、金融机构的改革现状、国际金融监管趋势的变化，修改和完善金融法律体系，制定新的金融规范适应变化，为整个金融业的发展和金融服务出口竞争力的提高提供法律和制度的保障。

（五）把握机遇、共促发展

金融服务业的发展对信息流动的要求很高，当今互联网技术的飞速提高给其发展提供了良好的技术支持。全球金融市场的发展、金融深化和金融自由化的加深，都能更好地促进一个金融体系完善的金融市场的发展。随着中国进出口贸易的扩大，中国已经成为当今世界的贸易大国，地位不可动摇，同时作为一个崛起的第三世界国家，在发展中国家中的作用不可小视。利用好这些机会都能更好地促进金融服务业和金融服务贸易的发展，但是抓住机遇首先需要自身做好准备，即一个完善的金融体系，所以当前的首要任务仍然是加强国内金融机构改革、创新，完善金融市场，以积极良好的姿态抓住机遇，迎接挑战。

本章小结

现今，金融服务贸易在高速发展的世界经济中扮演着越来越重要的角色。一方面，它与一国的经济增长和宏观经济政策的制定关系密切；另一方面，在国家间的政治经济关系中，金融服务贸易已作为重要的组成因素。

相对于欧美发达的金融体系、完善的资本运营、成熟的融资市场、先进的技术创新，我国金融服务的确存在许多的问题，客观地看待国内外差距，平和地剖析问题所在，理性地寻求最优解决方案，尽快改善提高我国的金融服务贸易水平，既能避免其成为国家发展中的阻碍，又能为经济的前进提供强有力的帮助。

在国际化日益加深、中国经济强劲崛起的今天，我们应理性审视我国金融服务贸易的发展现状，立足自身实际，借鉴国外先进经验，提高金融服务贸易的水平，改善金融服务贸易的结构，为我国迈向经济强国提供强有力的支持。

思考练习题

一、名词解释

金融服务贸易　金融服务贸易自由化　商业银行国际经营

二、选择题

1. 金融服务贸易的最大特点就是实物资本投入少,表现为金融服务的( )。
   A. 无形性　　　　B. 不可分离性　　　C. 差异性　　　　D. 复杂性

2. 金融服务产品并不能表现为一个具有实体形式的产品,产品是体现在与金融业务相关的活动以及活动过程当中,表现为金融服务的( )。
   A. 无形性　　　　B. 不可分离性　　　C. 差异性　　　　D. 复杂性

3. 金融服务产品的优劣在很大程度上是由服务生产者和服务消费者的个人特点与偏好所共同决定的,表现为金融服务的( )。
   A. 无形性　　　　B. 不可分离性　　　C. 差异性　　　　D. 复杂性

4. 下列不属于金融服务贸易自由化基本要素的是( )。
   A. 自由建立分支机构及代表处　　　　B. 不平等的竞争规则
   C. 关键性资源的出口自由　　　　　　D. 有关汇率控制应用方面政策的平等

5. 国际金融服务贸易自由化主要涉及的内容不包括( )。
   A. 竞争机会平等　　B. 开业权　　C. 商业存在　　D. 消费

6. 海默认为进行国际化经营的企业必须具有垄断优势,以此同东道国当地厂商竞争。这种优势称为( )。
   A. 所有权优势理论　　　　　　B. 内部化理论
   C. 区位优势理论　　　　　　　D. 规模经济理论

7. 银行在国际经营的过程中,尤其是处于国际化经营初级阶段的跨国银行,为了降低成本,会优先选择地理距离较近的东道国。这种理论称为( )。
   A. 规模经济理论　　　　　　　B. 国际生产折中理论
   C. 地理距离假说　　　　　　　D. 参与银行体系重整假说

8. 我国金融服务贸易处于逆差趋势,具体表现为( )。
   A. 金融服务出口大于金融服务进口　　B. 金融服务出口等于金融服务进口
   C. 金融服务出口小于金融服务进口　　D. 无法判断

三、判断题

1. 金融服务产品是有形的,所以金融服务贸易也有有形性的特点。( )

2. 金融服务产品的优劣在很大程度上是由服务生产者和服务消费者的个人特点与偏好所共同决定的。( )

3. 允许本国居民,特别是公司,在国际金融市场上自由地贷款,并且允许外国居民自由地在国内市场上投资和贷款属于国际金融服务贸易自由化的一个方面。( )

4. 以人员流动方式进行的国际金融服务贸易占有最重要的比重,这也是当前国际金融服务贸易的最典型特征。( )

5. 商业银行国际化经营是指商业银行以国际金融市场为舞台,以国际业务为内容,广泛利用国内外资源,从全球战略出发,进行综合运筹,在一定范围或领域进行的经济活动。( )

6. 经营优势理论认为国际贸易和对外直接投资引发了银行的国际化经营,银行国际化经营的目的是为了继续服务于本国企业,为其提供金融服务,满足其进行国际贸易、跨国经营和国际投资的需要。( )

7. 引导效应理论可以包括所有权优势理论、内部化优势理论和区位优势理论。（   ）
8. 我国金融服务贸易的发展已经接近于世界领先水平。（   ）
9. 金融服务贸易环境为贸易的开展提供了基本保证，其所涉及的金融服务贸易环境主要包括硬件环境和软件环境。（   ）
10. 如果金融服务贸易出口大于金融服务贸易进口，则金融服务贸易表现为逆差。（   ）

四、简答题

1. 简述发达国家金融服务贸易发展特征。
2. 简述发展中国家金融服务贸易发展特征。
3. 简述中国金融服务贸易发展存在的问题。
4. 简述中国金融服务贸易发展对策。

五、案例分析

美国发展金融服务贸易有着得天独厚的优势，金融市场发达，集聚全球金融资源，资本跨境流动便利，金融机构拥有强大的全球竞争力。

美国的金融市场发达，拥有地区性乃至全球金融中心。作为金融市场的两个大类，美国的货币市场和资本市场均相当发达。美国拥有世界上最发达的货币市场，由国库券、联邦基金、商业票据、银行承兑票据、大额可转让定期存单和回购协议等货币产品市场组成。资本市场方面，美国拥有五个全国性股票交易市场，发行市场、有组织交易市场，以及场外交易市场齐全；拥有发达的联邦政府（机构）债券、州和地方政府债券、公司债券和扬基债券等债券市场；银行贷款市场和抵押市场发达。

美国的国际资本流动顺畅，金融市场开放性较高。美国没有外汇管制制度，资本进出美国金融市场便利，借助发达的金融信息网络，国际资本可以十分便利地穿越美国国境。外国企业在符合美国相关要求的情况下，可以到美国上市。但非居民投资美国的核能、海洋、通信和空运等产业，以及购买这些行业的股票或有参股性质的其他证券都有一定的限制。

美国大型跨国金融机构数量和规模均居全球领先，美国的金融机构种类齐全、数量众多，且其中不少位于全球金融业排名前列，如美国银行、花旗集团、摩根大通、摩根斯坦利等大型金融机构。这些金融机构历经百年发展，已然形成了庞大的规模、强大的金融资源控制能力和国际竞争力，能够通过其遍布全球的机构网络为客户服务，实现金融服务出口。

美国政府对金融服务出口具有较大的促进作用，美国的金融业经过长期市场化发展，已经形成了强大的竞争力。在金融创新快速发展的时代，有效提高监管力度、保证美国金融市场的稳定发展、促进金融企业竞争力的提升成为政府关注的焦点。

问题：（1）结合材料分析我国金融服务贸易与美国的发展相比存在哪些方面的差距？

（2）试讨论我国金融服务贸易未来的发展趋势。

第九章 国际运输服务贸易

本章要点

1. 国际运输服务贸易概述
2. 海运服务贸易
3. 中国运输服务贸易发展

引导案例

DHL是由德国邮政控股的德国公司。它的前身是1969年在美国注册的快递公司,由3个美国创始人姓名的第一个字母组成了DHL公司,一直在美国国内经营国际间的快递业务,是世界上最早做国际快递的公司,也是业内信誉最好的公司,国内的各大进出口公司和银行的港口海运提单、汇兑凭证等紧急快件大多交付DHL公司安全承运。

重塑品牌

针对自己已有的和潜在的顾客进行深入研究,详细分析各个街区的人口密度和小企业的成长速度(DHL对美国递送市场现状和竞争环境进行分析后,决定将小企业作为公司未来最有可能获利并且是两大递送巨头相对忽视或者尚未重视的利基市场),定制了16 000个红黄相间的递送专用盒,发放给精心挑选出来的客户。严格规定品牌重塑尤其是应用物的形象更新需要紧密配合新品牌形象的市场推广和传播计划。

提高服务质量

最早推出全球货件跟踪系统用于客户查询服务,通过该系统,在DHL中文网站储存着每张编码运单上记录的数据,无论快件走到那儿,货件在运送途中的各主要阶段都可以被及时跟踪,客户每天24小时均可以通过跟踪查询,取得对国际货件的完全控制。

提供国内包裹快递

定时特派、"进口到付"服务,推出"定时特派进口到付"产品。

经过品牌整合,汇集了三大知名快递和物流公司:德国邮政欧洲快递、敦豪环球快递公司和丹沙(全球空运老大和知名的海运公司),整合这三大公司的资源发展物流,凭借领先的"一站式"综合服务能力,DHL将成为全球最大的快递与物流公司。

第一节 国际运输服务贸易概述

一、国际运输服务贸易的概念

国际运输服务贸易主要是指以国际运输服务为交易对象的贸易活动,是不同国家的当事人之间所进行的,由一方向另一方提供运输服务,以实现货物或旅客在空间上的跨国境位移,由另一方支付约定的报酬的交易活动。

国际运输服务贸易,按其所运输的对象可分为国际货物运输服务贸易和国际旅客运输服务贸易两大类。然而无论是货物运输,还是旅客运输,国际运输服务均表现为一种合同关系。合同的一方当事人为货物的托运人或乘客,合同的另一方当事人为承运人(船公司、铁路运输公司、航空公司等)。国际运输服务合同规定的基本权利义务关系是:承运人将乘客或托运人的货物在约定的期间内运抵约定的地点(货物运输中承运人还要将货物交付给特定的收货人);乘客或托运人按约定的方式向承运人支付约定的费用。

国际运输服务贸易除了可以由相关国家的国内法(如合同法、海商法等)以及相关国家的判例法调整外,还可由国际条约、国际惯例来调整。

二、国际运输服务贸易的作用

运输服务贸易的产生是与社会生产力的发展相适应的。随着商品生产的不断发展和交换范围的日益扩大,运输服务贸易也得到相应发展,而运输服务贸易的发展又为国际贸易开拓更广阔的市场提供了可能和便利。因此,运输服务业在国民经济中主要具有以下两个作用。

(一)有利于改善国际收支

以海上运输服务为例,讨论海上运输服务业在我国进出口贸易中,对于改善国际收支所发挥的作用。

第一,我国出口在采用离岸价格(FOB)的情况下,运费由外国进口商支付。如果由我国船运公司承运,就能获得一笔外汇收入。

第二,我国出口在采用到岸价格(CIF)的情况下,运费由我国出口商支付。如果由我国船运公司承运,运费就由我国的出口商支付给我国的船运公司,即国内公司间资金的转移。同时我国出口商通过向外国进口商收取 CIF,可将运费收回,这样就相当于获得了一笔外汇运费收入。

第三,我国进口在采用 FOB 的情况下,运费由我国进口商支付。如果由我国船运公司承运,运费也在国内企业之间转移,不发生外汇收入。但这样可以节省向外国船运公司支付运费的外汇支出。

第四,我国进口在采用 CIF 的情况下,我国进口商在向外国出口商支付 CIF 时已经包含了外汇运费,再由外国出口商支付给承运人。如果由我国船运公司承运,支付给外国出口商的外汇运费就重新收回我国,这是对外汇支出的节省。

以上讨论的仅仅是为本国进出口贸易提供运输服务对改善国际收支的作用,至于第三国运输(即为其他国家之间的贸易提供运输服务)对于改善国际收支的作用就更明显了。

(二) 运输服务贸易是国际商品贸易、服务贸易的桥梁和纽带

国际商品贸易中的一切商品都必须通过运输才能从出口所在地位移到达进口所在地,国际运输是国际商品贸易业务过程中不可或缺的重要环节之一,是国际商品贸易的桥梁和纽带。运输环节开展得顺利与否,运输的快速性、安全性、可靠性和运价的高低,都会对商品贸易的范围与规模产生重要影响。

国际运输还与国际服务贸易有着密切的联系,一方面,国际运输服务本身是国际服务贸易的重要组成部分;另一方面,国际服务贸易四种提供方式中,除了跨境交付模式之外,其他三种提供方式(境外消费、商业存在和自然人流动)都需要依托国际运输服务作为提供服务的途径和工具。

国际货物运输服务的主体是运输服务的提供者与消费者。运输服务的提供者通常是拥有运输工具,负责将货物由一国的某一地点运送到目的地的承运人。而运输服务的消费者则往往是国际货物贸易中的卖方或买方,他们需要借助于承运人的运输工具,通过承运人的运输服务行为,将其出售或购买的货物由起运地送到目的地,他们一般被称为托运人。除了托运人与承运人之外,还会涉及从事国际货物运输服务的辅助工作的当事人,这些当事人主要包括各种代理人。其中主要有作为托运人的代理人办理托运手续的货方代理和作为承运人的代理人接揽运输服务业务或帮助办理承运人委托之其他事务的代理人。除了代理人之外,还会涉及运输服务所需的各种基础设施、辅助设施的管理人,如港口、车站、码头、机场、仓库、堆场等设施的所有人与管理人,他们不是货物运输服务的提供者,但他们却是在国际货物运输服务过程中不可缺少的。

国际货物运输的客体是运输服务,而不是所运输的货物。当事人之间的权利义务都是围绕运输服务这一客体展开,而不是以货物为对象的。

第二节 海运服务贸易

物流改变世界
对话世界经济论坛供应链与运输行业负责人 Wolfgang Lehmacher

Wolfgang Lehmacher:"在整个物流供应链环节中,海运占其中一部分,航运公司可以是一个高效的运输业者,也可以是增值服务链供应商,或者两者兼具。"

《中国远洋海运》:海运在物流供应链中扮演了什么角色?如何在产业链中体现其增值服务和价值?

Wolfgang Lehmacher:"海运业对世界经济非常重要,90%的国际贸易都是通过海运实现的。世界需要高效和清洁的海运业,不仅包括船队,也包括港口,这是全球供应和价值链的重要环节。"

通过运用小数据和大数据,能够更好地实现船只和集装箱的管理,提高服务透明度。如今客户对运输服务的要求越来越高,希望各个环节能够实现无缝对接的智慧服务。智慧海运既包括智慧港口建设,也包括抵港和离港的智能化。发展智慧港口是智慧城市甚至区域化的一部分,如"一带一路"建设。就此而言,国营、私营、港口、客户和其他不同参与者之间的合作非常重要。要实现如此庞大的项目,公私组织之间的合作是前提。

除了基础设施智能化,海运业还要保持创新性,不断提供创新服务。从终端到终端的服务中隐含着巨大的价值,如航运公司除提供简单的运输服务外还可提供相关装卸服务。通常海外买家只能在目的地港打开集装箱时才真正了解所装卸的货品情况,而航运公司则可在装卸的同时就向买家提供相关信息,这就是一种增值服务。同时航运公司还可参与质量管理,并在港口、仓储、组装和生产等方面提供增值服务。航运公司本身就可以做供应商,参与包括从生产、配送到回收的物流全过程,满足客户需求并解决问题就能带来价值。

(资料来源:姚亚平. 物流改变世界[J]. 中国远洋海运,2017:54-56.)

国际货物运输服务根据运输服务的方式不同,可以分为海上货物运输服务、航空运输服务、公路运输服务、铁路运输服务、管道运输服务和国际多式联运服务等。但在以上各种方式中,海上货物运输服务是最重要的方式,它占整个国际货物运输量的2/3以上。

一、国际海运服务业发展现状与趋势

(一)船队规模大型化和更先进技术化

由于市场竞争中的规模优势与规模效益比较突出,2017年5月12日,东方海外21413TEU的"东方香港"轮在三星重工于韩国的巨济岛船厂举行命名典礼,"东方香港"轮接过"Madrid Maersk"轮的接力棒,成为全球最大集装箱船。"东方香港"轮船舶总长399.9米,宽58.8米,深32.5米,载重约191 317吨。

当前行业低迷,为了降低单箱成本,船东在寻求规模化、低油耗的解决方案,因此,催生了船舶大型化,而未来,集运市场上的船舶大型化和联盟化将是大势所趋。有人说,就是马士基掀起了集装箱船舶大型化的军备战争,而自从有了马士基3E集装箱后,才有了后来的这一系列的海上巨无霸。据中港网资料,引领大船订造潮流的马士基航运,在2011年2月和6月,两次与韩国大宇造船签订总共20艘全球规模最大的1.8万TEU型船,每艘造价为1.9亿美元。采用新技术使得海运公司能够更加安全、快捷地将货物运送到托运人指定的地点。尤其是随着GPS(全球定位系统)和许多新技术的应用,现在各个大型船只都能够在茫茫大海中和公司取得联系,这使得客户能够及时掌握船只的行进状况并和最终客户进行沟通。如果船只出现意外,托运人就能够及时掌握这一信息,及时与最终客户进行协商并及时从保险公司取得理赔。舰队规模的扩大以及先进技术的采用无疑有利于竞争力的提高。

> 专 栏

马 士 基

马士基集团成立于1904年,总部位于丹麦哥本哈根,在全球135个国家设有办事机构,拥有约89 000名员工,在集装箱运输、物流、码头运营、石油和天然气开采与生产,以及与航运和零售行业相关其他活动中,为客户提供了一流的服务。

马士基集团旗下的马士基航运是全球最大的集装箱承运公司,服务网络遍及全球。2014年马士基集团位列世界500强第172名。

集装箱运输及相关业务

1. 马士基航运公司(Maersk Line)。世界上最大的集装箱航运公司,由Maersk Sealand合并铁行渣华P&O Nedlloyd后改组而成,占世界集装箱航运市场的17%。拥有和经营500多艘集装箱船以及150万个集装箱。

2. 丹马士物流(DAMCO Logistics)。在整合了原马士基物流和德高物流形成的世界一流物流公司,可以为客户提供高效的供应链。

3. 马士基集装箱码头公司(APM Terminals)。业务范围为集装箱码头建设和运营。

4. 马士基集装箱工业公司(Maersk Container Industry)。生产冷藏集装箱及其他各种集装箱。

5. 南非海运(Safmarine)。主要经营南北航线及非洲航线。

6. 穆勒亚洲航运(MCC Transport)。A.P.穆勒-马士基集团航运业务旗下专注经营亚洲区内集装箱航运的子公司。

7. SeaLand公司。专门为美洲地区的港口服务的区域性集装箱货运公司

(二) 海运船公司走向联合化、同盟化

随着近几年全球并购、联盟之风的盛行,为降低成本争夺市场份额、提高竞争力,海运业也掀起了并购、联盟高潮。2012年9月,分别在国际海运界排名第6位的英国铁行公司和排名第8位的荷兰渣华公司进行合并,成为当时全球最大的船队,每年约节约4亿美元的经济成本。国际海运市场的变化无疑加大了我国海运业的竞争压力,成为我国海运业走向全球化的重要制约因素。

(三) 现代海运向现代物流发展

随着现代国际经济的发展,托运人对运输的要求越来越高。船运公司由原先单一的海上运输转向现代物流的各个方面,包括原材料采购、生产加工、全球营销配送等。船运公司提供全程的运输服务,货物处于全程承运人管理之下,使得原来海上承运人只重视海上服务的做法得到改善。自从日本最大的海运企业NYK首次将物流概念引入海运以后,各大海运公司为了保证自身竞争优势,纷纷进入多式联运、仓储及流通领域,取得了不菲的经济效益。2000年4月成立的马士基物流公司,现已成为世界上最大的物流公司。

二、我国海运服务贸易发展现状与存在问题

(一) 我国海运服务贸易发展现状

2015年,我国运输服务贸易进出口总额为1 258亿美元,出口额为385亿美元,进口为873亿美元;其中,海运服务贸易进出口总额为710亿美元,出口额为253亿美元,进口额为457亿美元。

我国运输出口自2005年起进入世界排名前15位之内,2006年更跃居世界第6位,2012年如将欧盟25国拆分成各成员国单独排名,我国运输进口和出口也将分别位列世界第3位和第5位。我国运输进口和出口长期以来排名居世界前10位。

(二) 我国海运服务贸易存在问题

1. 长年逆差,发展艰难

多年的"只管生产、两头在外"的外向型经济模式,使我国物流等服务贸易的逆差额不断上升。长期以来我国运输服务贸易处于逆差状态,且逆差额在不断加大。其中,作为主要运输服务贸易项目的海运服务贸易是最为主要的逆差来源。

2. 货源流失,国轮承运比例低

(1) 我国海运业的全面开放,国外海运服务企业大举进入我国市场,加剧了我国海运市场的竞争,对我国海运企业构成了极大的威胁。

(2) 外国公司在服务质量上本就比我国优秀。国外理论界对服务质量的研究一直是服务研究的重点,而我国的服务质量总体水平低下,尽管改革开放以来,我国的服务业取得了长足发展,但与其他的一些国家相比,仍是差距甚远。

(3) 外国公司享受的国民待遇更是让我国航运企业在成本和质量两方面面临劣势。这就造成了我国近海与远洋货源的大量流失,致使外贸货运量的国轮承运比例偏低,外籍船舶的承运份额逐渐上升,针对此种现状,国家也提出了"国货国运"的口号,对国轮承运问题给予了高度重视。

3. 海运服务企业数量多、规模小、竞争力弱

改革开放初期,由于我国发展海运事业、开放航运市场的迫切需要,对从事海运企业的设立标准不高,根据规定凡符合开业条件的企业经批准都可以建立船公司,开展国际远洋运输业务。海运企业数量猛增,海运服务市场竞争加剧,在激烈的竞争环境中,很多企业并不是通过自身服务能力来参与海运竞争,而是通过降低运价等方式恶意竞争,中小航运企业普遍存在管理不利、经营业绩差、成本效益低的特点。随着海运业的发展,目前我国海运企业的状况有所提高,但仍存在以上问题,尤其是我国海运辅助性服务产业,如船舶代理、货运代理企业的不规范现象尤为严重。

三、我国海运服务贸易竞争力的国际比较

自从中国加入世界贸易组织后,中国海运服务贸易竞争力不断增强,但是与西方运输发达的国家相比,我国的海运服务贸易竞争力依旧存在不小的差距。下面从开放度和发展现状这

两个角度入手,深入比较分析我国海运服务贸易的国际竞争力。

(一) 我国海运业开放度的国际比较

我们可以与主要发达国家及与我国国情相似的发展中国家进行比较,从而更好地了解我国海运市场的开放度。

1. 与主要发达国家的比较

班轮运输和商业存在方面,我国的开放度明显不如美国和欧盟。但是在货载保留上,美国、欧盟和韩国均采取了保护政策,而我国、日本都取消了货载保留。特别指出的是,我国在税收方面,外商投资企业不但享有国民待遇而且还享受优惠待遇,如我国对于外资投资航运企业实行低税率。

2. 与主要发展中国家的比较

在货载保留上,印度、巴西、菲律宾和印度尼西亚都未取消,而在其他方面这些发展中国家的开放程度和我国差不多,但国民待遇上,我国在税收方面实行优惠政策。

综合上述比较可以看出,无论与发达国家还是与发展中国家比较,我国海运业开放的程度都是比较高的,较为突出的是货载保留和税收优惠两个方面。我国货载保留的取消使得我国海运保护性立法逐步取消,而税收的优惠待遇也有利于外国海运企业的进入。我国加入WTO时,接受了WTO中有关服务贸易的一揽子协议,按我国在海运服务贸易上做出的承诺,我国的海运市场将进一步开放。随着我国海运服务业开放不断向纵深方向推进,外国竞争者的经营规模和进入领域将不断扩大,我国海运服务业所面临的竞争也必将越来越激烈。据世界贸易组织秘书处和我国交通部专家的权威分析,作为发展中国家的海运大国,我国的海运业开放度已经超过了WTO成员的平均水平。

(二) 我国海运业发展现状的国际比较

随着我国海运业的逐步开放,国家允许有能力从事海运业的企业成立航运公司,使我国国际海运业发展进入了新的阶段,国内海运企业在激烈的市场竞争中不断提升自身竞争力,但是在很多方面我国海运业与世界海运业发展水平相比较仍有相当大的差距。我们主要从以下几个方面对我国海运业的发展进行国际比较:

1. 我国海运企业规模和船舶运力的国际比较

与世界海运发达国家相比,我国海运企业规模和船舶运力上都存在一定的差距。在我国海运市场上,除中远集团、中海集团等几个大的航运企业外,大多数航运企业规模偏小,其中单船公司占有相当比例。

---【专　栏】---

根据 Alphaliner 最新运力数据显示,截至 2016 年 6 月 6 日,全球班轮公司运力 100 强中马士基航运排第 1,地中海航运排第 2,法国达飞轮船排第 3,中国远洋海运(COSCO)排名第 4。而在上榜的中国大陆的班轮公司中,中国远洋海运排名第 4 位,海丰国际排第 23 位,泉州安盛船务排名第 28 位,中谷海运排第 30 位,中外运排第 39 位,宁波远洋排第 47 位,上海锦江航运排在第 63 位,广西鸿翔船务排在第 67 位,上海海华排在第 68 位,大连信风海运排在第 76 位,太仓集装箱海运排第 82 位,天津海运排第 88 位。在班轮运输上较之以往有一定的发展。但与位居榜首的马士基航运相比,无论是在市场份额上,还是在船舶总艘数上,仍然存在

相当大的差距。

2. 政府扶持和海运政策的比较

随着我国海运业的开放,大量的国外海运企业凭借其雄厚的经济、技术、管理实力及其所属国的政府扶持政策进入我国,并在我国国内市场竞争中处于优势地位。就目前而言,许多国家政府都致力于给本国海运企业创造有利环境,包括货载保留、造船贷款优惠、海运营业补贴、税收减免、船队更新补贴等。相反,我国海运公司原来享有的造船优惠贷款、进口船减免税收、港口收费优惠、货载保留等政府优惠待遇已经基本被取消。在税收等方面外国海运企业则比国内企业享受更优惠的待遇。这样就形成了中外海运企业在我国市场不公平的竞争环境,极大地影响了我国海运企业的竞争力。

【专栏】

国家扶持政策对海运发展的重要性可以从已有的史实看出:日本海运业之所以能赶英超美,后来居上,除了经济发展的客观需要外,日本政府制定的积极干预性扶持政策也起到了非常重要的作用。二战后,日本政府对海运业的大力支持,配合以优惠贷款及税收政策,20年内日本终成仅次于希腊的世界第二大海运强国。20世纪70年代初期,韩国急起直追,仅用20年的时间就在世界海运市场占有了一席之地,究其原因,在很大程度上要归功于政府的扶持。

第三节 我国运输服务贸易发展

一、我国运输服务贸易发展现状

我国自入世以来,外贸进出口总额呈现快速发展的态势,庞大的货物贸易规模表明中国已经成为世界重要的贸易大国。同时服务贸易也得到快速发展,2015年我国服务贸易总额达到7 130亿美元,出口额2 882亿美元,进口额4 248亿美元,贸易逆差1 366亿美元。可见中国服务贸易在世界的地位远低于货物贸易。中国服务贸易主要由旅游、交通运输和其他商业服务构成。2000年运输服务贸易逆差67.25亿美元,2013年发展到566.82亿美元,2015年有所改善,但逆差额仍达488亿美元。长期以来,运输服务贸易逆差是我国服务贸易逆差的主要来源。

二、加快我国运输服务贸易发展的对策

(一) 改善中小运输服务企业融资环境

长期以来国有大型企业依靠国家信用吸引资本投资起家,近年来顺利发展壮大,目前其自身已经具备吸引资本投资的实力。同时国有大型企业由于实力较强,其盈利较多,职工待遇优

于中小运输服务企业,吸引了大量人才,与此同时,非公有中小运输服务企业则由于缺乏资本投资支持而发展堪忧。根据"钻石模型"理论,中国运输服务国际竞争优势的获得需要同业竞争行业发展,需要多家企业百花齐放。因此支持运输服务中小企业发展成为促进中国运输服务发展获得国际竞争优势的关键。而资本支持是中小运输服务企业发展的关键。中国应着重改善中小运输服务企业融资环境,探索适合其发展的资本供应机制。

(二)加快基础设施建设,提高承运能力

运输服务贸易是国际货物贸易的派生需求,中国货物贸易进出口对物流运输的需求很大,但运力不够是制约中国国际物流运输竞争力的瓶颈,也是造成中国运输服务贸易逆差的重要原因。因此,中国要加强国际运输服务的基础设施建设,提高中国国际运输能力和竞争力。一是要进一步加强国际港口、国际机场、国际物流园区等基础设施建设,进一步完善和优化中国国际运输服务的生产要素。二是要进一步完善国际运输的现代化装备,增加运载工具,特别是要增加大型油轮、干散货运输船、铁矿石运输船的建造和营运力。三是要进一步加强国际物流园区建设,利用互联网、物联网,完善 EDI 物流运输信息服务系统。

(三)积极创造条件开展国际多式联运

国际多式联运以其"一次托运、一次收费、一票到底、一次保险、全程负责"的特征,提供跨越国境的"门到门"服务。不同运输方式之间的无缝高效衔接是多式联运的根本特征。这种衔接不仅指硬件标准的国际化,更体现在制度的衔接与各部门的配合上。具体来讲,在进行交通基础设施规划和建设的同时,就应充分考虑不同运输基础设施之间的衔接,满足国际集装箱多式联运发展的需求,特别要改革目前的多式联运管理制度,构建综合交通管理体制,避免多头管理,简化各部门间的联运手续,真正实现不同运输方式之间的无缝衔接。此外,应进一步健全和完善中国集装箱多式联运法律法规,具体来讲,在进行交通基础设施规划和建设的同时,就应充分考虑不同运输基础设施之间的衔接,满足国际集装箱多式联运发展的需求。

(四)政府方面积极参与有关国际组织活动

政府在国际相关规则制定上发挥更加积极的作用,有利于中国运输服务企业公平参与国际竞争。在政策方面,政府也要制定运输服务出口贸易的税收、融资的优惠政策,降低企业经营成本,鼓励企业提升国际竞争力。

(五)加强"一带一路"建设

"一带一路"沿线经过的许多国家,天然资源及原料供应丰富,经济发展潜力巨大,在各国经济融合持续发展并相互促进的情形下,将在亚欧大陆形成一个巨型互联网络。现今不少航运集团均有物流事业功能及服务,可以通过研判各个市场从而提升物流商机,而未来内陆需求的增加也会带动海上运输服务的机会,这对全球经济及海运市场将产生积极的影响。

【专 栏】

国务院关于促进海运业健康发展的若干意见

2014 年 8 月 15 日,国务院以国发〔2014〕32 号印发《关于促进海运业健康发展的若干意见》。

海运业是经济社会发展重要的基础产业,在维护国家海洋权益和经济安全、推动对外贸易发展、促进产业转型升级等方面具有重要作用。近年来,我国海运业发展迅速,成就显著。同时也要看到,当前海运业发展还不能完全适应经济社会发展的需要,仍然存在战略定位和发展目标不清晰、体制机制不顺、结构不合理、配套措施不完善、运营管理水平不高、核心竞争力较弱等问题。加快推动海运业健康发展,对稳增长、促改革、调结构、惠民生具有重要意义。

(一) 指导思想

以邓小平理论、"三个代表"重要思想、科学发展观为指导,深入贯彻党的十八大和十八届二中、三中全会精神,认真落实党中央、国务院的各项决策部署,坚持把改革创新贯穿于海运业发展的各领域各环节,以科学发展为主题,以转变发展方式为主线,以促进海运业健康发展、建设海运强国为目标,以培育国际竞争力为核心,为保障国家经济安全和海洋权益、提升综合国力提供有力支撑。

(二) 基本原则

保障经济安全、维护国家利益。站在维护国家利益的高度,高度重视,统筹谋划,综合施策,建立保障有力的海运船队,服务经济社会发展全局,保障国家经济安全。

深化改革、优化结构。深化海运业体制机制改革,完善海运企业法人治理结构,创新发展模式,优化组织结构、运力结构和运输结构,促进海运业可持续发展。

企业主体、政府引导。遵循海运业发展规律,充分发挥市场在资源配置中的决定性作用,更好发挥政府作用,借鉴国际经验,完善海运业发展相关配套政策,培育和提升核心竞争力。

全面推进、协同发展。充分发挥各方面积极性,形成合力,深化海运业与相关产业的合作,营造协同互补、互利共赢的发展环境。

(三) 发展目标

按照全面建成小康社会的要求,到 2020 年,基本建成安全、便捷、高效、绿色、具有国际竞争力的现代海运体系,适应国民经济安全运行和对外贸易发展需要。

——保障经济社会发展。全球海运服务不断拓展,船队规模和港口布局规划适度超前,重点物资运输保障能力显著提高,在综合交通运输体系中的比较优势进一步发挥。

——国际竞争力明显提升。海运服务贸易出口额明显增加,进出口平衡发展,海运服务贸易规模位居世界前列;形成具有较强国际竞争力的品牌海运企业、港口建设和运营商、全球物流经营主体,基本建成具有国际影响力的航运中心。

——在国际海运事务中的地位不断提高。

(资料来源:中国政府网,2014 年 9 月 3 日)

本章小结

运输服务贸易的产生是与社会生产力的发展相适应的。随着商品生产的不断发展和交换范围的日益扩大,运输服务贸易也得到相应发展,而运输服务贸易的发展又为国际贸易开拓更广阔的市场提供了可能和便利。

海上货物运输服务是最重要的方式,随着我国海运业的逐步开放,国家允许有能力从事海运业的企业成立航运公司,使我国国际海运业发展进入了新的阶段,国内海运企业在激烈的市场竞争中不断提升自身竞争力,但是在很多方面我国海运业与世界海运业发展水平相比较仍有相当大的差距。

思考练习题

一、名词解释

国际运输服务贸易　国际多式联运

二、单选题

1. 国际运输服务中,运输量发展最快的是(　　)。
   A. 水运　　　　　B. 空运　　　　　C. 陆运　　　　　D. 管道运输
2. 国际海洋运输中大量使用的船舶是(　　)。
   A. 散装船舶　　　B. 油船　　　　　C. 集装箱船　　　D. 驳船
3. 近几年以来,我国运输服务贸易差额处于(　　)。
   A. 逆差　　　　　B. 顺差　　　　　C. 基本平衡　　　D. 未统计
4. 国际运输服务贸易主要是指以(　　)为交易对象的贸易活动。
   A. 国际运输服务　　　　　　　　　B. 国际旅游服务
   C. 国际保险服务　　　　　　　　　D. 国际金融服务
5. 运输服务贸易派生于(　　)。
   A. 商品服务　　　B. 商品贸易　　　C. 金融服务　　　D. 旅游贸易
6. 国际货物运输的客体是(　　)。
   A. 运输的货物　　B. 运输的工具　　C. 运输服务　　　D. 运输的模式
7. 国际海运服务业发展现状与趋势说法错误的是(　　)。
   A. 船队规模大型化和更先进技术化　　B. 海运船公司走向联合化、同盟化
   C. 现代海运向现代物流发展　　　　　D. 海运服务企业小型化趋势明显
8. 以下(　　)不属于国际多式联运的特征。
   A. 一次托运　　　B. 一次收费　　　C. 一票到底　　　D. 多次保险

三、判断题

1. 国际货物运输的客体是运输服务,而不是所运输的货物。(　　)
2. 当前,世界上运营的最大的集装箱船为马士基3E级18000TEU集装箱船,全长399米。(　　)
3. 国际运输服务贸易,按其所运输的对象可分为国际货物运输服务贸易和国际旅客运输服务贸易两大类。(　　)
4. 国际多式联运以其"一次托运、一次收费、一票到底、一次保险、全程负责"的特征,提供跨越国境的"门到门"服务。(　　)
5. 国际货物运输服务根据运输服务的方式不同,可以分为海上货物运输服务、航空运输服务、公路运输服务、铁路运输服务、管道运输服务和国际多式联运服务等。(　　)

6. 无论与发达国家还是发展中国家比较,我国海运业开放的程度都比较低。　　（　）

7. 日本海运业之所以能赶英超美,后来居上,除了经济发展的客观需要外,日本政府制定的积极干预性扶持政策也起到了非常重要的作用。　　（　）

8. 我国运输服务贸易表现为长期的巨额顺差。　　（　）

9. 在进行交通基础设施规划和建设的同时,就应充分考虑不同运输基础设施之间的衔接,满足国际集装箱多式联运发展的需求。　　（　）

10. 政府可以不参与运输服务企业的制度建设过程,可以完全依赖企业自身的制度建设达到目标。　　（　）

四、简答题

1. 运输服务贸易的特点和作用。
2. 简述海运服务贸易发展特征。
3. 简述中国运输服务贸易发展对策。

五、案例分析

海运贸易需求推动运输需求,海运贸易兴衰也直接影响着运输业的兴衰。准确把握海运贸易格局,无疑对海运业的健康发展具有深远意义。近年来,随着经济全球化的发展、知识经济的兴起及现代科学技术的发展,货物朝着轻、小、薄的趋势发展,管道、航空等运输方式也迅速发展,对海运贸易形成分流。就海运贸易而言,社会对环保要求的提升,制约了化石类能源物资的贸易发展,海运贸易结构相应有所调整。尽管如此,克拉克森统计数据显示,近年来,世界海运贸易量权重基本稳居84%,海运贸易依然是全球经济和贸易的支柱。

1987—2016年,世界海运贸易量平均增速3.85%。期间,亚洲金融风暴和美国次贷危机,使世界海运贸易量于1998年和2009年出现两次负增长拐点,世界海运贸易随着世界经济大幅震荡。次贷危机发生以后,随着各国央行不断释放充沛的流动性,资产价格空前膨胀,实体经济发展迟滞,也使海运贸易平均增速进一步收窄,并于近年滞后于经济增长节奏。2010—2016年,全球工业生产增长值由8%降至0.2%,并在2012年出现负增长。同时,世界海运贸易量增速由9.4%跌至2015年的1.8%,较当年的经济增速减少1.4个百分点。2016年,由于中国"去产能"后国内煤炭量降价升、上半年国际铁矿石价格大幅下降及中国地方炼厂生产活跃等原因,中国进口煤炭、铁矿石和原油大幅上涨,带动2016年世界海运贸易量反弹至2.9%,但增速依然处于3%以下的低速增长区间。如果用克拉克森的世界海运贸易/GDP乘数则可以更直观地体现贸易与经济发展的关系:2010—2015年,世界海运贸易乘数由1.73降至0.58的低点,2016年反弹至0.93。近年来,由于各国内生动力不足,欧美等发达国家经济复苏迟缓、发展中国家经济结构调整,经济增长放缓,世界海运贸易量进入低速增长通道。

问题:结合材料分析我国发展海运服务贸易面临的困境。

第十章　国际文化服务贸易

本章要点

1. 国际文化服务贸易概述
2. 版权贸易
3. 中国文化服务贸易发展

引导案例

从面向国内市场到踏入世界出版领域 中国出版扬帆出海

"中国文学如何走出去?"这是最近相继结束的上海书展、北京国际图书博览会上出版人、作家和学者热衷探讨的焦点话题之一。而日前发布的"2017 中国图书海外馆藏影响力报告"称,内地中文图书日益成为展现中国社会面貌的一个窗口,并成为世界图书馆系统,特别是公共图书馆系统收藏、采购的大宗产品。中国出版文化正在从过去面向国内市场,大踏步进入世界出版领域。那么,中国出版文化的世界化时代是否已经到来? 多位出版人、作家对此分享了自己的观点。

当代文学是了解中国发展的一个窗口

作为与法兰克福书展和伦敦书展齐名的世界三大版权贸易成交平台之一,今年北京国际图书博览会共达成中外版权贸易协议 5 262 项,同比增长 4.9%。据报道介绍,从类别来看,主题类、少儿类、文学类、文化教育类、经济类、哲学类图书排在输出前列,网络文学"走出去"异军突起。从输出地来看,越来越多的图书在输出英美等国家之后,开始输往小语种国家,"一带一路"参与国家成为版权输出的热点地区。从合作方式来看,越来越多的中方机构不再满足于简单的版权贸易、实物出口,而是在共同组稿、深度合作的方向上走得越来越远,一个立体化的"走出去"模式已经基本成形。

尤要一提的是,在中国文学"走出去"的过程中,当代文学扮演着极为重要的角色。据"2017 中国图书海外馆藏影响力报告"显示,2017 年海外馆藏影响最大的中文图书有 23 种,只有 4 种为历史图书,其余 19 种为中国当代文学图书。记者看到,今年被海外图书馆入藏最多的图书是贾平凹的《极花》,其次是王安忆的《匿名》。此外,严歌苓的《舞男》、张悦然的《茧》、张炜的《独药师》、路内的《慈悲》也都位列前十名中。由此可见,中国当代文学图书在海外的影响力日益增大,并逐渐成为全世界各个国家、民族的人们了解中国社会发展面貌的一个窗口。

第一节　国际文化服务贸易概述

一、国际文化服务贸易的概念和分类

(一) 国际文化服务贸易的概念

文化服务贸易主要是指与知识产权有关的文化产品和文化服务的贸易活动。

因为国际间文化产品的贸易是由一国流动至另一国的过程,在入境时会发生关税的缴纳,所以文化产品贸易比较容易掌握。但是相对而言,文化服务贸易更加多样化且难以判断。电信公司、出版商和新闻机构等都在以不同的方式提供服务。因此,描述文化服务的性质并建立共同准则来规制文化服务贸易就变得十分复杂。

(二) 国际文化服务贸易的分类

一般来说,文化服务包括表演服务(剧院、交响乐团、杂技团)、出版、发行、新闻、通信和建筑服务。文化服务还包括视听服务(电影发行、电视广播节目和家庭录像;生产的各个环节,如配音和印刷复制;电影展;电缆、卫星、广播设施和影院的所有及运营等)、图书馆、档案馆、博物馆及其他服务。

WTO《国际服务贸易分类表》中有三大类与文化服务有关:在商业服务中,有广告服务、摄影服务、印刷和出版服务;在通信服务中,有视听服务,包括电影和录像的制作和发行服务、电影放映服务、广播和电视服务、广播和电视传输服务、录音服务;在娱乐、文化和体育服务(视听服务除外)中,有娱乐服务、新闻机构服务、图书馆、档案馆、博物馆和其他文化服务、体育和其他娱乐。但是,随着科技的发展,上述分类显然已经无法适应现实的需要。

值得注意的是,随着电子商务的发展,出现了一些与此相关的新型服务形式,其归类问题也成为争议焦点。

二、国际文化服务贸易的特征

(一) 文化直接创造产值

现在每年全球文化产品创造的价值达 79 200 亿美元,并以每年 5% 的速度增长,一些主要发达国家和地区的文化产值对国内生产总值的贡献居各行业之首。

(二) 文化产业与现代科技密切结合

由于现代传播技术快速发展,文化与现代传播技术融合,扩散快捷、范围宽广、途径多样、品种繁多、文化借鉴和创新周期大大缩短,文化竞争已成为经济竞争的核心力量。

(三) 文化渗透到货物贸易和其他服务贸易的产品之中

文化往往渗透在有形和无形产品的技术开发和内外设计中,使文化与有形和其他无形产品相结合,这样,文化已成为品牌企业和品牌产品的核心,在决定人们的价值取向中发挥了关

键作用。

（四）文化与经济整体输出

发达国家在经济输出的同时，往往采取与文化输出并进的方式。通过别国对本国文化的认同，引发对本国产品的认同，由此取得并保持其国家经济、文化，甚至社会制度及政治理念向世界输出的强势，使经济输出插上灵魂的翅膀。

（五）影视等产业发展较快

影视、演艺、出版、动漫等产业是国际上喜闻乐见的文化形式，具有易于传播、影响力大、能集中反映文化产业的整体实力，是世界上文化服务贸易发展较快的产业。

第二节　版权贸易

〔专栏〕

中外出版社越来越重视作品合作推广

中国文学"走出去"，需要译介，而中外出版机构便在"介"的环节上发挥着最为关键的推广功能。比如，人民文学出版社自2009年成立对外合作部以来，专门推广中国作家作品的海外版权，每年的版权输出数量都有增长，比2009年翻了6倍，输出语种20多个，遍及世界各地。人民文学出版社副总编辑肖丽媛告诉本报记者，作为文学专业出版社，人民文学出版社深知纯文学作品海外翻译的重要性和艰巨性，从一开始便坚持版权输出的品质，坚持选择知名母语译者和海外名牌出版社这两个原则，由精品大语种带动小语种，在欧美等传统出版国家和"一带一路"及拉美地区同时推进。

（资料来源：中国经济网，2017年8月29日）

一、版权贸易的概念

究其本质，版权贸易是贸易行为的一种，所以单列于其他贸易行为，不外是因为其贸易的标的对象不同而已。简单地说，凡是通过作品的版权许可或转让行为获利的贸易行为就是版权贸易。实物贸易是通过货物买卖行为获利的交易，在版权贸易这里不过是将实物所有权变为无形财产权中的版权而已。一般来说，版权贸易过程中许可或转让的主要是著作权人（"著作权"完全等同于"版权"，下略）的经济权利。

从广义上讲，版权许可或转让行为过程中的当事人无论是否在同一地域或为同一国籍，都可以称作版权贸易。但在实践中，我国业界所称的版权贸易习惯上是狭义的概念，主要指国际间或不同地区间的涉外版权贸易行为，通常指著作权人与使用者不在同一国家或地区的情况。即，国内的作者与国内的出版社间的版权交易行为不在此之列。

二、版权贸易的特点

把版权贸易从实物贸易的概念中单列出来,当然是因为版权贸易有其自身的相对复杂的因素。版权是属于知识产权这种无形财产权概念范畴内的,与物权相比有许多独特之处。

(一)贸易客体不同

普通贸易的贸易客体是有形的商品;而版权贸易的贸易客体是无形的知识产权,即著作权中的某项或某几项财产权,可以根据使用作品方式拆分或组合成相应的权利。

一般来说,出版领域的版权贸易主要涉及的是:翻译权、出版权(含复制权和发行权)和重印权,当前信息网络传播权也越来越受到重视。

(二)贸易方式不同

普通贸易:实物(有形商品)的所有权的转移,通过有关商品的购买、运输和交割即可完成交易,买方可对实物自由处置。

版权贸易:无形知识产权的转移,有转让和许可使用等不同贸易方式。要由合同约定是否允许买方向第三方再次转授有关权利。

另外,前者所涉及商品不能再卖给其他人。而后者,货卖多家则是常见的合法行为,也就是权利的非专有许可。或者就不同权利、时间和地域的专有许可。

(三)支付方式不同

普通贸易买卖价格固定,货物交割后便要付清货款,银货两讫;而版权贸易可以一次性支付,更多的是以版税方式支付。

(四)权利期限不同

普通贸易下,商品一旦售出,即与卖方无关;版权贸易下,买方所获得的相应权利通常是有期限的。

三、我国版权贸易发展

(一)我国版权贸易概况

在实践中,我国正规的版权贸易活动起步较晚,版权贸易的发展水平还处于一种不平衡状态。这种不平衡主要体现在以下三方面:一是版权贸易种类相对集中,比较活跃的是图书版权贸易,其他类别作品的版权贸易由于种种原因的制约至今没能超过图书版权贸易的规模;二是版权贸易活动地区分布不平衡,北京、上海以及沿海地区的版权贸易成交量占据了全国版权贸易量的大半,内陆地区的版权贸易至今仍处在起步阶段;三是在对外的版权贸易活动中逆差一直存在,版权引进一直处于主导地位,版权输出相对较弱。表10-1和表10-2分别为2015年我国版权输出和引进的总体概况。

表 10-1　2015 年输出版权汇总表

	合计	图书	录音制品	电子出版物	软件	电视节目	其他
输出版权总数（项）	10 471	7 998	217	650	2	1 511	93
版权购买者所在国家或地区名称	—	—	—	—	—	—	—
美国	1 185	887	—	168	—	124	6
英国	708	546	—	36	—	60	66
德国	467	380	—	27	—	60	
法国	199	138	—	—	1	60	
俄罗斯	135	135	—	—	—	—	
加拿大	144	81	—	—	—	63	
新加坡	555	262	63	87	—	123	20
日本	313	285	11	16	—	1	
韩国	654	619	25	8	—	2	
中国香港地区	499	311	—	60	1	127	
中国澳门地区	99	31	—	—	—	68	
中国台湾地区	1 857	1 643	—	144	—	70	

数据来源：国家版权局

表 10-2　2015 年引进版权汇总表

	合计	图书	录音制品	录像制品	电子出版物	软件	电影	电视节目	其他
引进版权总数（项）	16 467	15 458	133	90	292	34	324	136	—
原版权所在国家或地区名称	—	—	—	—	—	—	—	—	—
美国	5 251	4 840	34	68	120	13	157	19	—
英国	2 802	2 677	7	17	55	5	1	40	
德国	815	783	9	1	15	6		1	
法国	999	959	2		30	3		5	
俄罗斯	87	86	—	—	—	1			
加拿大	153	151			1			1	
新加坡	242	240						2	
日本	1 771	1 724	13		31	1		2	
韩国	883	826	2	1	6	—	—	48	
中国香港地区	333	159	13		5		154	2	
中国澳门地区	1	1	—	—	—	—	—	—	
中国台湾地区	1 117	1 052	43	1	7	1	10	3	
其他	2 013	1 960	10	2	22	4	2	13	—

数据来源：国家版权局

(二) 我国版权贸易发展思路

1. 要全方位重视版权贸易的发展

所有的贸易活动最终要靠人来完成,目前我国从事版权贸易工作的人员整体水平并不高,成规模的版权代理机构也不多,代理的作品类别也有限。迅速提高我国的版权贸易水平,提升我国在国际版权贸易中的地位,是现阶段版权贸易工作的主要目标。要实现版权贸易水平的提高,关键在于有关领导的重视、从业人员自身素质的提高。

国家版权局是版权贸易工作的指导部门,根据国家工商总局与国家版权局合发的有关文件,在国内设立版权代理机构必须经过国家版权局的批准。国家版权局近年来也做了相当多的工作来支持版权贸易工作,包括开展版权贸易研讨活动、对版权贸易进行统计分析、指导相关行业协会工作等等。但由于版权本身跨行业的特点,国家版权局不能同时掌握版权产业范围内所有作品类别的版权贸易情况,目前因与国家新闻出版署同属一个机构,对于图书版权贸易的情况还可以做到基本掌握,但对于音像、电影、电视节目、软件、实用艺术作品等类别作品的版权贸易情况便不得而知,无法对版权贸易的整体情况加以把握,所以其工作的指导性暂时仍仅限于图书版权贸易范围内。那么在版权贸易的实践中就要更多地依靠各个具体的出版社、音像出版公司等有关单位的领导的重视,以及本单位版权贸易人才的自身努力,才能真正做好版权贸易工作。相关单位的领导要充分认识版权贸易工作的重要性,大胆引进人才,留住人才,从财力物力方面更多地关注版权贸易工作。

2. 不断提高从业人员的综合能力

由于版权贸易的复杂性、跨行业等特点,对从业人员素质的要求也比较高。从事版权贸易工作,须具备全方位的知识体系,除应掌握法律、语言等工具性知识外;还应当熟悉市场,具备敏锐的判断能力以便及时准确地把握市场动向;此外,还应兼具大型宣传的策划组织能力,以及一定的文化修养与良好的沟通能力。

一个优秀的版权贸易人才应当做到这些:首先,要掌握版权法律知识,熟悉我国的著作权法律法规以及相关的政策规定,了解有关的国际公约内容、成员国情况,迅速了解谈判对手所属国家地区的版权法,制定合同严密合理,保证版权贸易过程中既不侵犯他人版权也能保护自身版权;其次,涉外的贸易谈判中没有语言障碍,能够清楚表达我方出版单位的意思,清楚了解对方的意思表达,避免语言不同引起的歧义;再次,对出版市场以及其他版权产业市场动向能够准确把握,迅速做出判断,在某个版权作品没有热起来前抢先获得版权,占领市场,以较低的成本获得较大利润;最后,在将版权作品成功引进或者输出以后,能够及时有效地通过宣传手段将其转换成市场上的畅销产品。只有这样,才能在激烈的版权贸易市场中创建自己的固定渠道,拥有相对稳定的合作伙伴,并不断开拓贸易范围,占领市场。这些素质需要长时间的积累才能获得。目前,随着知识经济的冲击,我国已经拥有了大批可塑人才,相信经过市场的锤炼,能够迅速成长为版权贸易领域的一批中坚力量。

3. 不断完善版权贸易发展环境

加入WTO前后,我国为适应经济全球化的国际形势,对现有的法律体系进行了大规模的修改、完善、调整;领导层的观念也在不断更新,力求紧跟时代步伐;行政机关加紧转变职能,提高对产业发展的宏观指导能力,加强对产业发展的服务作用;国际相关产业集团看好国内的投资环境。总体来说,我国目前的法律环境、政策环境、国内外经济环境对发展版权贸易工作极为有利,但与一些文化贸易强国相比,仍有较大差距。对此,我们仍需进一步完善法律、政策等环境,推动我国版权贸易的不断发展。

专栏

翻译是我国文学通往世界的"桥梁"

近年来,随着我国文学作品多语种版权输出和翻译出版越来越热,其实预示着中国出版文化的世界化时代正在到来。当然,"翻译"是目前中国文学"走出去"所遇到的最大的挑战和瓶颈。翻译的品质,最终决定中国文学能走得多远,决定作家作品能否"墙里墙外开花共芬香"。记者了解到,作为亚马逊助力中国文化"走出去"战略的重要举措,亚马逊全球出版已经先后将包括贾平凹、陈忠实、冯唐、路内、虹影在内的多位知名作家的19部中国文学作品纳入翻译出版计划,其中包括《高兴》的英文版 Happy Dreams 在内的15部中国当代文学作品已经在美国翻译出版。为了确保翻译质量,亚马逊还专门成立译者平台,合作的译者既包括葛浩文、韩斌等知名汉学家,也囊括了众多的新锐译者。

翻译是我国文学通往世界的"桥梁"。诚如出版《五百万汉字》阿拉伯语版的黎巴嫩雪松出版社CEO赫炎在近日出席"阿乙海外版权成果分享会暨人民文学出版社新作家海外版权签约仪式"上所说:"想要输出文化的唯一方法,就是输出文学。当你翻译文学的时候,可以看到世界后面的另一个世界,甚至可以触摸到这片土地后面的土地。"

第三节 我国文化服务贸易发展

一、我国文化贸易发展现状

(一)文化贸易和投资稳步发展,成为提升国家文化软实力的重要途径

2016年,我国文化产品和服务进出口总额达到1 142.1亿美元,文化体育和娱乐业对外直接投资39.2亿美元。一大批图书、影视剧等在国际市场销售良好。

(二)文化贸易促进民心相通,成为助力"一带一路"建设的重要方式

2016年我国与"一带一路"沿线国家和地区文化产品进出口额达到149亿美元,占文化产品进出口总额的16.8%。一大批影视剧出口到哈萨克斯坦、吉尔吉斯斯坦、埃及、阿联酋等国,部分国产动画片成为印尼、土耳其、越南等国的热门儿童节目。

(三)文化贸易结构不断优化,成为带动文化产业发展的重要动力

文化贸易发展呈现出服务化、数字化趋势,文化服务出口比例提高,2016年文化服务出口占中国服务出口总额的比重为3.1%,比上年提升0.7个百分点;影视、动漫、网游等新兴文化产品出口同比增长25%,版权输出达1万余种。

(四)文化贸易带动作用显著,成为促进外贸平稳增长的重要手段

我国企业向一些国家出口主题公园,不但增强了这些国家人民对中国文化和中国产品的认同感和认可度,也有效带动了我国对这些国家的设计和成套设备出口,间接带动了大量货物出口。

【专栏】

《琅琊榜》在韩国堪比《太阳的后裔》

今年初,韩国电视剧《太阳的后裔》席卷中国。不过,不为许多中国剧迷所知的是,在此前几个月,中国电视剧《琅琊榜》也在韩国迎来了收视狂潮,其在韩国中华电视台播出时,创下了2015年的收视纪录;而同时在韩国社交媒体上,每分钟都会涌现出与《琅琊榜》相关的评论。

《琅琊榜》的热播还带动了同名小说和游戏在韩国的走红及热销。有韩国媒体甚至将《琅琊榜》比为中国的《太阳的后裔》,以形容其在韩国红极一时的火爆程度。

为让韩国观众第一时间观看到这部电视剧,韩国中华电视台早在《琅琊榜》在中国电视台上映之前,就与制片方达成了版权购买协议。《琅琊榜》2015年10月15日在中国首播结束,10月19日就在韩国上映。该片相关负责人对记者说,《琅琊榜》在韩国播出后好评如潮,种种数据都表明中华电视台的选择非常成功。

据了解,以播放中国电视剧和综艺节目为主的中华电视台隶属于韩国最大娱乐企业——希杰集团的有线电视频道。中华电视台相关负责人告诉记者,早在2005年,中华电视台就注意到了中国武侠、动作和历史电视剧颇受韩国观众的喜爱,并以此为起点开始引进中国电视剧。

除了《琅琊榜》外,电视剧《我可能不会爱上你》《卫子夫》等都是由该电视台引进韩国的,并在韩掀起了收视热潮。数据显示,中华电视台2015年年均收视率与5年前相比增加了435%,韩国观众对中国电视剧的热情在不断升温。

(资料来源:新华社,2016年11月6日)

二、我国文化服务贸易的不足

我国拥有上下五千年历史的灿烂文化,对世界文化发展有着深远的影响。但就目前的情况看,我国的文化产业和文化贸易在国际竞争中却是"弱势群体",其不足之处有:

第一,我国是文化服务贸易小国且文化服务贸易逆差严重,虽然世界随处可见中国"制造"但不是中国"创造",这正是软实力不足的表现。

第二,文化软件出口是软肋。文化软件是指文化内容和文化服务,包括广播电视节目、电影动画、故事片、印刷品、载有文化艺术内容的光盘、视盘和多媒体、娱乐会展等内容。从文化软件的出口看,我国的出口规模远落后于发达国家,同时也落后于我国外贸总体的增长幅度,这与我国贸易大国的身份不相符合。

第三,科技水平与创新能力不高。用最新的科技水平包装文化艺术和不断对文化产业进行创新是文化产业取得成功的两大法宝,发达国家在文化产业发展过程中对科学技术的运用是主动和积极的,通过科技在文化产业的应用进一步推动文化产业并带动国民经济的发展,我

国在高科技运用方面可谓乏善可陈,我国的电影业和演出业在制作、加工、欣赏等方面都还停留在传统技术的基础上,与发达国家和地区存在很大的技术水平的差距。创新是一个民族的灵魂,也是文化产业发展的灵魂,我国的文化创新能力还远远不够。

――[专 栏]――

《阿凡达》成功的背后

2010年最成功的电影非《阿凡达》莫属了。《阿凡达》的成功,与其说是电影公司在商业利润上的成功,倒不如说是美国在文化价值输出上的巨大成功。

我们总是在说,美国向世界强行输出他们的文化和思想价值,企图让世界美国化,颠覆其他民族人的想法。不可否认,今天每一个人的生活,尤其是年轻人的生活,都浸透着美国文化的印记。我们的思想越来越向美国靠拢,我们更喜欢美国的文化产品。就连今天影响我们生活的一些亚洲文化,比如韩国、日本,都深深烙刻着美国殖民文化的痕迹。

然而,美国文化的强大影响并不是偶然的。这种文化,并不是美国强大的军事、政治、商业、经济的附属。相反的,聪明的美国人把文化作为不沾血的武器,无往不利。

《阿凡达》这部电影,可以说,震撼了每一个看电影的人。当双腿残废的前海军陆战队员,不畏艰难,在潘多拉星球创出一条生路时,我们感动了。当他背弃人类,选择成为阿凡达的一员时,我们心中挣扎了。当强大的地球军队用面貌狰狞的现代科技武器摧毁爱娃的生命之林时,我们震惊了、愤怒了。那种感觉,似乎我们也想要背叛地球的"文明",回归生命的原始,成为阿凡达。

我们每一个看电影的人,都经受着电影中从始自终穿插的文化精神的洗礼。这种文化的入侵我们是自愿接受的,而这种影响,无疑是强大的、成功的。

我们也想向世界输出我们的文化。我们不是没有优秀的文化、优秀的精神。可是我们缺乏的是创新,是一种聪明的输出方式。

郎咸平说,阿凡达的背后有三个人与他们的精神,分别是双腿残废的曾经是海军陆战队员的罗斯福前总统,背离先进的美国社会深入印第安部落成为其中一员的摩尔根,与爱娃一样宣扬博爱的圣母玛利亚。《阿凡达》成功地向世人宣扬了美国人崇尚的奋斗、探索、大爱的精神。

反观我们的文化输出,似乎还停留在说教的原始阶段。而《阿凡达》已经升华为一种新的普世的精神,它告诉我们的是"奋斗可以改变人生、探索可以了解社会、生活中不能失去爱,以及环保的重要"这样人人皆知的简单道理。可就是这些道理,再一次震撼了我们。因为这正是人类最共同关注、共同面对的问题和困境。而这种文化输出所利用的巧妙的手法,正是我们没有重视的。

《花木兰》成功了,《功夫熊猫》成功了,《孔子》却大败了。我们的文化输出成功了吗。或许可以这样说,我们的文化是成功的,可是离输出还有点距离。

三、发展对外文化贸易的意义

(一) 有利于促进我国第三产业的发展,增加国民财富的积累

第三产业总量不足是我国宏观经济的凸显问题,美欧发达国家的第三产业对GDP的贡献

率已达到70%以上,而在我国2015年第三产业对GDP的贡献率仅有53.7%。由此可见,文化贸易作为第三产业的重要组成部分,在我国具有巨大的发展潜力。

(二)有利于传播我国文化,加强世界对中国的了解

文化产品具有经济属性和意识形态的属性。文化贸易具有对外宣传传播其意识形态和价值观念的功能。作为世界文化产业霸主的美国,文化产业贸易不仅给美国带来巨大的贸易收入,而且也把美国的意识形态和生活方式推向全球。文化贸易的发展有利于增加进口国对输出国的文化的亲近感和认知感,提升本国在世界的文化形象。

(三)有利于开发文化产品的附加值,减少国际贸易的摩擦

我国是世界人口大国,拥有众多的廉价人力资源,因此中国每年为全球提供大量的优质廉价的产品。但是,正是由于我国产品具有价格优势,尤其在经济危机的时候,国外频频发起针对我国产品的反倾销、反补贴等明显带有贸易保护性质的调查,严重阻碍我国外贸出口的发展。因此提高文化贸易在我国对外贸易中的比重,不仅可以改善外贸的结构,还可以减少对外贸易中的摩擦。

四、我国文化服务贸易发展对策

提升文化服务贸易竞争力水平不是一朝一夕的事情,从文化强国的发展经验来看,他们无不把文化产业提升到国家战略的层面,视为一个国家的经济发展支柱产业,反观目前我国文化服务产业的发展状态,要提升国际竞争力可以从以下方面着手。

(一)加强市场观念和竞争意识,提高文化产业的国际竞争力

对待现在已经形成的国际文化标准和"文化折扣"的存在,我国文化企业要强化市场观念,在不丢掉传统的文化底蕴和中国特色的前提下,结合现代观念,在文化企业的经营管理形式和内容生产上与国际市场接轨。要主动适应国际文化市场的规则,不断放开。依照国际市场的参照不断改善自己,规范文化企业的经营和管理。在内容生产方面,要以本土的文化为基础,创造与国际市场接轨的产品。我国文化产业不能"坐井观天",应该走出去,认识文化贸易不仅会带来巨大的经济效应还会带来社会效应。为此我们需要转变观念,主动融入世界文化市场,创造拥有中国特色的文化产品被世界所接受。

【专 栏】

文 化 折 扣

文化折扣是指任何文化产品的内容都源于某种文化,因此对于那些生活在此种文化之中以及对此种文化比较熟悉的受众有很大的吸引力,而对那些不熟悉此种文化的受众的吸引力则会大大降低,由于文化差异和文化认知程度的不同,受众在接受不熟悉的文化产品时,其兴趣、理解能力等方面都会大打折扣。它是文化产品区别于其他一般商品的主要特征之一,语言、文化背景、历史传统等都可以导致文化折扣的产生。

霍斯金斯等人认为:扎根于一种文化的特定的电视节目、电影或录像,在国内市场很具吸引力,因为国内市场的观众拥有相同的常识和生活方式;但在其他地方吸引力就会减退,因为

那儿的观众很难认同这种风格、价值观、信仰、历史、神话、社会制度、自然环境和行为模式。即文化结构差异是导致出现"文化折扣"现象的主要原因。

(二)文化立国战略与支柱产业的产业政策相结合

20世纪90年代世界文化大国就已经把文化产业上升到国家发展战略的层面,美国早在一战结束就把文化产业发展放在仅次于军工业发展的地位,由此奠定美国的文化服务贸易的霸主;英国是在1993年确立了"创意英国"的发展战略,也奠定了其仅次于美国第二大创意国的位置;日本走过了军事立国、贸易立国、科技立国的发展道路,于1995年确立了"面向21世纪的文化立国",把发展文化经济作为国家战略;而韩国在亚洲金融危机之后看到了文化产业的魅力,迅速把文化确定为21世纪国家经济的支柱产业。作为经济大国的中国,也应该确立文化立国的战略,这与把文化产业作为一个支柱产业去发展不仅不矛盾,而且是相辅相成的,只是双方强调的重点不同,文化立国强调一国的发展战略,是一个框架。支柱产业是指在国民经济中生产发展速度较快、对整个经济起引导和推动作用的先导性产业。但是目前我国文化立国发展战略与支柱产业差距太远,需要把文化企业做大做强,提高我国文化产业的国家竞争力。

(三)加强培养和发展品牌效应和衍生产品

与发达国家相比,美国有好莱坞、日本有东映动画、印度有宝莱坞,而中国却没有国家知名的品牌。一个企业想做大做强,就必需有特色的品牌,要不就会自缚手脚。要想让中国文化产业走向世界,首先就要培养自己的文化品牌。

此外,文化产业是一个巨大的产业群,发展其核心产品的同时也需要注意其上下相关的产品,例如影视业,单靠一个电影的票房收入是不足以支持电影业的发展,电影只是一个媒介,要通过电影传递其文化的魅力所在,吸引更多的消费和关注相关产品,产生购买欲望,这才是一个产业振兴的基础。

(四)区域与国际并重发展

文化产业的发展往往会集中在一个区域内,即文字文化圈,而中国处于东亚文化圈,它以中国为核心,包括韩国、日本、越南等,但是文化产业要做大做强,在注意区域的同时还需国际的突破。正如现在大多数国家在参与区域组织的建立和发展,获取区域内自由贸易的好处,而且积极参与世界贸易组织的谈判和磋商,促进其在世界范围内自由贸易的发展,这正是区域与国际的有机结合。同时,文化产业也需要文化的地区特色和世界多民族的文化融合。

本章小结

文化服务贸易主要是指与知识产权有关的文化产品和文化服务的贸易活动。20世纪90年代世界文化大国就已经把文化产业上升到国家发展战略的层面,我国拥有上下五千年历史的灿烂文化,对世界文化发展有着深远的影响,但我国的文化产业和文化贸易在国际竞争中却是"弱势群体"。

版权贸易是通过对已有版权作品的使用而产生贸易的行为。我国正规的版权贸易活动起步较晚,版权贸易的发展水平还处于一种不平衡状态。迅速提高我国的版权贸易水平,提升我国在国际版权贸易中的地位,是现阶段版权贸易工作的主要目标。

思考练习题

一、名词解释

文化服务贸易　版权贸易　文化软件

二、选择题

1. 在商业服务中,(　　)不属于文化服务贸易。
   A. 广告服务　　　B. 摄影服务　　　C. 印刷和出版服务　　D. 视听服务
2. 在通信服务中,(　　)不属于文化服务贸易。
   A. 视听服务　　　　　　　　　　　B. 广告服务
   C. 录音服务　　　　　　　　　　　D. 电影放映服务
3. 凡是通过作品的版权许可或转让行为获利的贸易行为就是(　　)。
   A. 版权贸易　　　B. 旅游贸易　　　C. 金融贸易　　　　D. 运输服务
4. 不属于文化服务中的表演类型的是(　　)。
   A. 剧院　　　　　B. 交响乐团　　　C. 杂技团　　　　　D. 新闻
5. 根据有关规定,在图书版权页上,在符号以及出版年份后的就是(　　)。
   A. 版权所有人名称　B. 出版社　　　C. 应印份数　　　　D. 作者信息
6. 版权贸易的第一步是(　　)。
   A. 找到版权所有人　B. 签订版权许可合同　C. 签订转让合同　D. 找到出版社
7. (　　)是版权贸易工作的指导部门。
   A. 国家版权局　　　B. 中国人民银行　　　C. 商务部　　　　D. 证监会
8. 发展对外文化贸易主要可以促进我国(　　)的发展。
   A. 第一产业　　　　B. 第二产业　　　　　C. 第三产业　　　D. 第四产业

三、判断题

1. 作品的版权一定在作者手里。　　　　　　　　　　　　　　　　　　　　　　(　　)
2. 我国在对外版权贸易活动中逆差一直存在,版权引进一直处于主导地位,版权输出相对较弱。　　　　　　　　　　　　　　　　　　　　　　　　　　　　　　　　(　　)
3. 就目前的情况看,我国的文化产业和文化贸易在国际竞争是"弱势群体"。(　　)
4. 国内的作者与国内的出版社间的版权交易也属于版权贸易的范畴。　　　(　　)
5. 作品使用者可以通过买断方式从作者手里获得其作品版权的独家所有。(　　)
6. 多数国家法律规定合作作品的版权由合作作者共同享有,作为共同版权人之一并无权利单独签订版权的许可或者转让合同。　　　　　　　　　　　　　　　　　　(　　)
7. 北京、上海以及沿海地区的版权贸易成交量只占据了我国版权贸易量的小部分,大部分版权贸易集中在中西部地区。　　　　　　　　　　　　　　　　　　　　　(　　)
8. 版权贸易种类相对集中,比较活跃的是图书版权贸易。　　　　　　　　　(　　)

9. 文化产业需要注重文化地区特色和世界多民族的文化融合,可走区域和国际共存的发展模式。   （   ）

四、简答题

1. 文化服务贸易的特点和作用。
2. 简述版权服务贸易发展特征。
3. 简述我国文化服务贸易发展存在的问题。
4. 简述我国文化服务贸易发展对策。

五、案例分析

韩流通常指韩国电视剧、电影、音乐等娱乐事物登陆他地后产生的地区性影响。最早出现于围棋界,原意为韩国流,简称韩流是谐音于"寒流",是因为20世纪90年代至21世纪前5年,围棋在韩国盛行一时,在国际大赛上频频夺冠,因此被当时的围棋界称"韩流"。之后又被引用到足球和音乐娱乐领域,暗指中国的音乐和电视剧处于被动地位。进入21世纪以来,"韩流"这两个汉字频频出现在韩国的媒体上。一些报刊甚至刊登连载文章,介绍"韩流"在中国及其他亚洲地区的流行情况,并且认为"韩国经济的出路就在韩流之中"。"韩流"现象已经引起韩国政府的高度重视。韩国政府表示,要借"韩流"现象更多、更广泛地进军中国文化商品市场,使"韩流"成为促进出口的桥梁。事实上,韩国电影、电视剧、唱片等文化和娱乐服务领域的出口额也的确连年递增,以及成为韩国文化产业的助推动力。

问题:结合材料分析如何促进我国文化服务贸易的发展。

第十一章

专业性服务贸易

本章要点

1. 专业服务与专业服务贸易
2. WTO关于会计服务贸易的相关规定与中国会计服务贸易的发展
3. 法律服务贸易的发展趋势
4. 咨询服务贸易界定与中国咨询服务贸易的发展

引导案例

为鼓励和促进上海专业服务贸易发展,2010年12月30日,由上海市商务委员会主办的首届"上海市专业服务贸易重点单位颁证仪式"在新虹桥大厦会议室召开。当天参与领证的31家重点单位的约60人出席了此次大会。

会议由上海市商务委员会国际服务贸易处阎蓓副处长主持,上海市商务委员会王新培副主任出席会议并讲话。作为此次会议的重要颁证环节之一,特邀嘉宾上海市外商投资企业协会会长刘锦平先生、上海市咨询行业协会副会长陈积芳先生、上海市律师协会会长刘正东先生和上海市注册会计师协会秘书长任芳芳女士先后向与会的首批31家重点机构(其中咨询服务类15家、会计师事务所4家、律师事务所12家)颁发了证书。值得关注的是,经上海市外商投资企业协会涉外咨询工作委员会认定的涉外咨询A类资质机构有15家榜上有名,占总数比例达到48%。

会上,上海市商务委员会王新培副主任着重就服务贸易发展的重要性做了剖析。王主任指出,服务贸易是国家的新兴支柱产业,占GDP相当大的份额,在服务贸易领域特别是咨询行业更是高度汇集各行业信息的地方,上海今后的发展离不开优秀、专业的服务贸易机构,政府也将加大力度扶持这一新兴行业。

随后,上海市商务委员会国际服务贸易处着重对首批31家重点单位进行了"国际服务贸易企业直报系统"网上操作的培训。通过对企业信息的采集,可更好地增进商务部对企业今后发展和需求信息的了解,方便今后新政策的制定和出台,同时也让企业更了解商务部的相关信息。

据了解,此次上海市专业服务贸易重点单位认定将每年举办一次,证书有效期为三年。此评审主要由上海市商务委员会国际服务贸易处负责资料受理并联合财政局等相关部门审核评定,经认定的重点单位可享受国家和上海市有关支持服务贸易发展的政策。

第一节　专业性服务贸易概述

专业服务一般是指当事人一方运用自己的知识、技术、经验和有关信息，采用科学的方法和先进的手段，根据委托人的要求对有关事项进行调查、研究和分析等，并提供可靠的数据、法律依据、客观的论证、判断和具体意见。

专业服务贸易是指国家之间专业服务的交换，即一国对他国专业服务提供者在其所在国获得的某些专业或商业营业执照、学位证书以及技术职称等资格予以承认，外国专业服务提供者采用各种方式，依靠自己的专业知识、经验和信息提供有关服务，并获得报酬的经济活动。

一、WTO对专业服务贸易的理解

根据WTO服务贸易总协定，全世界的服务分为12大类。分别为商业服务，通信服务，建筑及有关工程服务，销售服务，教育服务，环境服务，金融服务，健康与社会服务，与旅游有关的服务，娱乐、文化与体育服务，运输服务及其他服务。其中专业服务贸易被列为商业服务贸易的一种。

按照WTO划分，专业服务贸易主要包括11类，分别是：①法律服务，如律师业；②会计、审计与簿记服务，如会计师、审计师等；③税收服务；④建筑服务；⑤工程服务；⑥综合工程服务；⑦城市规划与风景建筑物服务；⑧医疗与牙科服务；⑨兽医服务；⑩助产、护士、理疗与护理人员提供的服务；⑪其他专业服务。

二、专业服务贸易的形式

专业服务贸易的交易和其他服务贸易一样，主要有四种形式。

（一）跨境交付

一国专业服务提供者不需要与消费者直接接触，而是通过一定的媒介（如电讯、邮电、计算机网络）向其他国家服务消费者提供专业服务，比如工程技术人员可以坐在家里利用计算机网络为海外机构设计图纸和开展咨询、注册会计师也可以通过计算机网络为海外客户提供会计服务等。这种交易方式会随着科技的进步而不断增加。

（二）境外消费

一国消费者到另一国接受专业服务提供者提供的服务，如本国病人到外国就医。

（三）商业存在

一国允许专业服务提供者以经营实体方式到本国来开展业务，如外国律师事务所、会计师事务所到本国开办办事处或分支机构，直接面对消费者提供服务。这种形式是专业服务贸易的主要交易方式。

(四)自然人流动

一国专业服务提供者个人以自然人身份进入他国提供专业服务。如外国工程师、医生、律师等到本国从事个体专业服务等。

第二节 会计服务贸易

当代国际经济中一个引人注目的新现象,就是服务贸易正以前所未有的速度蓬勃发展。随着现代科技和商贸的迅猛发展,会计业已经进入世界贸易范畴。关贸缔约国谈判乌拉圭回合把会计列为关贸总协定服务贸易的行业之一,要求各缔约国开放会计服务市场,并给予与国内会计行业同等地位的国民待遇。

【专栏】

会计服务:服务贸易"十三五"规划重要领域

2017年3月2日,商务部会同中央宣传部、国家发展改革委等13个部门印发了《服务贸易发展"十三五"规划》(以下简称《规划》)。

《规划》列出12大类24个服务贸易发展重要领域,其中将会计服务列入"商务服务"的重要领域之一。《规划》明确了"十三五"期间会计服务的发展方向和主要举措,具体包括:"健全行业法规制度体系,深化对外开放与交流合作,有序扩大会计服务市场开放,支持会计师事务所更好更快走出去;引进新的国际服务项目和技术,加快构建公共部门注册会计师审计制度,鼓励国内会计师事务所拓展业务范围,走多元化发展道路;强化行业人才体系建设,全面提升注册会计师从业队伍的国际化执业能力、职业道德和专业素质;完善会计服务信息系统,形成智能化、即时化、远程化的注册会计师行业管理服务与业务应用信息化体系。着力实现行业法规制度和管理体系逐步完善,会计师事务所规模结构更加合理,国际化发展取得重要突破,注册会计师专业胜任能力显著提高,行业信息化水平大幅提升。"

(资料来源:中国注册会计师协会,2017年4月10日)

一、WTO关于会计服务贸易的相关规定

(一)会计服务贸易的界定

在世界贸易组织框架下,《服务贸易总协定》(The General Agreement on Trades in Services,GATS)是乌拉圭回合最终协议文本中的一项服务部门国际化的综合性文件,其中会计服务是GATS的重要内容。会计服务包括会计与审计服务(包括财务报表审计服务、会计账目审阅服务、财务报表编制服务、其他会计服务)和簿记服务。在西方发达国家具有深厚资信的会计公司除提供上述两类服务外还广泛从事税务咨询、管理咨询、制定规则咨询、合并或破产

咨询、投资谋略服务等。变幻莫测的经济环境和服务需要的多样性要求注册会计师提供多种会计服务,而且其种类范围还在不断地扩大。

(二)《会计服务业相互承认协定》和《关于会计服务业国内规章方面的守则》

为更大程度地开发国际会计市场,使会计服务能冲破各种障碍,实现会计服务国际化,使会计业进入贸易范畴,1997年5月和1998年12月WTO的服务贸易理事会分别颁布了《服务贸易总协定》框架下的两个重要文件:一是《会计服务业相互承认协定》,二是《关于会计服务业国内规章方面的守则》。

《会计服务业相互承认协定》的目的是督促各国政府就会计专业资格相互承认达成协定,以促进会计服务贸易的发展。由于各国在教育、考试、经验要求等方面存在差异,使得多边基础上的相互承认难以达成,而双边或区域性协定经过协商谈判较易达成。一旦实现双边或区域性协定,就可拉动多边协定,最终实现更为广泛的多边协定。因此,GATS允许双边或区域性协定。

1994年WTO成立专业服务工作组,进行了一项题为《冲破会计国际服务障碍》的调查,其中就注册会计师资格的认定和要求、技术标准、透明度等方面做出详细的规定。同时专业服务工作小组依据WTO提出的《部长对职业服务的决定》,以及《会计服务业相互承认协定》,督促各国政府就会计专业资格相互承认达成协议,将完善会计职业多边约束机制作为优先考虑的议题,采取多种措施推动会计服务贸易的发展。

为了更好地对那些已对会计服务业做出承诺的所有成员方进行纪律性约束,WTO服务贸易理事会1998年12月14日又颁布了《会计服务业国内规范守则》。该守则针对各国内部资格认证要求、许可条件及程序、国内特定技术标准及专业资格条件与程序的透明度等提出具体要求。主要目的是为了避免一些国内规则构成对会计服务贸易的不必要障碍,扫除WTO成员国在会计服务自由化与国际化上的壁垒。

二、中国会计市场的发展对策

加入WTO标志着我国和国际接轨的序幕正式拉开,会计服务业的国际化和会计服务贸易自由化带给会计服务业许多挑战。改革开放以来,我国会计服务的社会化有了长足进步,但与国际先进国家和地区相比仍存在相当大的差距。为更好地发展我国会计市场,应从多方着力提高会计服务业的竞争力和整体水平。

(一)充分利用WTO协定中的相关条款,做到扩大开放与有效保护相结合,有计划、有步骤地逐步开放会计服务市场

首先,利用GATS中的"发展中国家更多参与原则""不对称原则"和"逐步自由化原则",有计划地逐步开放会计市场。我们应当利用GATS中的相关规定,坚持对等、互惠、逐步开放原则,有计划、有步骤地开放我国会计市场,避免国内会计服务业过快介入国际竞争,给予其成长壮大和积蓄力量的时间和机会。

其次,根据GATS和相关文件中的具体条款,在国内法规和相互承认条款,特别是技术标准、资格认定、执业许可方面,制定相应的政策和法规,以控制市场开放程度。根据《会计服务业相互承认协定或安排指南》,各国可以建立一套自己的会计专业资格认证标准。我国可以根

据这一原则,制定有关法规、规章,加强对国内和境外会计服务业的监督和管理。加强对国内的会计服务业清理、规范和整顿,在此基础上与其他缔约方达成协议,确定开放的时间、地点和限制,争取主动,把冲击和影响减到最小。

(二) 完善会计法规体系,与国际接轨,强化规则意识,营造行业发展的良好环境

首先,完善国内法律体系,制定诸如《反倾销法》《反补贴法》《政府采购法》《产业认证法》《保护国内产业法》等我国尚无的法规,健全我国的法规体系,使内经济贸易活动做到有法可依,使会计工作法律环境得以完善。

其次,建立起以《会计法》为核心,以会计法规、会计技术规范、会计职业道德规范和会计监督管理体系为主体,以完备的会计法律体系为保障,形成完整、协调统一、切实可行的会计法规体系,并与国际协调。

再次,按照国际规范修改《注册会计师法》,并且制定《注册会计师法实施细则》,以避免对《注册会计师法》产生不准确的解释。

最后,根据实际情况及国际注册会计师执业准则,通过听取专家、学者以及部分省市的注册会计师的意见,完善我国注册会计师执业准则,使之更加符合我国国情与行业管理需要,并与国际管理接轨,具有一定的前瞻性。

(三) 行业协会加强监督管理,完善监管制度建设

一是加强中国注册会计师协会和各地协会的建设,并赋予其应有的职责。主要有:负责监督,管理注册会计师和事务所的设立、执业的有关事宜;拟订执业准则、规则、行政法规,并对执行情况进行监督和检查;依法办理市场监督、管理监督境外从业人员在中国境内开展业务;组织业务交流,开展理论研究,协调行业内、外部关系,维护注册会计师的合法权益;代表中国注册会计师行业,开展国际交往活动;办理国家机关委托或授权的其他工作等。这使行业协会与各国的会计师公会一样,在行业监管中成为强有力的自律机构,并且注意强化其服务意识,开拓服务领域,做好信息咨询、执业指南、国内各省市事务所业务合作、国际会计联络交流等工作,改变单纯监管等模式,逐步建立和完善行业自律运行机制,如设立专业指导委员会、专业调查委员会、惩戒委员会等专门工作机构。

二是加强协会监管机构建设。行业监管工作的效力,很大程度上取决于协会内部的监管力度和监管水平,目前协会组织的监管检查工作,绝大部分是依靠事务所的专业力量,这是不够的,必须加强协会自身监管人力和技术力量。各级协会要重视监管工作,尽快建立一支政治素质高、职业道德好、业务技术精、协调能力强、勇挑重担的监管队伍,提高协会的监管力度和监管水平。各级监管部门应密切配合,上下联动,提高监管效率。

三是改进行业协会管理方式和工作作风。随着政府对经济管理方式的转变,行业协会将完全承担其行业管理职能,因此行业协会的管理方式和工作作风必须进行相应转变。具体体现在:改变行政管理的方式,根据中介行业的特点,发挥会员代表大会和理事会的作用,建立健全委员会制度;增强管理政策透明度,统一管理尺度,提高对行业工作的监督约束力;突出和强调协会的服务意识,抵制官僚作风,切实维护会员的合法权益,引导执业机构应对各项挑战;立足专业研究与行业宏观政策制定及组织实施。

(四) 深化会计师事务所改革,提高国际市场竞争能力

一是实施规模化经营,增强执业中介机构的竞争力。国内会计师事务所应积极采取措施,

有步骤地推动会计服务公司、会计师事务所跨地区、跨部门、跨行业地兼并和联合,尽快建立起一批能够形成规模优势、技术优势和人才优势,能与跨国会计公司抗衡的大型会计公司,从而增强参与国际竞争的实力,为会计师事务所向国际化方向发展打下坚实基础。

二是扩大会计师事务所业务范围和执业领域,走多元化经营之路。我国会计师事务所要想在竞争激烈的国际会计市场上有所作为,在提高传统审计业务质量、保证服务质量的前提下开拓新业务,必须积极向咨询服务和代理服务领域拓展,实行业务多样化经营战略。

(五) 培养和引进优秀人才,建立会计人员后续教育体系

应增加对注册会计师专业人才教育的基础设施建设投资,并支持会计师事务所与高校合作培养注册会计师人才的项目。应积极拓宽高级会计人才的引进渠道,除了注意国内高素质人才的培养外,还应积极实行优惠政策,吸引海外学子以及在国外知名会计公司工作、获得西方国家注册会计师资格的高级人才回国发展事业,培养造就一批具有国际水平的注册会计师队伍,为国内注册会计师行业发展注入新的活力。还应积极储备工商管理、电子商务、环境保护、内部审计、保险精算以及法律等多方面的人才,形成人才层次复合化,知识结构多元化的格局,为未来多元化服务的发展打下坚实基础。必须建立起会计人员后续教育体系,以法律形式强制会计人员在职培训,尽快提高业务素质和执业质量,在国内外两个会计市场上获得更多的主动权和更强的竞争力。

第三节 法律服务贸易

【专 栏】

2013年11月19日,2013年度上海市专业服务贸易重点单位(法律服务类)颁证仪式成功举行,上海市锦天城律师事务所、上海市方达律师事务所、上海元达律师事务所、上海金茂凯德律师事务所、北京市中伦律师事务所上海分所、北京市大成律师事务所上海分所、上海市通力律师事务所、上海市段和段律师事务所、上海市瑛明律师事务所、国浩律师(上海)事务所、上海市协力律师事务所、上海市海华永泰律师事务所、上海市金茂律师事务所、北京市环球律师事务所上海分所等14家律师事务所获得专业服务贸易重点单位(法律服务类)称号。上海市司法局副局长王协、上海市商务委员会副主任顾军出席仪式并讲话。

2010年以来,市司法局在市商务委员会等相关部门的支持下,专门出台了《上海市专业服务贸易重点单位(法律服务类)认定管理办法》,并进行了三批服务贸易重点单位评审工作,先后共有18家律师事务所得到认定。专业服务贸易重点单位(法律服务类)认定,是对律师事务所涉外法律服务能力的重要认可。现在,相关认定在全市律师行业中已经形成了很大的影响力,律师事务所都将能够获评服务贸易重点单位作为自身实力的体现。

根据《上海市专业服务贸易重点单位(法律服务类)认定管理办法》,专业服务贸易重点单位(法律服务类)具体评审由市司法局、市商务委组织成立认定工作组负责,原则上每年进行一次。专业服务贸易重点单位(法律服务类)的有效期为三年,且每年都要接受认定工作组的年度考核。通过认定的律师事务所,不仅将获得由市司法局、市商务委颁发的《上海市专业服务

贸易重点单位(法律服务类)证书》，而且可以凭认定证书向市财政局等有关部门申请并优先享受国家和上海市有关支持服务贸易发展的政策。

(资料来源：上海市商务委员会网站，2013年11月20日)

国际法律服务贸易是指一国的法律服务提供者为另一国的法律服务需求者提供服务并收取费用的经济活动；或一国的法律服务需求者获得外国法律服务提供者的服务并支付费用的经济活动。

一、国际法律服务贸易概述

一般来说，对法律服务的需求主要来自企业与组织以及个别公民。前者需要有持续的法律协助，而后者则仅在偶然且通常对其个人生活具有关键重要性的情况(离婚、继承、不动产购买与刑事案件)下才需要法律服务。显然在绝大多数个别公民寻求法律服务的案例当中都属于国内法，因此通常由国内专业律师提供服务。虽然最近因劳动力的移动，而增加了外国法与国际法的法律咨询，但就个人而言，极少寻求外国法与国际法的法律服务。

对商业法与国际法方面的法律服务需求多数来自涉及国际贸易商业的事业与组织，这些机构所寻求的法律服务提供人，是那些可针对事务所业务与企业地位以及所能交付服务品质各方面的认识提供保证的人，并不在乎服务提供人的原国籍。很明显，来自事务所来源国法律服务提供者(即事务所惯用的律师)就客户的业务熟悉度来讲当然具有比较优势，而本地的法律服务提供人，则对于地方商业与法规环境认识方面较具优势。

外国律师提供跨国法律服务或者是在大多数案件中担任外国法律顾问，其提供了有关国际法、原资格国法律或其具有资格的任一第三国家法律等方面的法律服务。国内法律(当地国法律)在法律服务的国际贸易当中，仍然扮演着重要的作用。

二、国际法律服务贸易的提供方式

法律服务贸易大多数是以服务提供的第一种模式(跨境交付)或者是通过第四种模式(自然人流动)或者通过总部设在外国的法律事务所，以雇员或者合伙人的身份临时居留的方式进行的。由于服务提供者发现设立商业存在费用相当高，而且难度较大，所以，永久居留的方式移居海外(模式三或者模式四)的律师数量相当少。

法律服务的跨境交付在于通过或经由电信器材传输法律文件或顾问。电信业中的种种技术发展正创立更有效与可接近的方式，可供进行法律服务的跨境交付。法律服务贸易将因国际网络与电子商务的不断发展而受益，因为除了出庭外，大部分涉及法律服务的传输业务，都可使用电子方式传输。

跨国执业律师经常是以公司网络的结构出现，将来自不同国家的地方执业，都使用同一家事务所招牌或是以经过整合的国际合伙事务所为名。网络的范围包括来自独立执行业务的事务所形成的较为松散的公会，到控制本地事务所，但是仍然维持着非中央集权的完全整合的多国公司。虽然经过整合的国际合伙事务所有倾向于商业与国际法的趋势，但是，由于该合作网络采取非中央集权的架构，因此，也得经常执行国内法律业务。

三、国际法律服务贸易的壁垒

(一) 市场准入壁垒

1. 对国籍的规定

法律服务中有关国籍的规定仍然相当普遍,即使这些规定经常只影响到部分的法律业,受到国籍规定规范最常见的行业是公证服务与出庭服务(这是针对所有的法律领域而言)。在某些国家中,公证人一职要由公职人员担任。国际法、原资格国与第三国法律中的顾问服务(外国法律顾问服务)几乎不会牵涉到国籍规定,然而,对于法律服务一律设有国籍规定的国家,这些外国顾问服务可能无法进入。

2. 对专业管理与技术人员流动的限制

这项限制是重要的市场准入壁垒,因为这些人员流动往往是构成一个国家移民政策不可分割的一部分。这些限制可适用于那些寻求定期或永久居住的自然人或短期商业旅行的个人。

3. 对法律形式的种种限制

这种限制在经济合作与发展组织国家中非常普遍,有些经济合作与发展成员国家禁止公司的成立;有些国家允许特定的公司形式,特别是那些没有针对专业法律清偿责任提供防护的国家。然而,在大多数情况,因为其平等适用于本国与外国服务供应者,因此,这并不是歧视性的限制。

4. 加诸于外国权利的种种限制

对于法律服务而言,这种限制并不是很普遍。最常见的情形是在一般投资立法当中所规定的限制,也适用于法律服务业。由于大多数的法律事务所仍喜欢采用合伙关系的方式成立事务所,针对事务所的外国合伙人人数的限制,也可达到限制外国权益的相同结果,只是这种做法在《服务贸易总协定》中会被认为是国民待遇的限制,而不是市场准入的限制。

(二) 国民待遇限制

主要的国民待遇限制包括有:与原资格国专业人士合伙关系的限制、对雇用原资格国专业人士的限制、对使用国际与外国事务所名称的限制、居留规定以及在发证方面的一般差别待遇。

对与原资格国持照专业人士合伙的限制以及对雇用原资格国专业人士的限制,使担任外国法律顾问的法律事务所,因仅限于执行国际法与外国法的业务,而无法借助与原资格国合格律师合伙或雇用他们往里延伸到代表出庭与当地国法律的领域。经济合作与发展组织中有多个国家禁止外国与原资格国律师成立合伙关系,而有部分国家则是禁止外国事务所聘请原资格国律师。基于公共政策的理由,为保护消费者的服务质量以及专业人士的独立性,不承认外国律师为律师也会构成法律服务的壁垒。对使用国际与外国事务所名称的限制代表了国民待遇的限制,因为这些限制对外国服务提供者不利。然而,对事务所名称的其他限制虽然不影响到外国服务提供者与原资格国服务提供者之间的竞争条件,但还是应视为原资格国法规措施。经济合作与发展组织中有部分国家禁止使用外国或国际法律事务所的名称。

居留规定原则上是来源地中立的措施,这些规定并非直接针对外国人而定,而是对本国及外国服务提供者赋予相同的法定义务。有几个国家保持对法律服务提供者的居留规定,所采取的形式为先有居留权、永久居留权与居所。其中先有居留权规定是授予这些已经在当地国居留多年的服务提供者一项竞争优势,其中大多数的这些服务提供者就是该国的国民。其中经济合作与发展组织中有几个国家强制执行先有居留权规定作为取得执照的条件。永久居留权在事务所的设立上规定的限制较少,但也对一些外国服务提供者带来额外的负担,因为这些提供者不像那些已经居住在原资格国的提供者一样,而必须先在当地国住几年再说。这项规定对于自然人来说等于是逼他们放弃原资格国的居留权。对于需要代表出庭的服务,经常会规定提供者必须拥有永久居留权,因为出庭代表律师必须居住在该法院的司法辖区内才能接近客户、该行业的其他成员与该法院。经济合作与发展组织中有多个国家对法律服务提供者强制执行有关居留或设址的规定。户籍登记是要求在提供服务的当地国或司法辖区内设有一个可供联系的地址。显然这项规定不仅是一种来源中立措施(就像前述两种居留类别),同时也没有改变原资格国与外国服务供应者之间的竞争条件。当然原资格国服务供应者比较有可能在原资格国内已经设有地址,然而,外国服务供应者另外需要做一些事(选择户籍地),至少针对模式三与模式四是这样,这显然是最起码的规定,而这项规定不应改变竞争条件。

四、国际法律服务贸易的发展趋势

近几年,网络技术和信息产业的迅速发展,加速了经济全球化特别是金融全球化的发展。随着国际贸易的增长,特别是金融全球化进程的加快以及新的贸易领域和贸易方式的出现,律师法律服务贸易的业务无论在其形式、内容、规模等方面都出现了不少新的变化和新的发展。

(一)法律服务产业化在国际法律服务领域得到了很大的发展

经济全球化加快了国际间经济贸易的活跃程度,特别是跨国公司的发展,跨国间的公司兼并与收购、金融机构的全球资本运作、工业知识产权的跨国交易、跨国项目投资的发展,使得相应的国际法律服务需求迅速增长。

(二)法律服务的开放和自由化程度在不断加强

根据世界贸易组织乌拉圭回合谈判的结果,在乌拉圭回合中,有45个成员方(其中欧共体12个国家作为一个成员)做出了法律服务自由化方面的承诺。其中22个成员方做出外国律师可从事对东道主国家法律咨询的承诺,40个成员方做出外国律师可从事对本国法律咨询的承诺,4个成员方做出外国律师可从事对第三国法律咨询的承诺,还有6个成员方做出外国律师可从事其他法律服务的承诺(包括法律文书证据的提供和证明服务,以及提供其他咨询和信息服务)。我国在加入WTO的法律文件中对法律服务的开放承诺也比加入前有了新的扩展。

(三)国际法律服务机构在服务的提供和交易形式方面出现了许多新的变化

从20世纪80年代中后期开始,国外的一些大型律师事务所出现了兼并和重组的倾向,许多大型的律师事务所都是在这一阶段通过重组之后扩张规模的。根据新加坡和中国香港的经验,境外的律师事务所可以同本地的律师事务所组成新的联合体,开展新的法律服务。出现这种联合体的根本原因在于国际法律服务市场出现的新的更高的服务需求造成的。现在很多大型跨国企业、金融机构由于在全球运作技术、资本,一个投资或融资项目往往要涉及多个领域的法律问题,因此需要提供的法律服务也往往是复合的。由于经济全球化,在国际法律服务市场上的法律服务纯粹只涉及一个国家的法律事务越来越少。法律服务业务不仅涉及所在国的法律,而且会不同程度地涉及其他国家、国际组织和民间机构的规范和商业惯例。这就给法律服务的提供者提出了新的问题,即如何更好地提供这样的复合型法律服务。如果一个律师事务所的业务范围被严格地局限于某一方面的法律事务,显然,按照传统的律师事务所的组织模式和业务范围的划分就很难满足这些高端客户的要求。因此采取跨境的律师事务所联合体就可以在全球范围内有效地调动法律服务资源,从而更好地满足这些新型的法律服务需求。这就是出现新型跨境的律师事务所的联合体的根本原因。

另外在提供服务的方式方面也出现了新的变化,商业存在成为法律服务自由化的最主要形式。例如,新加坡为了发展和强化其在亚洲国际金融市场中的地位,对法律服务市场的开放程度较高,已经有多家国外大型律师事务所获准与新加坡本地律师事务所联合,形成新型的国际化律师事务所,为客户提供"一站式"的法律服务。

(四)国际法律服务市场的竞争已经超越了法律服务业本身

由于法律服务市场的巨大利润和市场的巨大潜力,不仅法律服务业内部的竞争在加强,而且国际上一些大型会计师事务所、咨询公司也加入到法律服务市场的竞争中来。由于这些公司中也有大量的公司律师,而且国际法律服务市场的业务是以咨询为代表的非诉讼业务为主,他们所从事的业务与律师事务所所从事的咨询业务有共同的特点。正因为如此,国际法律服务市场的竞争将趋于更加激烈。

第四节 咨询服务贸易

咨询服务是一种顾问及相应的客户服务活动,其内容是为客户提供咨询服务,这种服务的性质和范围通过与客户协商确定,客户(请教方或咨询方)提出问题或疑难,服务主体(答疑方或服务人)给出建议或解决方案,双方通过协议对彼此的责任和义务进行约定。

咨询服务贸易是指受委托人向委托人提供信息、情况、意见或介绍贸易、协助工作,从而向委托人取得报酬的一种贸易做法。其任务是向买卖人提供比较快速、准确的信息、情况、意见或从事服务活动。其作用表现在:对委托人来说,可减轻自己繁杂的事务活动,借用他人的智慧、劳动和现成的通讯联络手段,尽快获取信息,促成贸易;对受托人来说,可利用自己的智慧、劳动和联络网,提供服务,取得经济收入。

一、咨询服务的分类

(一)按行业分类

理论上讲,任何一个行业都存在咨询服务机构,如心理咨询、软件咨询、财务咨询、企业管理咨询、物流咨询、法律咨询、职业咨询等等。

(二)按专业性分类

有专业咨询、综合咨询和一般咨询。其中,专业咨询主要是指局限于某一专业领域内的咨询服务;而综合咨询又称决策咨询,是对某一城市、地区乃至全国的社会及经济发展规划、战略决策提供咨询服务。

(三) 按服务对象分类

从服务对象角度来分,有针对个人事务的咨询服务,如心理咨询、留学咨询、理财咨询等;有针对组织事务的咨询服务,如企业管理咨询等。

【专 栏】

兰德公司

兰德公司是美国最重要的以军事为主的综合性战略研究机构。它先以研究军事尖端科学技术和重大军事战略而著称于世,继而又扩展到内外政策各方面,逐渐发展成为一个研究政治、军事、经济科技、社会等各方面的综合性思想库,被誉为现代智囊的"大脑集中营""超级军事学院",以及世界智囊团的开创者和代言人。它可以说是当今美国乃至世界最负盛名的决策咨询机构。

兰德公司正式成立于1948年11月。兰德的长处是进行战略研究。它开展过不少预测性、长远性研究,提出的不少想法和预测是当事人根本就没有想到的,而后经过很长时间才被证实了的。兰德正是通过这些准确的预测,在全世界咨询业中建立了自己的信誉。成立初期,由于当时名气不大,兰德公司的研究成果并没有受到重视。但有一件事情令兰德公司声名鹊起。朝鲜战争前夕,兰德公司组织大批专家对朝鲜战争进行评估,并对"中国是否出兵朝鲜"进行预测,得出的结论只有一句话:"中国将出兵朝鲜。"当时,兰德公司欲以500万美元将研究报告转让给五角大楼。但美国军界高层对兰德的报告不屑一顾。在他们看来,当时的中国无论人力财力都不具备出兵的可能性。然而,战争的发展和结局却被兰德准确言中。这一事件让美国政界、军界乃至全世界都对兰德公司刮目相看,战后,五角大楼花200万美元收购了这份过期的报告。二战结束后,美、苏称雄世界。美国一直想了解苏联的卫星发展状况。1957年,兰德公司在预测报告中详细地推断出苏联发射第一颗人造卫星的时间,结果与实际发射时间仅差两周,这令五角大楼震惊不已。兰德公司也从此真正确立了自己在美国的地位。此后,兰德公司又对中美建交、古巴导弹危机、美国经济大萧条和德国统一等重大事件进行了成功预测,这些预测使兰德公司的名声如日中天,成为美国政界、军界的首席智囊机构。

在为美国政府及军队提供决策服务的同时,兰德公司利用它旗下大批世界级的智囊人物,为商业企业界提供广泛的决策咨询服务,并以"企业诊断"的准确性、权威性而享誉全球。兰德分析家认为,世界上每100家破产倒闭的大企业中,85%是因为企业管理者决策不慎造成的。随着全球商业化竞争的加剧,一个企业管理者决策能力的高低,在很大程度上决定了企业的前途和命运。

二、中国咨询服务贸易现存问题

(一) 成立时间短、规模小

我国咨询业经过多年的快速增长,已出现一批收入过亿的本土管理咨询机构,根据中国企业联合会管理咨询委员会发布的调查显示,50%以上的管理咨询机构是近10年成立的,而且与跨国企业还存在着较大的差距,与跨国企业相比,明显竞争力不足。同时,本土企业之间也存在着明显的差距,根据"2016 中国管理咨询机构 50 大"名单上显示的数据,2015 年名单上排名第 1 位的年营收额为 2.25 亿元,而排名第 50 位的年营收额仅为 0.15 亿元。

(二) 供需结构不平衡

我国管理咨询机构的发展同其他服务业的发展相似,都是先从沿海地区及中心城市发展起来,大多数大的管理咨询机构来自东部地区,少数来自中部地区,而西部地区很少。不仅是本土的咨询管理机构如此,在中国地区的全球性管理咨询企业,例如麦肯锡、埃森哲、波士顿等都集中在北京、上海设立了办公室。管理咨询服务虽然具有集中发展的特点,然而对于中国的广阔领域来说,在其他地区的企业,尤其是需要咨询服务的企业来说,有需求却没有供给。从另一方面来讲,现在会计师事务所业逐渐向咨询服务领域发展,独立的咨询公司也逐渐增多,因此在这些地区的咨询服务的供给将不断增加,而需求是有限的。如果提供服务咨询的价格固定,那么绝大多数企业会选择跨国咨询公司所提供的服务,因为他们都有长期为企业提供咨询服务所积累的经验,以及不同于本土企业的技术手段,同时拥有良好的信誉。就算此时本土咨询机构选择降低价格,不降低服务质量来吸引客户,那么我们依然存在着业务收入低的问题。业务收入与员工的薪酬有直接联系,企业的收入多了,给员工的薪酬才有可能增加,而只有提供高薪才能吸引更多的专业型人才进入企业,企业才能给客户提供更优质的服务。相反,薪水低可能会使企业专业人员不够,提供的服务有限,从而使得客户群减少。

(三) 中小企业接受咨询服务困难

在我国中小企业占很大比例,如果打开中小企业的市场,也能使咨询服务贸易的竞争力得到提升,然而面向我国中小企业的咨询市场却一直没能发展起来。对于国际企业来说,虽然中小企业是很大的市场,但是他们面临着文化融合等方面的问题。作为中国的本土企业,咨询公司和会计师事务所等在这方面具有很大优势。然而面对中小企业的咨询业务却发展缓慢,接受咨询数量少。所面临的问题首先就是咨询成本。中小型企业规模小,收益相对较少,而咨询服务作为企业的"外脑"其提供的是智力服务,价值高,费用贵。如果中小企业接受咨询服务,将大大提高成本,而且管理咨询通常是提供一系列的跟踪服务,这意味着企业将长期支出一大笔开支。因此也使得中小企业对使用管理咨询无法普及。另一方面也是因地区发展不平衡、咨询服务的供需不平衡造成的。中小企业难以接受咨询服务使得市场有限,如果只为有财力实力的国内及国际公司提供咨询服务,若没有与国际咨询企业同等的技术手段,他们也不会选择本土企业,这时本土企业的咨询服务贸易将面临巨大的危机,而中小微企业因得不到良好的咨询服务也将无法继续发展。

(四) 缺乏核心竞争力

埃森哲咨询公司每年会在研发上投资超过 3 亿美元来增加技术创新和提升实施能力。对于本土的咨询机构来说,大部分企业都不具备这样的经济实力,几乎没有几家可以达到年业务收入 3 亿元以上的独立咨询公司,而有一小部分可以达到业务收入 3 亿元以上的会计师事务所也未能在研究项目上投入如此多的资金。所以,目前国内还没有一家咨询机构可以做到定期发表研究成果,拥有与国际知名企业相媲美的咨询技术及专利。而咨询服务业作为一种智力行业,知识技术也是影响国际竞争力的关键因素之一。与跨国咨询公司相比,本土咨询机构缺乏核心竞争力。纵观整个市场,市场定位不明确,许多企业的业务有交叉,使得对咨询服务贸易的定位模糊,不利于企业对外提供咨询服务。同时专业技术人员、人才的稀缺制约了咨询服务贸易的发展,企业难以向国外企业提供咨询服务就无法提高国际竞争力。

(五)缺乏品牌优势

在中国咨询公司基本可以分为三类,一类是占市场份额较多的国际型咨询公司,一类是市场份额较小,但相对具有一定规模的本土大型咨询公司,一类是占市场份额不高,却数量众多的没有品牌化组织的小型咨询公司。对于小型咨询公司来说,企业规模小,品牌知名度差,咨询服务能力和水平差异较大,可提供咨询服务范围有限,甚至包括一部分较大的本土咨询机构,他们普遍缺乏成熟的咨询经验和有效的应用工具。同时本土大型咨询公司的国际化程度低,企业的品牌意识不强。而对咨询行业来说,它提供的是咨询服务,咨询机构要赢得客户认可、获得政府支持,诚信度是根本。而阻碍咨询服务业发展的一个原因就是道德不信任。因我国咨询市场刚刚形成一定规模,市场机制还不完善,在法律制度上还有很多空白,一些行业的不规范操作使得企业对国内本土公司不信任。相对的,国际知名咨询公司不仅信任度高,而且服务更专业化,更能满足企业的需求。

三、本土咨询机构的发展建议

(一)增强品牌意识

独立咨询公司及会计师事务所等其他可以提供咨询的机构,虽然不乏佼佼者,但是仅仅是少数,大部分的市场份额都归国际知名公司或者跨国企业所有,无法形成本土咨询市场的规模,因此,首先要加强各机构的品牌意识,让他们将自己推广出去,打造属于我国的知名企业,从而在国际化的道路上更有竞争力。

(二)增加技术创新,扩展业务领域,培养专业人才

企业有了声誉,就要提供更好、更多的服务,因此,拓展咨询服务的类型、创新提供咨询服务的技术、培养合适的专业人才等都可以使得咨询机构提供给顾客更优质的服务,进而增强公司信誉,扩大客户群,增加对外的咨询服务贸易。

(三)关注中小微企业

虽然现在我国本土的咨询机构大部分也都属于中小微企业,但这是由中国的国情所产生的。而让这些中小型的咨询机构为其他行业的中小微企业提供咨询服务,不仅能扩大他们的业务量,提高声誉,同时还能使其他的中小微企业得到更好的发展前景。本土企业还可以积累经验及方法,为开展国际化道路、拓展国际市场、发展咨询服务贸易打下良好的基础。

(四)国家政策及政府的支持

政策法规不是一两天就可以制定出来的,同样,已经推出的政策法规也不是一两天就可以完善的,必须正视其中的不足以及缺陷,这样才可以制定出更加完善而且符合我国国情的制度。同时也需要政府的大力支持,可以学习借鉴西方国家的政府咨询方式,支持本土咨询企业为政府提供咨询服务,进而还可以提高企业信用度,增加企业的业务领域,使我国的咨询服

贸易得到更好的发展。

本章小结

根据WTO服务贸易总协定,全世界的服务分为商业服务、通讯服务等12大类,其中专业服务贸易被列为商业服务贸易的一种。

会计服务包括会计与审计服务(包括财务报表审计服务、会计账目审阅服务、财务报表编制服务、其他会计服务)和簿记服务。在西方发达国家具有深厚资信的会计公司除提供上述两类服务外还广泛从事税务咨询、管理咨询、制定规则咨询、合并或破产咨询、投资谋略服务等。

国际法律服务贸易是指一国的法律服务提供者为另一国的法律服务需求者提供服务并收取费用的经济活动;或一国的法律服务需求者获得外国法律服务提供者的服务并支付费用的经济活动。

咨询服务贸易是指受委托人向委托人提供信息、情况、意见或介绍贸易、协助工作,从而向委托人取得报酬的一种贸易做法。其任务是向买卖人提供比较快速、准确的信息、情况、意见或从事服务活动。

思考练习题

一、名词解释

专业服务贸易　会计服务贸易　法律服务贸易　咨询服务贸易

二、单选题

1. 按照WTO划分,以下（　　）不属于专业服务贸易。
　A. 运输服务　　　　B. 法律服务　　　　C. 税收服务　　　　D. 兽医服务

2. 工程技术人员坐在家里利用计算机网络为海外机构设计图纸和开展咨询,这种专业服务属于（　　）模式提供的。
　A. 跨境交付　　　　B. 境外消费　　　　C. 商业存在　　　　D. 自然人流动

3. 外国工程师到本国从事个体专业服务属于（　　）模式提供的专业服务。
　A. 过境交付　　　　B. 境外消费　　　　C. 商业存在　　　　D. 自然人流动

4. 以下（　　）不属于国际法律服务贸易的发展趋势。
　A. 法律服务产业化在国际法律服务领域得到了很大的发展
　B. 各国保护程度越来越高
　C. 国际法律服务机构在服务的提供和交易形式方面出现了许多新的变化
　D. 国际法律服务市场的竞争将趋于更加激烈

5. 以下（　　）不属于国际法律服务贸易市场准入壁垒。
　A. 对于法律服务一律设有国籍规定,外国顾问服务无法进入

B. 对专业管理与技术人员流动的限制
C. 有些经济合作与发展成员国家禁止公司的成立
D. 对使用国际与外国事务所名称的限制

6. 以下不属于我国咨询服务贸易现存主要问题的是（　　）。
   A. 供需结构不平衡　　　　　　　　B. 中小企业接受咨询服务困难
   C. 行业开放度太高　　　　　　　　D. 缺乏核心竞争力

7. 以下（　　）不能从根本上提升我国会计服务贸易竞争力。
   A. 行业协会加强监督管理,完善监管制度建设
   B. 实施规模化经营,增强执业中介机构的竞争力
   C. 培养和引进优秀人才
   D. 扩大从业群体队伍

8. 我国中小企业接受咨询服务困难的主要原因是（　　）。
   A. 咨询成本高,且供需不平衡　　　B. 中小企业规模达不到咨询公司的要求
   C. 中小企业不需要接受咨询服务　　D. 中小企业发展速度过快

9. 法律服务贸易将因国际网络与电子商务的不断发展而（　　）。
   A. 受益　　　　B. 受损　　　　C. 不受影响　　　　D. 以上都不是

10. 在我国咨询服务业发展中,以下（　　）不属于造成道德不信任的原因。
    A. 国内咨询市场机制还不完善　　　B. 行业的不规范操作
    C. 服务不够专业化　　　　　　　　D. 咨询企业规模大

三、判断题

1. 本国病人到外国就医属于自然人流动模式形成的专业性服务贸易。　　（　　）
2. 国际法律服务贸易是指一国的法律服务提供者为另一国的法律服务需求者提供服务并收取费用的经济活动。　　（　　）
3. 法律服务贸易大多数是以境外消费模式存在。　　（　　）
4. 我国当前要有计划、有步骤地逐步开放会计服务市场,做到扩大开放与有效保护相结合。　　（　　）
5. 会计服务主要包括会计与审计服务和簿记服务。　　（　　）
6. 跨国执业律师经常是以公司网络的结构出现。　　（　　）
7. 当前,由于法律服务市场的巨大利润和市场的巨大潜力,不仅法律服务业内部的竞争在加强,国际上一些大型会计师事务所、咨询公司也加入到法律服务市场的竞争中来。（　　）
8. 境外的律师事务所可以同本地的律师事务所组成新的联合体,开展新的法律服务。出现这种联合体的根本原因在于扩大企业规模。　　（　　）
9. 我国目前大部分的咨询市场份额都由国际知名公司或者跨国企业所有。　　（　　）
10. 对于国际企业来说,虽然我国中小企业是很大的市场,但是他们面临着文化融合等方面的问题。作为中国的本土企业,咨询公司和会计师事务所等在这方面具有很大优势。
　　（　　）

四、简答题

1. 简述专业服务贸易的种类。
2. 简述中国会计服务贸易发展对策。

3. 简述法律服务贸易壁垒的主要形式。
4. 简述中国咨询服务贸易发展存在的主要问题。

五、案例分析

大力促进专业服务业发展

专业服务业是现代服务业的重要组成部分,主要包括法律、会计、税收、评估、专利代理、咨询服务等。从发达国家的经验和在我国发展的历程看,专业服务业不仅直接创造经济价值,更有利于推动经济结构调整和产业优化升级,促进经济社会协调发展。在维护市场经济秩序、实现社会公平正义等方面发挥着无可替代的重要作用,扮演了"市场经济的润滑剂"和"社会管理的助推器"角色。

正因为专业服务业在国民经济中的重要作用,发达国家和地区都把它当作战略性支柱产业,扶持了一批大型专业服务跨国公司,主导了专业服务技术国际化标准的制定,垄断了全球主要专业服务市场,为其经济全球化扩张提供了有力支撑。

以美国为例,从1998年到2011年间,专业服务业增加值占GDP的比重都在10%以上,并逐年攀升,2011年达12.5%。而在我国,2011年只占1.92%,与国际先进水平相比,起步晚、起点低、总体发展滞后,其中的差距,不仅体现在收入总量和机构规模等硬指标上,还体现在专业人才培育、专业水平、执业能力等软实力方面。

问题:(1)试讨论专业服务业及专业服务贸易的特点。
(2)试讨论专业服务贸易对我国发展服务贸易的重要意义。

第十二章　国际服务外包

本章要点

1. 服务外包的含义与分类
2. 全球服务外包发展趋势
3. 印度服务外包发展的经验
4. 我国服务外包发展现状、存在问题与对策

引导案例

早在20世纪,管理大师彼得·德鲁克就曾指出:"未来10年到15年,任何企业中仅做后台支持而不创造营业额的工作都应该外包出去,任何不提供高级发展机会的活动和业务也应该采用外包形式。"

以今天的发展情况来看,德鲁克是具有前瞻性眼光的。以印度IT工程师解决"千年虫"问题为开端,服务外包作为一种新兴的商业模式迅速在全球推广开来。让企业专注于核心业务的发展;将非核心或短期内难以解决的问题外包给其他企业;降低经营的成本负担……服务外包的显著优势,让其在经济全球化以及分工专业化的时代十分亮眼。

第一节　服务外包概述

一、服务外包的涵义

(一)外包

"外包"(Outsourcing),又称"资源外包"(Outsource using),尽管学术界并没有给出明确的统一定义,但从经济学含义上看,外包指的是企业为降低生产经营成本、提高生产效率、集中培养自身核心竞争力从而在竞争中获得优势地位,将原本由本企业自身完成的生产或者服务活动通过合同或者契约的方式转移到企业外部完成的一种企业经营方式。简单说就是,企业将内部工序流程,无论生产制造活动还是服务活动,转移到企业外部去完成的市场交易活动。

其中,将生产或服务依据合同转移出去的一方称为发包方,依据合同提供产品或服务的一方称为接包方。

从基本特征来看,外包转移的是生产或服务的某个、几个环节或一个、几个流程,而并不是生产或者服务活动的整体向外转移。从本质上看,外包就是一种资源的重新配置与整合,即利用外部最优秀的专业化资源来替代原本由企业自身进行的生产或服务活动,以降低生产经营成本并提高自身的效率,从而达到提升自身核心竞争力的目的。

20世纪70年代,西方发达国家的部分制造业企业将生产链条中的流程分割开来,企业内部保留研发、营销等处于"微笑曲线"两端的核心的资本和技术密集环节,而将非核心的处于"微笑曲线"低端的部分生产环节转移到本企业以外的本国的低成本、专业化生产或组装企业进行;在这一过程中,发展中国家低廉的劳动力成本和其他生产经营成本对发达国家的生产环节转移形成了巨大的吸引力,使得这种转移活动进一步扩展,由单纯向发达国家国内企业转移开始扩展到向发展中国家转移。为了应对日益激烈的外部竞争,更多的企业参与到了这种生产环节外部转移的活动中来,并逐渐形成了一种外包的潮流。最初所涉及的领域集中于劳动密集型的纺织服装行业,20世纪80年代以后发展到机械制造、通讯与电子设备等领域,90年代之后又进一步延伸至化学工业、生物制药等领域。1990年,普拉哈拉德(C. K. Prahalad)和哈默尔(G. Hamel)从企业核心竞争力的角度对制造业领域将生产流程分割的行为进行了理论上的总结,并将其称之为"外包"(Outsourcing),这是理论界第一次明确地提出外包的概念。

可见,外包是随着20世纪70年代后期发达国家制造业大规模向成本较低国家转移而逐渐成为世界潮流的,随后才提升到了研究领域的理论总结。与此同时,外包理论在实践中推动了全球范围内的资源集中与优化配置。

(二) 服务外包

20世纪90年代以来,随着信息技术的快速发展特别是互联网的应用和普及,企业内部的许多服务流程和服务工序也像产品制造中的可分割环节一样逐步模块化和标准化,许多原本不可贸易、不可存储和不可运输的服务环节与服务流程,都可以通过互联网方便快捷地进行存储、传输和交易,服务外包应运而生,并在真正意义上推动实现了跨国公司资源在全球范围内的整合与优化配置。

对于服务外包的定义,不同机构和部门的理解并不相同。我国官方机构对服务外包的定义来自于商务部2015年颁布的《服务外包统计报表制度》,是指专业服务供应商通过契约的方式,为组织(企业、政府、社团等)提供服务,完成组织内部现有或新增的业务流程中持续投入的中间服务的经济活动。分为信息技术外包(Information Technology Outsourcing, ITO)、业务流程外包(Business Processing Outsourcing, BPO)、知识流程外包(Knowledge Processing Outsourcing, KPO),其中,信息技术外包(ITO)的类别包括:软件研发外包、信息技术服务外包、运营和维护服务等;业务流程外包(BPO)的类别包括:内部管理外包服务、业务运营外包服务、供应链外包服务;知识流程外包(KPO)的类别包括:商务服务外包、技术服务外包、研发服务外包等。

我们可以从服务接受方和服务提供方两个不同的角度来认识服务外包。从服务接受方的角度看,服务外包指的是公司从节约生产经营成本、提高效率的角度出发,将原本由本公司自行承担的商业流程、管理流程和服务环节等以独立的商业形式外包给第三方服务提供商的经济活动;从服务提供方的角度看,服务外包指的是服务提供者通过契约或合同的方式向服务的购买者提供特定的服务活动,以根据客户要求提供的专业化服务获得收益。但不管从哪一个角度来定义,服务外包都与服务流程有关,指的是企业将价值链中原本由自身提供的具有基础性、共性、非核心的业务流程剥离出来,外包给企业外部专业服务提供商来完成的经济活动。

二、服务外包的分类

(一)根据服务外包内容

从服务外包的内容构成来看,服务外包可以分为信息技术外包(ITO)、业务流程外包(BPO)和知识流程外包(KPO)。具体见表12-1。

表12-1 根据服务外包的内容分类

分类	内容
信息技术外包 ITO	系统操作服务,系统应用管理服务,技术支持管理服务。软件外包是其重要组成部分
业务流程外包 BPO	需求管理,如客户关系管理;企业内部管理,如人力资源管理、金融与财务;业务动作管理,如呼叫中心;供应链管理,如采购、运输等
知识流程外包 KPO	股票、金融和保险研究,数据检索、分析和管理,企业和市场研究,工程和设计服务,网页设计,动画和模拟服务,医疗服务,药物和生物技术,网络管理和决策辅助系统,等

(二)根据服务外包发包方和接包方所在地域

根据服务外包发包方和接包方所在地域,服务外包分为三种类型:离岸外包、近岸外包和在岸外包。离岸外包是指转移方与为其提供服务的承接方来自不同国家,外包工作跨境完成;近岸外包是指转移方和承接方来自于邻近国家,双方通常在语言、文化背景方面有较大的相似性,可以降低服务外包双方的沟通、合作、运输等成本。在岸外包指转移方与为其提供服务的承接方来自同一个国家,外包工作在境内完成。

三、全球服务外包发展

随着经济全球化和信息技术的飞速发展,全球产业正经历从制造业向服务业转型,服务外包作为国际产业升级的新态势,已经成为世界各国实现经济增长和提升产业竞争力的主要引擎。近年来,虽然全球经济在经历低谷徘徊后缓慢增长,但经济全球化进入了服务业全球化的新阶段,为服务外包提供了更多的发展机会和发展空间。同时,随着新兴科学技术的广泛应用和服务外包产业的深入发展,全球服务外包产业发展潜力巨大。

(一)从发包地分布看:发达国家占据主导,新兴市场份额逐步扩大

全球主要外包业务需求仍来自美、日、欧等发达国家和地区,占全球发包市场的80%以上,产业发包总体呈现出"以发达国家为中心,发展中国家为外围"的格局。

短期内,欧美国家宏观经济不景气提高了当地企业对成本的控制力,释放发包需求的同时

也压缩了单笔订单价格。同时,欧美国家失业率高涨,其政府部门为了保护本国工作岗位,推行了鼓励在岸外包的保护措施,一定程度上减少了企业外包业务的计划。如美国为保住国内就业岗位、离岸业务回岸的呼声很高。欧洲不断蔓延的主权债务危机给服务外包市场带来了较大冲击,导致预算压缩引起欧洲市场业务发包量的下降。而日本受到GDP增长减缓的制约,日本企业缩减IT投资造成日本服务外包产业处于负增长。短期来看,来自美、日、欧市场的发包业务将受到或多或少的冲击,但主导地位仍将保持。长期来看,随着经济的复苏,发达国家和地区占据发包市场主导的格局依旧。

值得注意的是,新兴市场国家在国际发包市场上也开始崭露头角,呈现出良好的成长态势,随着新兴市场对服务外包业务认识的成熟、信息安全、知识产权保护等环境的完善,将释放出大量的发包需求,新兴市场份额将逐步扩大。以印度、中国市场为例,印度国内的离岸自建中心保持20%以上的年复合增长率,而COI预测中国市场目前的发包量达到近千亿美元,未来随着中国政府及社会各界对在岸服务市场需求的关注度,以及对服务外包的认知度不断提高,发包需求将持续释放。未来将促使发包市场向"多对多"的全球服务提供模式转变。

(二) 从接包地分布看:发展中国家占主角,接包市场竞争更加激烈

根据美国管理咨询公司A. T. Kearney发布的2016年全球离岸服务外包目的地指数,印度、中国、马来西亚位列前3名。印度以工程、产品研发、制造业领域极具投资吸引力以及房地产、劳动力等方面相对便利性而位居榜首;中国因治理改善和金融市场自由化等因素位居第2,但其知识产权保护方面仍有待加强。

其中,拉美、亚太地区(如:中国、印度、菲律宾、巴西、墨西哥)已成为全球服务外包市场上的重要承接方,许多中小贫困、落后国家(如柬埔寨、肯尼亚、斯里兰卡等)的服务外包业也得到了飞速的发展,中东欧(俄罗斯等)依靠高增长速度正在向全新的服务外包中心迈进。未来,随着发展较为成熟的国家逐渐失去固有的成本优势,发挥资源禀赋优势、实现差异化将成为发展的主要方向,并激发国家间合作意识的增强(如"Chindia"即"中国+印度"模式),从而使服务外包接包地分布发生变化。

(三) 从行业领域看:传统领域仍占主导,新兴细分领域不断涌现

信息技术外包(ITO)作为服务外包最主要的组成部分,仍然占据全球60%~70%的市场份额,但长期来看,知识流程外包(KPO)和业务流程外包(BPO)有可能获得更快的发展,包括风险管理、金融分析、研究开发等处于企业生产价值链上游的核心业务正逐步纳入外包领域,推动外包业务向价值链高端攀升。

除来自制造、银行、金融服务和保险行业、通信传媒等垂直领域的发包需求外,来自医疗保健、公共事业等领域的外包需求正在进入一个快速发展阶段,未来很可能成为IT应用程度更高的垂直行业。同时,来自法律流程外包、生物医药外包和新兴国家电信领域的表现也值得关注,非核心领域的外包业务正在成为新的争夺热点。此外,服务外包从综合性向各个细分领域扩展的趋势,未来将使拥有垂直行业专业知识的企业更具竞争优势。

【专栏】

让服务外包服务中国企业

近年来,中国服务外包产业发展迅速。十多年的时间,合同额增至万亿元人民币,服务外包以一种广受认可的商业模式推广至百余城市、近4万家企业。在全球的产业价值链条当中,"中国服务"深耕细作。与之相比,中国作为发包市场,享受来自全球的外包服务,却稍显逊色。这又分为国内国际两个市场。一方面是中国国内企业直接进行的发包与接包。过去服务外包刚起步时,只有部分国有企业和外资企业愿意选择外包,保守的商业文化让企业更加信奉自己管好自己的一摊子事儿,不愿意将业务进行外包。此外,彼时国内有经验的外包人才与技术缺乏,外包服务提供商的服务质量的确还需市场的检验。而经过十多年的发展,中国外包人才、技术、基础设施方方面面渐趋成熟,有条件也有基础让服务外包为企业发展增添更大的活力。另一方面是中国向国际市场购买外包服务。伴随着中国对外开放程度的加深,越来越多的中国企业在境外投资设厂,开展经营活动。中国企业"走出去"往往面临当地环境、政策、法律等一系列风险与适应问题,将一些通用型事务外包出去,不失为企业优化管理和服务的良好选择,也是加强本土化建设的有利渠道。借助这种企业间合作和国际合作,很多服务外包企业与客户甚至从之前的甲方乙方关系变成了战略伙伴关系,从而深度融入行业,实现互利共赢。

服务外包最大的特点,就是帮助组织或个人解决非核心环节上不专业、不经济的痛点。它是社会精细化分工和规模效应的必然结果,对于产业升级、外贸增长和扩大就业具有重要意义。在深度融入全球经济的大背景下,中国企业应积极配置全球资源,利用好服务外包的比较优势。

国务院印发的《关于促进服务外包产业加快发展的意见》提出,到2020年,服务外包产业国际国内市场协调发展。在中国服务外包国际市场稳居世界第2位的今天,进一步激发国内服务外包市场的活力,无疑是"协调发展"的题中应有之义。期待中国企业合理谋划,让"服务外包"更好地服务中国企业。

(资料来源:人民日报海外版,2017年4月11日)

第二节 印度服务外包发展

印度是世界上承接服务外包起步最早也是发展最为成功的发展中国家,是全球最大的服务外包承接国。20世纪90年代初,印度实施了以市场为导向的经济改革,依靠本国廉价的技术劳动力,抓住了全球服务业跨国转移的机遇,通过各项综合政策的扶持,一举成为世界服务外包强国。印度承接服务外包的成功实践,既有印度本国与全球经济积极融合的主观因素,也有全球范围内服务业跨国转移的客观原因。

一、印度服务外包发展阶段

印度是美国等发达国家首选的服务外包承接地,也是承接服务外包产业发展最快的国家。从印度承接服务外包的发展历程来看,大体可以分为三个阶段,即服务外包起步积累阶段、服务外包发展阶段、服务外包转型提升阶段。每一个发展阶段都与印度政府的政策导向紧密相连。

(一) 服务外包起步积累阶段(1992年以前)

与起步积累阶段相对应,印度政府的政策基本上是内向型的社会经济发展政策。1985年以前,印度政府支持包括计算机产业在内的高新技术产业的发展,但是政策导向是通过自力更生的方式发展,这显然阻断了与国际市场的联系,也限制了跨国公司在印度的投资。为应对国内市场的保护政策,软件现场开发模式开始起步。所谓的现场开发模式,是指软件出口企业派出自己的员工到境外的客户企业提供服务,境外的客户企业提供一些必需的设备、对所要设计的软件提出具体的要求,并根据对软件开发人员的实际使用时间来付费的方式。这一模式在印度流行有两个方面的原因:一是跨国公司获取软件工程师的服务比将服务直接外包给印度企业要容易得多,双方企业都不需要承担印度国内的硬件生产和进口方面诸多规定施加的成本;二是在现场模式下,客户企业可以对软件工程的质量进行持续有效的监督。可以说,软件现场开发项目是企业为应对管制的市场突围行动。进入20世纪90年代,计算机在欧美等发达国家的企业基本普及,互联网技术的普及应用推动了软件行业的蓬勃发展,对企业资源进行配置和维护成为大型跨国公司的发展需要。在这一时期,尽管印度国内政策并没有根本改变,但是已经有所松动,特别是在计算机和软件的进出口与投资政策方面,计算机软件和硬件进口关税都降低到了60%,并不再需要进口许可证,允许设立外商独资的软件出口导向型企业。

印度教育体系培养的大量理工科毕业生,其中大部分的软件专业人员一方面在国内谋求出路,另一方面在欧美国家跨国公司中寻求发展。这为以后印度软件与承接服务外包的发展奠定了人力资源和跨国公司人脉的基础。人力资源成本是软件开发成本的最主要部分。印度软件产业劳动力成本优势明显。1990年,印度一名软件工程师的月薪约为500美元,而同样的软件工程师在美国的月薪则要超过3 000美元。巨大的成本差异使得美国的跨国公司意识到使用印度的软件人才是节省成本的最优途径。软件现场开发项目模式成为印度软件企业发展的主要方式。据印度全国软件和服务企业协会(NASSCOM)估计,有将近90%的软件收益来自于现场项目服务。总体来看,1992年以前的时间里,在政府倾向性政策的指引下,印度软件企业积累了客户和技术,也在发达国家特别是美国获得了良好的声誉。

(二) 服务外包发展阶段(1992—2000年)

印度政府于1991年开始进行经济体制改革,主要包括金融自由化改革和进出口政策。这两个方面的改革为印度软件产业和承接软件外包创造了良好的政策环境,极大地促进了软件产业的发展。同时,印度政府推出了软件科技园区计划,园区内的通讯基础设施条件大幅度改善,卫星通讯和网络服务便捷,这大大降低了印度软件企业的通讯成本,加之劳动力成本的巨大优势都大大推动了印度承接美国服务外包的进程。印度与美国硅谷约13小时的时差使得美国公司能够拓展为客户服务的时间,因此,美国的跨国公司开始尝试采用离岸开发中心

(Offshore Development Center,ODC)的方式,在印度设立子公司,聘用印度的管理人员和技术人员为母公司提供服务。印度本土企业也看到了离岸模式能够带来的商业机会和巨大的利润空间,也开始通过为欧美公司设立离岸开发中心的方式提供包括软件开发在内的开发与业务流程服务。印度企业一般专门为一个国外客户提供服务,而一些较大的印度企业,如TATA等则通过分别设立多个独立的ODC的方式为多个不同的客户提供服务;而国外的客户只要付出很低的成本就可以利用和维持印度企业所设立的这个离岸服务中心的运营。在这一阶段,进入这一领域的企业不断增多,服务外包得到快速的发展。大多数的印度企业已经具备了提供外包服务的行业通用能力,而其中的部分企业则具备了规模大、资本密集程度高、劳动生产率更高的流程管理特有能力。

(三)服务外包的转型提升阶段(2000年至今)

2000年以来,印度国内的经济改革更加深入、政策更加开放,一个重要的特点是政府将承接服务外包产业作为国家经济发展的重点产业予以扶持。相应地,归因于政府政策的扶持以及这一时期美国IT泡沫的破裂给印度带来的机遇,印度承接服务外包产业得到快速提升与发展,表现在:一是业务交易规模进一步扩大;二是服务外包的内容由软件外包为主体向业务流程为主体的转型。从外包交易规模上看,印度国内最大的软件企业外包合同多是长期的离岸合同,合同价值高。从服务外包的内容上看,服务外包的主体内容由软件外包(ITO)逐渐向业务流程外包(BPO)转型,知识流程外包(KPO)也占到了一定比例,金融服务、工业设计、生物科技、产品研发等行业是印度KPO的优势产业。相对而言,软件外包处于服务外包价值链的低端,属于技术和劳动密集型,一般只参与发包方所发包工作的某一模块而不参与发包方的系统设计,利润率相对较低;而业务流程外包多集中于金融服务、电信服务等领域的客户开发与服务,处于服务外包价值链的高端,技术含量和资本密集程度更高,承接服务外包企业的利润空间更大。印度企业承接服务外包的成功转型对于印度服务外包产业的发展具有十分重大的意义。

【专 栏】

在印度服务外包产业的发展中,印度软件业的发展是一个亮点。印度软件业起步于20世纪60年代,建设于70年代,成长于80年代。印度软件产业的起步,主要得益于曾担任美国电机电子工程师学会主席,被尊称为"印度软件之父"的柯理和获得1930年诺贝尔物理学奖的拉曼教授。60年代,柯理凭着自己的远见和魄力,为闭塞的印度引进了信息科技。

80年代中期,一批有远见的企业家和印度政府的决策者开始意识到印度在发展计算机软件方面的潜力和优势。印度政府也在1986年及时出台了第一个"软件发展政策",使印度的软件业很快起步。印度的第一批软件企业已经积累了相当的开发与服务能力和开展国际业务的经验。

20世纪90年代以来,伴随着信息技术的全球化发展,跨国公司纷纷将核心业务剥离出来,通过外包方式交给专业的公司完成。印度抓住"千年虫"问题、美国经济持续增长以及欧元诞生三大历史发展机遇,在TATA等一批成功企业的带动之下,实现了软件业持续快速的增长。

进入21世纪,印度软件业的发展速度更是惊人,印度服务外包产业的增长成为全球服务贸易发展的典范。据世界银行对软件出口国家能力的评估报告,印度软件出口的规模、质量和成本等综合指数名列世界第一。

二、印度承接服务外包的经验

印度承接服务外包不仅在国际上树立了"印度办公室"的国家品牌,也极大地促进了印度社会经济的快速发展。总体来看,印度服务外包之所以得到快速的发展,不仅是成功抓住了国际产业转移所带来外部机遇的结果,也是充分发挥印度国内所具备的能够促进服务外包产业发展优势条件的结果,两者共同推动形成了印度承接服务外包的基本模式。总的来看,印度承接服务外包的经验主要包括五个方面:外部机遇的充分利用、制度安排的准确定位、人力资源优势的充分发挥、政策效应的积极显现和行业协会的强势地位。

(一)外部机遇的充分利用

印度承接服务外包的发展与全球服务业转移的外部机遇紧密相连。实际上,印度承接服务外包并不是政府先见之明式的有意而为之,而是在国际服务业转移的机遇下调整政策确定优势产业的结果。印度抓住了"千年虫"这一难得的发展机遇,利用廉价的技术劳动力和已经成熟的互联网络承接了美国、欧洲各国的外包业务,以其低廉的成本、稳定的质量得到了美、欧跨国公司的认可并由此树立了印度服务的国家品牌,印度软件产业和软件外包也由此得到了快速的发展。据印度全国软件和服务企业协会(NASSCOM)估计,这一机遇为印度带来了约50亿美元的收入。更为重要的是,发达国家特别是美国的跨国公司充分认识到印度在承接软件外包和业务流程外包方面的实力和潜力,在网络通讯技术的革命性发展之下,将服务外包给印度成为跨国公司降低成本的重要选择。

服务业的跨国转移是全球新一轮产业结构调整的基本特征,印度及时抓住了这一机遇,顺应经济全球化的潮流和趋势,积极对外开放服务领域和服务部门。实际上,作为一个新兴的部门,软件产业从开始就没有像制造业部门一样得到国家的政策保护,而是直接面对国际市场自由竞争。因此,印度软件产业从诞生之日起就在国际市场上与其他跨国公司同台竞争。与政府保护制造业领域的政策相反,印度政府采取了积极开放服务业领域的政策,同时积极引进境外资金参与服务市场的发展,因此,包括承接服务外包在内的服务产业得到了快速的发展。

印度的实践证明,在经济全球化的背景下,积极对外开放是抓住全球产业转移机遇、促进本国经济健康发展的必由之路;同时,只有顺应世界经济发展的潮流,在全球范围内配置资源、发挥协同效应才能充分利用本国的比较优势、促进本国经济的跨越式发展,这是发展中国家赶超发达国家的有效途径。

(二)制度安排的准确定位

印度经济、金融、法律制度、私营经济制度相对比较完善,为印度承接服务外包的发展提供了良好的体制环境。从经济体制改革方面来看,两个时间段的经济体制改革从根本上推动了印度经济体制的转型与发展。1984年的经济体制改革,主要内容包括放宽对私营企业的管制、放宽进出口的限制,从而推动企业积极参与国际贸易投资、促进出口、推动国有企业改革;1991年的经济体制改革在1984年改革的基础上进一步深化,包括取消生产领域的管制,充分发挥私有经济的作用;大力引进国外先进技术,吸引外资投资印度;进一步放宽进口限制,积极鼓励出口;确立软件行业发展规划,进一步推动软件产业发展等。经济体制改革的推进和深化为印度承接服务外包的发展奠定了体制的基础。

金融体系是现代经济的神经系统,对发展中国家来说,体系完善、功能健全的金融网络是资本配置的重要条件之一。印度的金融体系保留了英国殖民时代留下的制度,整个银行体系拥有130余年的历史,大多数的银行都是私营银行,由于机制灵活,这些银行可以在资本市场筹资,可以最高出售股票总额的49%,因此,银行的贷款坏账率较低,2004年全国商业银行的合计坏账率为10.8%。而商业银行的贷款方向,大体可以划分为35%是给政府及政府公司,65%是给私人和私营企业。同时,政府通过修订国家银行法,批准设立了一批新的私营银行,以增强金融市场的活力与竞争,在市场机制下发挥金融机构的作用。从资本市场来看,印度股票市场已有近百年的历史,监管制度移植于西方国家,相对比较健全和完善,印度上市公司的经营水平、规范化管理水平普遍较高。金融体系的完善为服务外包承接企业的成长提供了成熟的融资环境和发展环境。

在法律制度方面,由于历史原因,印度顺势继承了英国的法律制度,且自诞生之日起就没有中断过,法律体系与欧美国家的法律体系具有一体性和兼容性,也为市场经济的发展提供了制度基础和运行规则。以印度的知识产权法为例,印度的知识产权的法律体系比较健全,主要包括版权法、商标法、专利法、设计法、地理标识法等。同时,政府根据市场发展需要不断地对上述法律进行修订和完善,目前其版权法被认为是发展中国家中较为严厉的也较为接近国际惯例的版权法之一。除了严格的法律之外,政府部门也为保护知识产权制定了严密的执行机制与网络。例如,为配合打击盗版,信息技术部设立了"软件标准、测试和质量认证机构""计算机应急反应小组"等专门机构;人力资源部门专门开设"普法课",普及与知识产权有关的法律法规。对知识产权的重视和保护为服务外包合作提供了基础条件。在法律制度和市场规则的框架下,私营经济和私营企业不断发展,政府允许私营企业进入除部分基础设施以外的所有领域,一些大企业不断壮大,在许多行业拥有了垄断地位,而一些中小企业也不断崛起和成长。

电信业的发展、互联网接入成本的降低是以IT和互联网技术为基本支撑的服务外包发展的重要前提条件。实际上,在政府对电信业进行改革之前,印度电信业的发展非常缓慢,主要原因在于政府对于电信产业的垄断,政府既是电信运营商,又是电信运营执照的颁发者。因此,不仅电信产业的发展缺乏活力发展缓慢,而且电信资费很高。2000年,印度政府对电信业进行改革,确立了未来电信业发展的目标和原则,采取了一步到位的"先改革、后发展"的激进模式。印度政府通过大刀阔斧的改革,打破了垄断,充分引入外来资金和技术参与通讯设施建设,私人资本自由进入参与竞争,这一系列的措施使得电信资费标准和支持互联网运行的成本大幅度降低,为印度企业承接服务外包的发展奠定了技术条件。

印度承接服务外包的发展历程也进一步表明,政府可以在促进产业发展方面发挥更大的作用。实际上,政府的作用不是先验地根据产业技术水平的先进与否确定应该发展哪些产业,而是在发现本国具有比较优势的产业后,在市场这只看不见的手的引导下,积极地完善政策、调整政策、理顺政策,为产业和企业的发展提供良好的体制环境。

(三) 人力资源优势的充分发挥

印度承接服务外包的快速发展,其人力资源是最重要的因素。世界银行预测,以目前的人口增长速度计算,印度将在2032年超过中国成为全球人口最多的国家。但是,这里所称的印度人力资源优势,指的不是印度人力资源的绝对量,而是指受过高等教育、具有较高计算机水平和软件开发能力但同时收入水平却远远低于欧美发达国家同等技能人员的数量。2004年，印度劳动力总数为4.822亿，拥有270多所大学和2 400所职业学校，每年可以提供超过200万名能够熟练使用英语的计算机专业毕业生。在世界上所有的发展中国家中，印度的高等教育水平处于前列，特别是理工科的教育方面。印度拥有的科技人员总数居世界第3位，仅低于美国和俄罗斯。由于印度的工资水平远远低于欧美国家，具有同样技能的人力资源成本只有美国的大约1/8到1/10，因而，印度大量的高素质的廉价劳动力成为承接服务外包的最大优势。

实际上，印度国家人力资源储备起源于高等教育的投资，这得益于印度政府对高等教育的重视。印度政府对高等教育体系的投资始于20世纪50年代末，到90年代政府对教育的投资达到了GDP的4%以上。根据联合国教科文组织的数据，考察全球教育公共开支在不同国家的分配，印度的教育公共支出和其经济实力基本相当。按照购买力平价计算，2007年，印度公共教育支出占全球该项支出的比重为5.2%%，与之相匹配，印度的GDP占全球的比重约为6%。一批在技术与管理教育方面享誉世界的院校包括印度科学院、印度技术学院等不断成长，职业化的IT人才培训机构也应运而生，形成了独特的理工科人才培养环境。正是得益于庞大的教育体系和职业化的软件人才培训机构，印度形成了从尖端科技研发到基础应用的众多梯形人才队伍。

印度人才与美国高科技产业的紧密联系也是一个重要方面。20世纪80年代，美国高科技产业的快速发展吸引了印度大批能说英语的IT精英赴美国工作，这就是当时所谓的印度"人才流失"。正是这一批"流失"到美国硅谷的印度精英人才，凭借着技术、族群关系等逐渐形成了一个在美国的印度IT精英阶层，也成为美国IT产业与印度软件产业发展、美国发包方与印度潜在供应商之间的桥梁，甚至在美国建立起高科技企业；而印度本土的低成本高素质劳动力供应优势，吸引了一部分印度人返回印度投资设立高科技企业以承接美国企业的服务外包。

印度人力资源的另一个重要的优势体现在英语语言的纯熟应用上。由于曾经属于英殖民地的历史原因，英语是印度的官方语言之一。印度的高科技人才英语娴熟，在软件开发、承接服务外包等工作方面没有障碍，能够快速了解美国科技前沿的发展状况，而作为文化的载体，语言带来的沟通便利以及文化的认同使得印度人能够相对轻松地融入到欧美文化之中，这为承接服务外包提供了相当大的便利。

（四）政策效应的积极显现

政府的作用不应该是根据产业技术水平的先进与否来确定应该发展哪些产业，而是在发现本国具有比较优势的产业之后，适时地调整政策，为这些优势产业的发展创造健康的环境。在将软件与服务外包产业确立为优势产业后，印度的政策支持效应积极显现。在具体的支持政策方面，印度政府为促进软件产业和服务外包的发展创造了良好的发展环境。主要包括五个方面。

第一，政策法规层面的支持。印度将IT产业发展作为国家发展战略重点和推动经济增长的主要力量，1986年出台了《计算机软件出口、软件发展和软件培训政策》，为计算机软件出口企业发展提供资金、培训和税收优惠等；1990年批准设立了班加罗尔等3个软件科技园区，1998年又批准25个软件科技园区。软件科技园区充分发挥了产业聚集效应，园区内软件和服务外包企业占全国总数的70%，园区内软件出口占全国软件出口总额的85%；同时软件科技园区也吸引了大批的跨国公司,如微软、英特尔、IBM、摩托罗拉等设立研发中心和生产基地。1994 年《新版权法》、2000 年《信息技术法》和《半导体集成电路设计法》等保护知识产权的法律法规为软件和服务外包产业的发展提供了法律保障。

第二,税收的优惠。印度对可享受优惠政策外包服务的基本定义进行了扩展,主要包括公司内部后勤(包括例如会计、计划、资金、税务、人事、行政、法律等运作在内的业务)、客户服务中心(电话支持,如 800 免费电话)、数据处理(如银行信用卡后台处理)、工程及流程设计、地理信息系统服务、人力资源服务、法律数据中心、保险理赔处理业务、工资与福利、远程维护、收入会计、互联网服务、软件内容设计、体检结果处理、技术支持中心等等。印度自 1991 年开始对软件与 IT 服务企业实行长期税收优惠政策,包括减免企业所得税、进口资本品关税、采购国内投入品流转税等,受优惠的企业范围扩大到承接商务流程外包的企业,印度承接服务外包企业的税负很轻,企业负担基本上相当于"零税赋"。

第三,开放电信市场。印度于 1992 年加入了 WTO 框架下的 ITA-I 信息技术协议,电信市场进一步放开,成为世界上最开放的电信市场。印度的各种电信服务,包括语音、互联网及其他数据通讯都对私营企业开放,其中也包括外国投资。开放的电信市场环境促进了市场充分竞争,打破了原有垄断的基础电话服务,信息产业快速升级。

第四,"引进来"和"走出去"的鼓励政策。政府鼓励外资投资于软件以及服务外包领域,外商在软件合营公司可控股 40%,技术先进可拥有超过 40% 的股份,而跨国公司向印度软件业投资可以 100% 控股。跨国公司可以在印度设立独资的软件公司和承接服务外包公司,并与本土企业一样享受相关优惠政策。政府鼓励本土企业向海外市场扩展业务,允许在国外建立合营企业或销售分公司。

第五,外汇金融及其他支持政策。印度政府允许软件及服务外包企业留成外汇净收入的 30% 用于出口商出国考察、聘请外国专家等涉外活动;1998 年,政府设立 10 亿卢比的风险投资基金,将软件产业纳入风险基金支持的行业,支持软件类中小企业发展;同时,政府通过减税、调整立法等方式吸收了大量的跨国风险投资,为软件企业和承接服务外包企业提供风险投资和融资的支持。在支持企业的研发方面,政府财政预算支持企业的研发和创新活动,成立了包括全国软件技术中心、电脑科学与自动化和高级计算机开发中心在内的特别机构来开发 IT 行业的高端专业技术,这些机构对全国网络、互联网、印度的第一台超级电脑和印地语软件的开发都有相当大的贡献,在支持软件行业研发的基础上,印度政府长期致力于培育以知识为基础的信息技术、生物技术在内的创新产业。

(五)行业协会的强势地位

印度的行业协会对印度软件产业和服务外包的发展发挥了非常重要的推动作用。与其他一些发展中国家行业协会的"二政府"性质不同,印度的行业协会独立于政府之外,而且非常强势。印度全国软件和服务企业协会(NASSCOM)于 1988 年成立,其宗旨是成为印度软件和服务产业发展的"催化剂"。成立之初只有 38 个会员企业,会员单位产值总和占到印度软件行业的 65%,目前,拥有 1 800 多家会员单位,其收益总和占到印度软件和服务外包行业总收益的 95% 以上。从实际运行的效果来看,作为非营利性的信息技术产业机构,NASSCOM 在推动政府政策实施、促进软件与服务贸易的便利化、推进软件行业就业、为行业企业提供咨询、帮助印度成为全球外包行业基地中发挥了重要作用。

〖专 栏〗

印度全国软件和服务企业协会(NASSCOM)于1988年成立。NASSCOM的职能与作用主要体现在：与政府沟通，帮助进行产业规划，协调建设软件科技园，争取有利于软件发展的政策优惠；与WTO沟通，争取在世界贸易组织中的有利地位和条件；帮助企业与电信行业谈判，争取低价格的优良服务；与大学等机构沟通，开展人才培训，通过设立基金方式进行电脑知识的普及，特别是向贫穷落后地区推广；推动服务外包由后端办公服务等业务向金融、保险、软件开发与研究等领域发展。此外，NASSCOM在维护企业知识产权、推动政府修改和完善保护知识产权的法律法规，推动电信产业开放和私有化，规范软件外包业务流程、创建外包业务发展论坛等方面也发挥了不可或缺的作用。

第三节　我国服务外包发展

2006年，商务部会同科技部、工业和信息化部等国务院部门联合启动服务外包"千百十工程"，自此，拉开我国大力推进服务外包发展的序幕。2009年以来，国务院制定并下发了一系列鼓励服务外包发展的文件和政策，有力推进了我国服务外包产业的迅速形成，使这一产业从无到有，不断发展壮大。目前，我国已稳居全球第二大服务外包承接国。中国服务外包迅速崛起为万亿级（人民币）规模产业，综合实力跻身世界前列，产业发展水平全面提升，成为经济创新增长的新引擎、社会和谐发展的重要支撑。

〖专 栏〗

我国服务外包产业将步入"黄金发展期"

我国国际投资促进会日前发布的《中国服务外包产业十年发展报告》（简称《报告》）显示，目前，我国已稳居全球第二大服务外包承接国，"中国服务"国家品牌初步树立。未来十年，我国服务外包产业将步入"黄金发展期"，成为接包发包并举、国际国内两个市场协调发展的全球服务外包中心。

2006年至2016年，全国服务外包企业从500多家扩展至39 277家，增长近80倍；离岸服务外包执行金额增长了51倍，从13.84亿美元大幅提升至704.1亿美元；在岸服务外包从无到有，2016年执行金额高达360.5亿美元；服务外包行业从业人员由不足6万人猛增至855.7万人，其中大学以上学历人员占65%，成为我国高学历人才集聚度最高的行业。

《报告》称，目前，我国服务外包产业的内生动力已初步形成，但还不够强大，特别是在对服务外包产业的定位和业务范围界定、鼓励政策的创新、国家现有政策的全面有效实施、服务外包企业运营环境的改善、国际竞争力的提升、中高端人才的培养与引进等方面仍面临诸多挑战。

《报告》建议,国家采取新一轮强有力的政策激励,推动我国服务外包产业在新时期实现新增长。

(资料来源:新华社,2017年4月24日)

一、我国服务外包发展现状

近年来,在全球投资贸易低迷的情况下,我国服务外包继续快速发展,离岸服务外包日益成为我国促进服务出口的重要力量,对优化外贸结构、推动产业向价值链高端延伸发挥了重要作用。

(一)规模持续扩大,增速逐步放缓

我国服务外包的发展可以以2008年为转折点,2008年之前,服务外包发展有限,规模较小,此后,服务外包规模持续保持快速增长,即使在金融危机期间,也保持了较高的增速。从表12-2可以看出,近年来,我国服务外包合同额和执行额不断增长,规模持续扩大,其中,离岸服务外包发展势态良好,2016年我国离岸服务外包规模约占全球市场的33%,稳居世界第二,离岸外包执行额占我国服务出口总额的1/4。在服务外包规模不断扩大的同时,增速却在逐渐放缓,究其原因,固然是由于规模基数的扩大,使得增速相应变缓,但更要引起我们重视的是,目前世界整体经济仍处于逐步复苏阶段,发达国家对离岸外包业务态度消极,再加上其他发展中国家更低的成本优势,服务外包市场竞争异常激烈。随着我国进入经济新常态,各行业加快进行重组、转型、融合、升级,服务外包产业的增长和转型升级压力也不断加大。

表12-2 2013—2016年我国服务外包情况 单位:亿美元

年份	合同额	离岸合同额	执行额	离岸执行额
2013	954.9	623.4	638.5	454.1
2014	1 072.1	718.3	813.4	559.2
2015	1 309.3	872.9	966.9	646.4
2016	1 472.3	952.6	1 064.6	704.1

数据来源:中国商务部

(二)市场主体不断壮大,企业专业服务水平不断提高

在多年的政策引领与支持下,中国服务外包产业已形成了较为完善的产业生态,截至2016年底,全国已有130多个城市发展服务外包产业,累计从事服务外包业务的企业有39 277家。在主体规模不断扩大的同时,企业创新能力稳步提升。企业的技术能力和专业服务水平不断提升,正在由提供单一技术服务逐步转向提供综合解决方案服务,由项目承接转向战略合作,由成本驱动转向创新驱动。

(三)业务结构仍以ITO为主,但BPO、KPO增长较快,结构持续优化

服务外包业务目前主要包括三类,信息技术外包(ITO)、业务流程外包(BPO)和知识流程外包(KPO)。从技术含量与附加值来看,由低至高依次为ITO、BPO、KPO,承接的业务层级越高,对推动产业结构优化升级的效应也越明显。长期以来,我国承接服务外包都是以ITO

为主,主要承接消耗劳动力资源多、低附加值、低利润率的中低端业务。在经济新常态下,面对发达国家发包的消极态度和其他发展中国家更低的成本优势,服务外包的转型升级尤为迫切。随着国内技术创新水平的不断提升,我国服务外包整体接包水平逐步提高,而服务外包业务能力的提升促使发包方愿意将更高层次的业务外包过来,进而进一步推动产业结构升级,促进经济发展。从表12-3可以看出,虽然目前我国离岸服务外包仍以ITO为主,但占比在逐渐下降,BPO、KPO增长迅速,潜力巨大,整体业务发展方向也是向高技术含量、高附加值的中高端领域发展。

表12-3　2013—2016年我国服务外包ITO、BPO、KPO离岸执行额情况　单位:亿美元

年份	离岸执行额	ITO离岸执行额	占比	BPO离岸执行额	占比	KPO离岸执行额	占比
2013	454.1	248.1	54.6%	142.6	31.4%	63.5	14.0%
2014	559.2	293.5	52.5%	186.7	33.4%	79	14.1%
2015	646.4	316.8	49.0%	91.7	14.2%	237.8	36.8%
2016	704.1	330.2	46.9%	116.9	16.6%	257	36.5%

数据来源:中国商务部

(四)与主要发包市场合作加强,国际市场稳步拓展

当前,国际、国内经济形势不容乐观,在新常态下,面对来自其他国家的竞争压力,我国利用自身优势不断开拓新的市场。近年来,我国的外包业务市场不断扩大,目前仍以美国、欧洲、日本和中国香港为主,随着国家"一带一路"布局的不断深化,我国与沿线国家的经贸合作更加密切。我国凭借自身服务外包水平,利用地理位置优势,主动出击,积极开拓"一带一路"市场,其外包业务已占我国承接离岸外包业务的近20%。我国离岸服务外包现已拓展至200多个国家和地区,业务遍布全球。通过承接离岸服务外包业务,企业的研发能力不断提升,推动技术、设计和标准"走出去",促进了国际经贸合作日益深化。

(五)服务外包示范城市集聚引领作用不断增强

服务外包示范城市成为我国服务外包产业发展的主体,既是服务外包产业促进政策落实和创新的核心地区,也是我国服务外包产业发展的主导力量。为配合国家服务外包产业支持政策,各示范城市及所在省份也纷纷出台配套政策。

示范城市服务外包产业发展的带动作用明显。示范城市以服务外包示范园区为产业发展的主要功能载体,着力培育城市品牌,构建城市服务外包产业核心竞争力。发展基础好、接包能力强的一线示范城市,积极将服务外包业务向二、三线城市转移,已初步显现一线城市接包,二、三线城市交付的区域协同发展格局。以服务外包示范城市为基点,特别是以北京、上海等商务成本较高的城市为核心,辐射带动周边城市服务外包产业的快速发展,逐渐形成了长三角、环渤海等服务外包产业集聚带。

(六)从业群体不断壮大,吸纳大学生就业稳步增长

就业效应对承接国来说是承接国际服务外包的重要影响之一,通过承接国际服务外包,可以促进承接国就业扩张,提高劳动者工资福利水平以及提升劳动力技能。随着我国每年高校毕业人数的不断增加,就业压力也越来越大,尤其在经济新常态下,总体就业岗位减少,就业竞

争加剧。我国服务外包取得良好发展,服务外包的就业人数总量在不断增加,就业效应显著,为缓解就业压力做出了贡献。以2016年为例,服务外包产业新增从业人员121万人,其中大学(含大专)以上学历80万人,占新增从业人数的65.9%。截至2016年底,我国服务外包产业从业人员有856万人,其中大学(含大专)以上学历551万人,占从业人员总数64.4%。

二、我国服务外包发展面临的主要困境

(一)专业性人才缺乏,尤其中高端人才紧缺

服务外包是现代服务业的重要组成部分,具有信息技术承载度高和国际化水平高等特点,特别是以云计算等新兴技术为基础的服务外包产业发展模式的变革,使该产业日益成为一个以人才集聚和知识密集为中心的智慧型产业。因此,人才的集聚和储备已成为该产业发展的一个核心资源。

当前,我国服务外包行业中高端人才紧缺。研究表明,目前我国服务外包人才每年缺口超过50万人。具体来讲,服务外包产业面临着低端人才较多,中高端人才较少的情况。尤其是高级管理人才、离岸服务外包接单人员、流程技术专家、具备专业知识与能力且有经验的复合型人才等高端人才缺乏,严重制约了我国服务外包产业高端化发展。

现有人才培养体系难以满足市场需求。第一,现有的专业及课程设置难以适应市场对人才知识结构及工作能力的需求。第二,高校在培养服务外包人才时,重在计算机软件知识,难以满足服务外包发展的行业融合要求。第三,现有的服务外包培训主要针对中低端人才,优秀高校和高级培训机构参与程度较低。第四,服务外包师资队伍难以满足市场需要。第五,目前国内尚未形成统一的人才标准,也缺少人才培养标准、认证体系和专业教材。

(二)竞争压力不断加大

全球服务外包市场份额虽然持续增长,但竞争也愈加激烈。对我国而言,面临来自多方的竞争。从国际方面看,一方面,作为主要发包方的发达国家,受经济不景气影响,不少发达国家态度消极,考虑到自己国家的就业和经济增长等因素,部分原先外包出去的离岸业务都留在了自己国家;另一方面,其他发展中国家低成本优势的竞争抢占了不少市场份额,我国服务外包仍以中低端为主,低成本也是我国一直以来的主要竞争优势之一,但在面临其他发展中国家更低的成本优势时,我国的这一优势正在逐步弱化。此外,国内同质化竞争仍然较严重,据相关数据显示,在全国发展较好的服务外包城市中,多数城市目前重点发展的产业仍是以软件和信息技术外包为主。

(三)承接业务层次仍有待提高

虽然我国着力打造以知识流程服务外包为主要发展方向的服务外包产业,致力于发展中高端业务,近些年在BPO和KPO领域发展较快,取得了显著成绩,但必须看到的是,目前我国仍然是以ITO为主,承接的业务仍多属中低端,以软件研发、测试等为主。而对于BPO业务,虽然在近几年增长较快,但规模较小,承接业务的也多是局限在金融、保险、制造业等少数领域的中低端业务,究其原因:一方面,我省不少外包企业虽然技术水平已经完全能够胜任承接较高附加值的BPO业务,但由于经验不足、营销能力欠缺等问题,使得承接到的业务量少;另一方面,很多跨国公司把BPO业务发包给我国时顾虑较大。据调查,相关法规不明确、存在多种

合约风险、敏感业务的安全性不高、语言交流障碍等因素是它们主要的几个顾虑。对于价值链上游的高端业务 KPO，虽然近几年发展势头良好，但也只是在某些领域取得了不错的成绩，总体竞争力仍不高，不少领域（如金融保险、知识产权、工程设计等）龙头企业缺乏。综上，我国目前承接外包业务层次仍有待提高。

（四）同质化竞争仍然存在

我国国内不少城市存在同质化竞争情况，主要体现在两方面：一是发展的主要服务外包产业定位存在趋同，如南京和苏州都把软件开发作为主要承接业务领域，这固然是由各自的优势决定的，但在对外时不可避免地会形成竞争局面，除此之外，还有少数地区盲目跟风，根本没有考虑到自己的特色优势；另一方面，在外包政策上和承接业务的发包对象上存在趋同。针对服务外包的优惠政策目前还主要以减税、土地优惠为主，都是原先用在制造业上的老的优惠鼓励措施，对于发包对象，大家都在积极争取全球 500 强企业的业务，而一些具有较强实力或者较大发展潜力的中型企业却没有被重视。

三、我国服务外包发展对策

（一）加大服务外包人才培养和引进，尤其是中高端人才

一要加强高端人才引进工作。将拓展国际服务外包业务亟须的境外高端人才和紧缺人才纳入国家和各省市人才引进计划。建立和完善期权、股权、技术入股、业绩等分配和激励机制，建立高层次人才的创业和创新支持体系、人才评价体系、管理与服务保障体系。对在技术先进型服务外包企业工作的境外管理人员和紧缺人才，制定税收等优惠政策，并给予出入境和居留的便利条件。

二要创新高等教育及培训模式。扩大高校课程设置自主权，推动高校与服务外包企业开展双向交流，推动有条件的服务外包企业、社会培训机构和高校，针对劳动密集型、应用技术型、高级技术型、经贸管理型、高级管理类服务外包人才需求，制定差异化的人才培养模式。

三要提高服务外包人才培训机构质量。充分利用国际国内培训资源，尽快制定与国际接轨的服务外包课程体系标准、流程标准、人才职业标准、师资标准以及培训质量评估标准，提高国内培训机构质量，同时积极引进国外优质专业培训机构。

四要构建服务外包产业人才供应服务链。加快整合各方资源，通过建设服务外包人才网站、服务外包人才数据库，搭建服务外包人才供需信息平台，探索企业、院校、培训机构的沟通交流机制，形成服务外包人才供应服务链。

（二）加快发展 BPO、KPO 业务，不断提升业务层次

目前，我国仍以 ITO 业务为主，甚至在一段时期内都会以 ITO 为主。在服务外包市场，不管从国内还是国外来看，ITO 业务领域竞争最为激烈。在新常态下，对于我国来说，在保持服务外包规模扩大的同时，更重要的是质的提升，要想保持在服务外包领域的领先优势，势必要加快服务外包转型升级，大力发展 BPO、KPO 业务，这样也极大地减少了同质化竞争的压力。要提升业务层次，除了加强中高端业务人才的培养和引进之外，还可以从以下两方面来着手：一是加快创新步伐，增强自主创新能力。首先重点在研发、金融后台等已有优势基础的行业上进行技术升级，同时，对动漫创意和电信等新方式不断涌现的行业要加大拓展力度，要积

极利用互联网、大数据、云计算创新服务外包运营交付模式,拓展新业务。逐渐转变人工服务模式,结合现代科技手段加快人工智能服务发展。对此,政府要对相关高校、科研机构和企业给予大力支持,推动产、学、研合作,加快推动成立技术创新战略联盟、成立专项创新研究基金、给予相关企业融资优惠、健全知识产权保障体制等。二是要针对不同业务能力层次的外包企业制定相应措施,促使我国服务外包企业整体接包水平的提升。要针对中高端外包领域重点发展一批龙头企业,在这些龙头企业的带领下,利用它们的业务资源和经验优势,首先带动那些有承接中高端业务技术水平但缺乏经验或营销能力的企业发展起来;对于那些目前业务水平不高但有发展潜力的企业,鼓励它们不断进行技术升级,对于无法在激烈竞争中生存发展的企业,要么被兼并,要么被淘汰;鼓励企业之间的整合创新,尤其是小企业要积极向大企业靠拢。

(三) 不断开拓发包市场,深化与"一带一路"沿线国家地区的业务合作

传统的欧美等发达国家和地区仍然是发包的主力军,但以后竞争的重点是 BPO、KPO 中高端领域,对于这些市场要通过业务升级来稳定进而增加业务份额;对于日本市场,虽然目前发包业务额不大,但市场潜力不错,要注意维护日本市场,随时跟进;对于"一带一路"国家,它们目前是我们重点开拓的新兴市场,我国在"一带一路"政策环境下,发挥自身优势,目前以承接 ITO 业务为主,对于整体行业技术水平低于我国的沿线国家地区,在承接业务的同时,除了优惠措施外,要加强和它们的技术合作,通过技术反溢和技术转移帮助发包国家相关行业技术提升,这样,这些国家也更愿意将相关业务交给我们来做,加深彼此的业务合作。而对于行业水平高于我国的国家地区,更重要的还是要通过提升自身的业务能力来获得市场。

(四) 注重离岸与在岸业务协同发展

在加快离岸外包业务发展的同时,还要注重维护在岸外包市场,从表 12-4 可以看出,我国当前离岸业务和在岸业务发展很不协调。在经济全球化条件下,承接离岸和在岸业务都是要看企业实力说话的,目前我国很多优惠政策主要是针对离岸外包的,对在岸外包业务却有所忽视。要对离岸和在岸业务采取一视同仁的政策导向,促进两者协调发展,推动我国服务外包健康稳定发展。

表 12-4 2013—2016 年我国服务外包离岸和在岸执行额情况　单位:亿美元

年份	离岸执行额	离岸执行额增长率	在岸执行额	在岸执行额增长率
2013	454.1	35.0%	184.4	42.6%
2014	559.2	23.1%	254.2	37.9%
2015	646.4	15.6%	320.5	26.1%
2016	704.1	8.9%	360.5	12.5%

数据来源:中国商务部

(五) 推动形成区域协调的产业发展体系

推动我国服务外包产业持续快速健康发展,就要打破当前同质化竞争激烈的不利局面。发挥市场配置资源的决定作用,促进各示范城市根据自身资源优势、区位优势和产业优势等有利因素,实施差异化和特色化发展。结合区域发展、主体功能区等国家战略规划,更好地发挥政府的作用,推动形成以服务外包中心城市、特色城市等为主导的服务外包产业区域协调发展体系。

本章小结

服务外包指的是企业将价值链中原本由自身提供的具有基础性、共性的、非核心的业务流程剥离出来,外包给企业外部专业服务提供商来完成的经济活动。从服务外包的内容构成来看,服务外包可以分为信息技术外包(ITO)、业务流程外包(BPO)和知识流程外包(KPO);根据服务外包发包方和接包方所在地域,服务外包分为离岸外包、近岸外包和在岸外包。

印度是世界上承接服务外包起步最早也是发展最为成功的发展中国家,是全球最大的服务外包承接国。印度承接服务外包的成功实践,既有印度本国与全球经济积极融合的主观因素,也有全球范围内服务业跨国转移的客观原因。

随着经济全球化和信息技术的飞速发展,全球产业正经历从制造业向服务业转型,服务外包作为国际产业升级的新态势,已经成为世界各国实现经济增长和提升产业竞争力的主要引擎。随着新兴科学技术的广泛应用和服务外包产业的深入发展,全球服务外包产业发展潜力巨大。

近年来,在全球投资贸易低迷的情况下,我国服务外包继续快速发展,离岸服务外包日益成为我国促进服务出口的重要力量,对优化外贸结构、推动产业向价值链高端延伸发挥了重要作用。

思考练习题

一、名词解释

ITO BPO KPO 离岸外包 在岸外包 近岸外包

二、单选题

1. 以下(　　)不属于ITO业务内容。
   A. 系统操作服务　　B. 技术支持管理　　C. 供应链管理　　D. 软件外包
2. 以下(　　)不属于BPO业务内容。
   A. 需求管理　　　　　　　　　　　B. 企业内部管理
   C. 业务动作管理　　　　　　　　　D. 金融和保险研究
3. 以下(　　)不属于KPO业务内容。
   A. 人力资源管理　　　　　　　　　B. 数据检索、分析和管理
   C. 股票研究　　　　　　　　　　　D. 金融研究
4. 美国福特汽车公司将一汽车零部件交由中国国内某汽车零配件生产商来生产,这种外包行为属于(　　)。
   A. 离岸外包　　　B. 近岸外包　　　C. 在岸外包　　　D. 内包
5. 以下不属于印度承接服务外包经验的是(　　)。

A. 外部机遇的充分利用 B. 制度安排的准确定位
C. 政策效应的积极显现 D. 印度服务业基础雄厚

6. 2016年,我国已稳居全球第(　　)大服务外包承接国。
A. 一　　　　　　　B. 二　　　　　　　C. 三　　　　　　　D. 四

7. 以下(　　)不属于我国服务外包发展现状。
A. 规模持续扩大 B. 结构持续优化
C. 以KPO为主 D. 从业群体不断壮大

8. 以下(　　)不属于我国服务外包发展面临的主要困境。
A. 专业性人才缺乏 B. 竞争压力不断加大
C. 承接业务层次仍有待提高 D. 发展速度过快

9. 从承接服务外包业务内容上来看,我国目前以(　　)为主。
A. ITO　　　　　　B. BPO　　　　　　C. KPO　　　　　　D. 以上都不是

10. 以下不属于我国国内服务外包同质化竞争现象的是(　　)。
A. 发展的主要服务外包产业定位存在趋同 B. 服务外包的优惠政策趋同
C. 争取的发包对象趋同 D. 服务外包企业规模趋同

三、判断题

1. 外包理论在实践中推动了全球范围内的资源集中与优化配置。　　　　　(　　)
2. 近岸外包指转移方与为其提供服务的承接方来自同一个国家,外包工作在境内完成。
　　　　　　　　　　　　　　　　　　　　　　　　　　　　　　　　　(　　)
3. 目前,发展中国家在发包市场占据主导地位。　　　　　　　　　　　　(　　)
4. 印度是世界上承接服务外包起步最早也是发展最为成功的发展中国家,是全球最大的服务外包承接国。　　　　　　　　　　　　　　　　　　　　　　　　　(　　)
5. 在服务外包起步积累阶段,印度政府的政策基本上是外向型的社会经济发展政策。
　　　　　　　　　　　　　　　　　　　　　　　　　　　　　　　　　(　　)
6. 印度承接服务外包的成功实践,既有印度本国与全球经济积极融合的主观因素,也有全球范围内服务业跨国转移的客观原因。　　　　　　　　　　　　　　　(　　)
7. 通过承接国际服务外包,可以促进承接国就业扩张、提高劳动者工资福利水平以及提升劳动力技能。　　　　　　　　　　　　　　　　　　　　　　　　　　　(　　)
8. 当前,我国服务外包行业中高端人才紧缺。　　　　　　　　　　　　　(　　)
9. 目前,"一带一路"沿线国家地区已成为我国承接服务外包的主要来源地。(　　)
10. 我国服务外包规模持续扩大,但增速逐步放缓。　　　　　　　　　　(　　)

四、简答题

1. 根据业务内容服务外包可分为哪三种?
2. 印度服务外包发展的成功经验主要体现在哪些方面?
3. 简述我国服务外包的发展现状与主要存在问题。
4. 简述我国服务外包的发展对策。

五、案例分析

2011年1月,菲律宾话务服务行业协会(Contact Center Association)发表报告说,菲律宾在2010年已经超过印度成为全球最大的话务中心服务外包国。目前在菲律宾从事话务服务工作的人数已经高达 35 万人,超过了印度的 33 万人。该报告称,2010 年菲律宾话务服务行业营业收入已达 63 亿美元。话务中心的英文为"call centre",主要是指电话顾客服务。话务中心同时为数家签约公司负责接听顾客来电,处理来自企业、顾客的电话垂询,为顾客提供一系列的服务与支持,如 IT 行业的技术支持中心、保险行业的电话理赔中心等。

《今日美国》报道说,如今在菲律宾的宿务(Cebu)街头随处可见话务服务中心的招聘广告,一些急于招人的话务公司甚至将招聘广告张贴到了公园入口、停车场和餐馆里。剑桥大学 Forrester 研究所(Forrester Research)专家约翰·麦卡锡说:"菲律宾的外包服务潜力一直没有得到充分开发。"他说:"事实上,与印度相比,菲律宾在地理位置上更有优势,因为它距离全球最大的外包服务需求国——美国更近。"约翰·麦卡锡说,事实上许多美国公司已经将客户服务转交给菲律宾的话务服务中心,美国消费者在给银行、保险公司和计算机公司打电话的时候可能并不知道他们正在与设在菲律宾的话务服务中心通话。菲律宾话务公司 Accenture 首席执行官凯文·坎贝尔说:"与印度相比,菲律宾话务中心接线员的英语发音更为地道纯正,没有明显的口音。""这让菲律宾的话务服务更有亲和力。"

问题:请结合本案例中菲律宾话务服务外包发展经验谈谈我国服务外包发展。

第十三章 服务业对外直接投资与服务业跨国公司

本章要点

1. 服务业对外直接投资的方式
2. 我国服务业对外直接投资发展
3. 服务业跨国公司的经营方式
4. 服务业跨国公司在中国的发展

引导案例

根据2001—2014年财富500强营业收入的数据可得出,服务业跨国公司的营业收入这十几年来增长速度较快,从2001年的71 258亿美元增长到2014年的141 470亿美元,平均年增长率达到了7%;制造业跨国公司的营业收入年平均增长率为5%,低于服务业2个百分点。从图13-1中,我们可以看到,服务业的营业收入与制造业的营业收入的差距也有所上升,近14年间由最低点1.29上升至最高点2.15,这也说明世界500强公司不断地向服务业集聚,同时服务业跨国公司的经营规模也在不断增大,整体收益也高于制造业跨国公司。

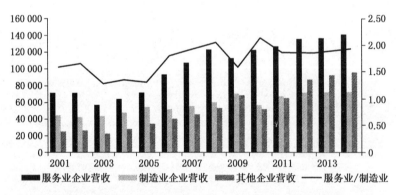

图13-1　2001—2014年世界500强跨国公司营业收入情况　单位:亿美元
数据来源:根据 http://fortune.com/fortune500/相关数据整理而得

第一节　服务业对外直接投资概述

一、对外直接投资的定义及方式

（一）对外直接投资的定义

对外直接投资(Foreign Direct Investment, FDI)，是指资本输出国的投资者依照东道国的有关法规在东道国单独出资或与其他投资者共同出资形成经营性资产，并按照东道国的有关法规或与其他投资者所签订的有关投资协议获取该经营性资产的经营收益或承担其经营亏损的行为或过程。因此，FDI不是国际间的一般资本流动，而是主要表现为机械设备、关键材料、专门技术管理方法乃至商标专利等国际间的转移或转让。

（二）对外直接投资的方式

对外直接投资的方式主要有以下四种：第一，在国外设立独资企业，一般有独资子公司和分支机构两种形式。第二，在国外设立合营企业，可分为股权式合营企业和契约式合营企业两种。第三，收购外国企业，指外国投资者通过收买东道国企业部分或全部股份，从而取得该企业控股权的产权交易行为。它是以产权交易为主体的兼并，是高级形态的兼并，可分为三种方式：(1)控股式，即收购公司购买目标公司一定的股份，成为目标公司最大的股东，掌握控制权。(2)购买式，即收购公司购买目标公司的全部股份，使之成为自己附属的合资子公司，享有支配权。(3)吸收式，即收购公司的所有者将目标公司的净资产或股份作为股金投资投入收购公司，使之成为收购公司的一个股东。第四，利用以前FDI的利润在海外进行再投资。

二、服务业对外直接投资发展

在过去很长时间里，国际直接投资一直青睐制造业，这也是企业家和学者关注的领域。21世纪开启以来，国际直接投资向服务业的转移成为该领域新的发展动向。随着世界各国在服务业开放度的提高，国际直接投资在服务业的规模迅速扩大，增长显著，并逐渐成为国际直接投资的主流。

服务业对外直接投资的发展与国际服务贸易的发展趋势是相一致的，20世纪70年代初，服务业只占世界FDI总量的1/4，这之前，对外直接投资主要集中在原材料等初级产品，以及以资源为基础的制造业领域；80年代以后，服务业对外直接投资不断升温，跨国投资成为服务业国际竞争的一种主要形式，在全球跨国投资总额中所占份额日益增多。根据联合国跨国公司中心《世界投资报告》显示：1970年，发达国家的对外直接投资中，第二产业占首要地位，其份额达45.2%，服务业只占31.4%；1985年，服务业对外直接投资已达42.8%，超过第二产业38.7%；早在1990年，服务业对外直接投资超过了第一、第二产业的总和，达50.1%。

第二节　我国服务业对外直接投资发展

一、我国服务业对外直接投资现状

综合利用国际和国内的投资机会和优势,我国企业"走出去"的内生动力日益增强,中国对外直接投资(Outward Foreign Direct Investment,OFDI)实现连续多年增长。从图13-2中可以看出,近几年中国服务业OFDI流量在经历了较小波动之后稳定地上升;服务业OFDI存量规模不断扩大。总体上来看,中国服务业OFDI发展势头良好。

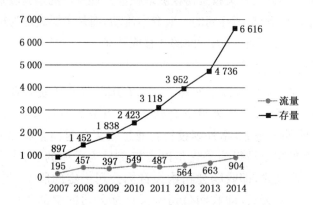

图13-2　2007—2014年中国服务业OFDI流量和存量情况表　单位:亿美元
数据来源:根据《中国对外直接投资统计公报》整理

我国服务业在对外扩张的过程中逐渐形成了自己的行业分布特点,我国服务业行业分布也顺应了世界发展的趋势。

(1) 信息通信相关行业迅速发展。中国移动通信集团、中国联合网络通信集团有限公司排名中国非金融类境外企业资产总额的前10,包括华为、中国移动、中国联通都在积极进行跨国投资,抢占国际市场。

(2) 能源和采矿行业不论在投资金额还是入围企业数量上依然占有主导优势。三大油以及五矿、华能等国内业界巨头以追逐国际利润和争夺稀缺资源为目的,大举进行海外投资,不仅在资本存量上依然无法被超越,其盈利水平依然保持较高的水平。

(3) 高科技行业对外直接投资初现端倪,联想控股有限公司和华为技术有限公司是其中的代表,他们不仅在各自的领域内成为技术领跑者,同时大量输出高科技含量的产品和服务。

(4) 地产及综合性集团的兴起。保利地产、华润集团和招商局集团为其中代表。中国地产业在经历连续几年的突破性发展后,无论从资金还是经验上都发生了质的飞跃,具备了追逐海外利润的能力。华润与招商局从事多种行业,前者较为侧重于资本市场与能源市场,后者是以地产、金融服务业为主。

(5) 优势传统服务业依然保持旺盛生命力。体现在提供劳务输出与化工行业,中国建筑工程总公司与中化集团、化工集团在投资存量、境外资产与利润获得能力上都毫不逊色。

当前,服务业 OFDI 由制造业追随型逐步向服务业自主扩张型转变,服务业转移涉及的行业由劳动、资源型服务业向知识型服务业转变。企业跨国化形成的国际竞争环境,极大地促进了服务业寻求在全球范围内设立分支网络、渗入世界主要市场以谋取利润的战略意识。服务业开始不再满足于单纯尾随制造业企业走向海外,服务业逐渐摆脱仅提供中间性生产投入的传统角色,而转为主动向同行业其他部类的服务领域扩展。

目前我国的服务业 OFDI 还处在初步发展的阶段,涉及知识型的服务业只占很小一部分,获取的国外知识溢出还比较小,如目前跨国银行还仅为制造业跨国公司提供资金,经办跨国公司体系内的资金调拨、周转和结算,很少能提供外汇、资金、市场行情、企业变动和市场经营等咨询意见;数据处理公司经营范围比较狭窄,经营软件和电信业相关服务不能同步发展。目前,国际服务业专业涉及软件、电信、金融服务、管理咨询、电子芯片设计、生物信息和法律服务等多个行业,涵盖产品设计、财务会计、企业采购、交易处理、人力资源管理、IT 技术保障和解决方案、办公后台支持和网页维护等多个服务环节,主要以知识型服务业为主,但是我国的服务业跨国公司在服务环节方面较为单一,而且知识型服务业还没有形成一定规模,还处在较为初级的阶段,发展空间比较大。

二、我国服务业对外直接投资面临的挑战

近年来,我国企业对外直接投资项目数量不断增加。我国企业能否成功进入海外市场,在海外市场的经营业绩如何等越来越受到大众的关注。诸如我国企业收购海外企业受阻,我国企业在海外市场投资失利的新闻不时见诸报端。与制造企业一样,服务企业在"走出去"时也面临诸多挑战,这些挑战主要来自企业自身和外部环境两个方面。

(一)来自企业自身的挑战

1. 我国服务企业缺乏所有权优势

首先,在服务业中,创造并保持一个成功品牌形象的能力、对在多个地区提供服务的质量的监控能力,以及降低购买者交易成本的能力,是保持质量形象的关键,但是中国的服务企业在这方面与发达国家的服务企业有较大差距。其次,中国企业的治理和管理水平落后。在中国企业成功兼并收购海外企业之后,如何整合并运营新的战略资产成为中国企业治理和管理水平的重要考验。中央企业的所有者与管理者之间存在着明显的"委托—代理"问题,这并不利于海外分公司或子公司构建合适的管理机制。对非中央企业而言,个人或家族的影响力会削弱企业吸收人才并建立专业化管理体系的能力。最后,我国服务企业在服务技术的创新能力上也有所不足。所有权优势的缺乏导致中国服务企业的对外直接投资更多是为了"修正资产"而非"利用资产",即寻求战略资产类型的投资项目数量占有很大的比例,这在非中央企业对发达经济体的直接投资中表现得更加明显,这也部分解释了非中央服务企业为什么更加倾向于采用兼并收购的模式进入海外市场。

2. 我国企业的文化与制度可能与海外市场产生冲突

制造企业的对外直接投资可能仅仅以东道国作为生产基地,销售市场可能在其他国家,但是服务业的生产和消费是同步的,因此,服务企业的海外分支机构与当地市场的联系会更加紧密。不同国家的市场中,政府、社区、雇员、媒体等与企业之间的关系均有较大差异,但中国企业并不善于同当地各方进行有效沟通。因此,我国服务业企业更容易与海外市场产生摩擦。

另外，我国企业"修正资产"式的投资更多的是将技术与资产带回国内，对当地产生的正向溢出有限。这些都不利于我国企业在当地的整体形象，更不利于其在当地的长期发展。

（二）来自外部环境的挑战

1. 我国企业容易被外国政府与社会误解

比如，西方社会常常误解我国企业拥有政府背景，并多次以"危害国家安全"的名义阻碍中国企业在当地的直接投资活动。即使中国企业能够成功进入海外市场，当地的政府部门、政治集团、利益集团等各方势力也会不同程度地影响企业的发展。

2. 双边投资协定谈判进展缓慢

谈判的目的之一是消解外国政府的各项管制措施，但是利益各方的诉求难以平衡，有价值的双边投资协定达成数量有限。以我国和美国之间的双边投资协定谈判为例，两国均希望通过谈判来促进双边投资，但是关于准入前国民待遇和负面清单的分歧却迟迟得不到统一，这对中美两国企业的双边投资带来了不利影响。

三、我国服务业对外直接投资发展对策

（一）制造业与生产性服务业相结合

制造业在拉动服务业对外投资上发挥了重要的拉动作用，我们必须深刻地认识到二者之间相辅相成、相互促进的关系。我国是个制造业大国，在发展制造业的同时，合理地与服务业尤其是生产性服务业相结合，充分利用二者的优势，促进我国产业结构调整和升级，为我国经济发展和"走出去"提供产业支撑，提高我国对外开放的水平和质量。

（二）合理扩大服务业 OFDI 的规模

我国在进行服务业投资时偏向于各东道国的资源导向，资源寻求型的动机更为明显。在对澳大利亚和俄罗斯等经济体进行投资时，服务行业的规模和比重较小，服务业 OFDI 存在很大的上升空间。此外，中国服务业 OFDI 大多数集中在中国香港地区，因此，我们应当结合我国服务业发展的需要和政策扶持，努力拓宽国际市场。我国在成本上具有一定的比较优势，扩大规模是降低成本的有效途径，可产生一定的规模经济。因此，我们要适时适当充分挖掘东道国的市场和特点，针对不同的国家制定不同的政策，在我们可以承受的范围内合理地扩大我国服务业 OFDI 的规模。

（三）充分做好服务业 OFDI 的事前调研

我国的服务业投资地区结构不够合理，服务业发展水平的高低影响着我国对其服务业的投资力度。基于利润寻求型的动机，为了提高服务业 OFDI 的质量和效益，我国应加大对投资对象的市场调研活动，充分挖掘出投资对象的服务业附加值，提高服务业水平高的国家的投资力度和投资的效益。同时，根据不同投资地区的差异和特点，合理选择投资的重点和偏向。比如，在对自然资源导向型国家和转型经济体进行投资时，可以充分利用其潜在的市场规模；在对技术资源导向型国家和发达国家进行投资时，可利用其开放的经济政策和便捷的基础设施建设。此外，我国服务企业可以根据自身的优势，大力发展劳动密集型产业和特色服务产业以满足广大发展中国家市场的需求。同时，发达国家具有优越的高新技术产业和完善的基础设施，是高新技术投资的理想选择地区，对其进行投资有利于我国技术的研发和成长。

(四) 丰富投资方式,灵活处理投资政策

为了加大对东道国服务业的投资规模,使得我国服务业 OFDI 在国际竞争中处于上升态势,我们必须考虑我国服务企业承担风险的能力和自身的投资实力,合理选择并丰富投资方式,灵活处理投资政策,以适应东道国复杂的投资环境与法律法规,适应瞬息变化的国际形势。通过合资可减少资金的使用,促进资金的流通和循环,弥补我国海外投资上的缺陷,吸收和利用东道国的资源优势和管理经验。尤其是对亚太地区,相似的人文和地理环境使得生产和技术相对容易转移,采取不同的投资方式可以减少投资风险、降低成本,提高服务型企业的投资效益。

(五) 努力提高服务型企业的国际竞争力

我国服务业 OFDI 的发展依然处于起步阶段,缺乏核心竞争力,很容易受到世界上先进国家的竞争冲击,与世界知名的跨国公司相比,我国服务业投资的质量还存在很大的差距。我们必须培育出知名度较高、质量水平高、具有竞争力和创新能力的大型服务型企业。同时,必须对企业的运作进行合理的改革,完善企业制度,建立相应的内部管理机制,进行资金和技术的高效整合。创新是企业发展的核心和关键,我国服务型企业不仅可以在投资的质量和范围上进行创新,更应该投入到管理和环境的改善上。同时,努力开创自身品牌,降低成本,提高附加值。

第三节 服务业跨国公司

一、服务业跨国公司的内涵和范畴

服务业跨国公司内涵范畴的界定,需要从服务业企业的国际化过程来理解其形成路径。由于服务业具有无形性、生产和消费的不可分离性、异质性、多样性和所有权优势,使得服务业跨国公司的形成和发展产生了不同于制造业跨国公司的发展路径。但是由于服务和货物并不能完全分割,货物的生产过程中也会存在服务,在服务的生产过程也需要货物的支撑,因而使得服务业跨国公司的形成和发展不能与制造业跨国公司完全分割开来。目前对服务业跨国公司的定义却存在分歧,如有的提出服务业跨国公司是"在东道国以商业存在形式经营",有的认为服务业跨国公司是"在多个国家(地区)控制与管理价值增值活动、从事和参与生产或服务的企业",有以货物和服务的比重多少来划分服务业跨国公司和制造业跨国公司。由于服务业企业的国际化形式包括股权和非股权形式,以上界定的标准都有偏颇,因此本文根据 1973 年联合国跨国公司中心发表的《世界发展中的跨国公司》报告提出的跨国公司的定义,提出服务业跨国公司是在两个及以上的国家或地区提供服务的组织,其来源包括三个方面。

第一,公用基础设施、金融、酒店、餐饮、批发、零售、交通运输、专业服务等服务企业国际化而形成的跨国公司。这些服务业跨国公司早期跟随制造业和采掘业公司开展跨国经营,为其提供在东道国的配套服务。由于跨国经营不仅留住了原来的顾客,而且扩大了市场份额,此外由于东道国贸易壁垒的存在,20 世纪 80 年代晚期,这类服务业跨国公司跨国经营的动机越来

越强烈,不再是单纯的跟随战略,而且更加具有自发意识。这类服务业跨国公司目前是服务业跨国公司主要群体,不仅表现在服务业 FDI 中占据较大的比重,而且也是服务贸易主导行业,诸如金融、批发零售等行业服务业跨国公司是目前主要的研究对象。由于这些行业的服务具有典型的不可贸易、生产和消费的不可分离等特点,这类服务业跨国公司更加倾向于采用国际投资的形式来开展跨国经营,由于所有权优势的不同,部分采取 FDI 形式,部分采取非股权模式来实现跨国经营,因此这类跨国公司是最为典型的服务业跨国公司。

第二,从制造业和采矿业跨国公司分离出来的具有全球化特征的服务机构。这一类跨国公司又分为两类,一是直接由制造业和采矿业跨国公司转型的服务业跨国公司,随着服务逐渐渗透到生产环节的各个领域,制造业日益变得"服务密集",任何制造产品的生产都会融入越来越多的服务作为中间投入要素,制造已向服务化发展,部分制造业跨国公司抓住了这样的趋势,逐步服务化,最为典型的例子就是 IBM、GE 等,这些制造业跨国公司逐渐将制造功能剥离,强化专业服务,其服务的营收收入占比已经过半。二是出于专业化和生产效率的要求,制造业跨国公司将其服务功能剥离,如广告部、决策部、设计部和会计部等,由于剥离出的服务部门具有国际化的经营和能力,部分服务业部门通过再投资成为服务业跨国公司,美国、德国、日本的制造业跨国公司在海外从事此类服务业投资现象也比较普遍。

第三,基于互联网跨国公司。21 世纪之后互联网技术的兴起带来商业模式翻天覆地的变化,催生了一批根植于互联网的跨国公司,典型的企业有谷歌、亚马逊、易贝,还有中国的阿里巴巴等跨国公司,这些跨国公司的典型特征是跨越制造和服务两个领域,使得服务业和制造业跨界融合程度越来越高。一方面它们通过互联网技术推动了传统贸易的无纸化,成为传统货物贸易的重要的交易平台。另一方面,这些互联网公司将互联网技术嵌入制造领域,创造了新的商业模式,如谷歌等搜索引擎越来越多地参与手机业务。此外,它们还与电信、媒体、娱乐产业之间和零售业之间进行跨行业合作,如微软拥有 Facebook 的股份。因此,互联网跨国公司不仅仅自身是服务业跨国公司,而且推动了制造业和服务业领域的融合,使得服务业跨国公司来源更加多元化。

---专栏---

IBM 的四次战略转型

IBM 被称为"蓝色巨人",历经市场的风云变幻而屹立不倒,与它能够一次次顺利实现战略转型有很大关系。

1. 第一次转型:从穿孔卡片到大型计算机

20 世纪 40 年代末,电子计算机和磁带的出现,使 IBM 第一次面临战略转型的紧要关头,可是包括老托马斯·沃森在内的管理层却对此有所顾虑。当时,一名资深员工对第一代磁带驱动器的开发者说:"你们年轻人应当记住,IBM 是一家基于穿孔卡片的公司,公司发展的基础将永远是穿孔卡片。"

IBM 转型归功于小托马斯·沃森。他于 1956 年接替父亲出任掌门人之后,以大型计算机作为目标,才使公司完全拥抱电子时代。

在小沃森的领导下,IBM 成为当时全球最大的计算机制造商。他将公司的研发力量全部集中在第一代大型机 System/360 的研发上。这项技术耗时数年,研发资金达 50 亿美元(按照

60年代的美元价值计算),投入甚至超过了美国政府研发原子弹的"曼哈顿计划"。1964年,System/360推向市场,很快就成为领先的计算机平台。

1969年,IBM的计算机市场份额增至70%,成为第一家被称作"邪恶帝国"的大型IT公司,并引起了美国反垄断部门的起诉。最终,起诉被里根政府否决。

2. 第二次转型:从大型计算机到分布式计算系统

第二次转型是从代价昂贵的大型机转向包括个人电脑在内的分布式计算系统。IBM在此次转型中遭遇了更大的惊险。当时,技术革新开始威胁IBM近乎垄断的地位。更严重的是,IBM赖以为生的依靠出租大型机以获取高额租金的业务模式受到了严重冲击。

就像柯达固守胶卷相机的高额利润不愿进行转型一样,由于大型计算机业务利润很高,IBM迟迟没有推出相对廉价的分布式计算系统。90年代初,竞争对手的分布式计算系统投入市场并迅猛发展,IBM因此彻底崩溃。1993年,IBM大型机业务收入从1990年的130亿美元减少至70亿美元,公司亏损额达160亿美元。当时,比尔·盖茨甚至放言:"IBM将在几年内倒闭。"

郭士纳却对转型充满信心。"谁说大象不会跳舞?"他彻底摧毁旧有生产模式,开始削减成本,调整结构,重振大型机业务,拓展服务业范围,并带领IBM重新向PC市场发动攻击。最终,IBM从昂贵的大型机转向包括个人电脑在内的分布式计算系统,ThinkPad更成为优质笔记本的代名词。1995年,"蓝色巨人"重新焕发昔日风采,营业额达到微软公司的7倍。

3. 第三次转型:开创IT服务的新模式

在摆脱对大型计算机依赖的过程中,郭士纳发现IBM最大优势是做服务与软件,而不是硬件。于是郭士纳实施了第三次转型——开创IT服务的新模式。

当时,各大企业都致力于信息化方案整合和信息安全问题,IBM在这方面有强大的信誉与品牌支撑;而且,正如"IBM就是服务"的口号所言,IBM的品牌服务一直做得比较好,这是它相比其他IT企业的最大优势。因此,IBM果断把重心放在服务与软件上。

提出战略转型,只是第一步,关键是如何落实!其实在IBM成功转型前后,联想公司在2000年,诺基亚在2006年都曾提出向IT服务转型的思路,可是他们都失败了,究其原因就是没有做好转型的配套改革措施。与之相反,IBM的转型不仅事先进行了详细论证,转型之后也立刻采取了系统化的改造工程,在文化、组织、资金、客户、技术、管理等方面,为转型成功打下了坚实的基础。

郭士纳的战略转型,从重申企业文化开始。IBM重新确立了一切以顾客为导向、尊重员工、追求卓越的企业文化,并纳入每个员工的绩效考核。IBM还对臃肿的组织架构进行了调整,削减不必要的机构和人员,更换了2/3的高层经理人员。在裁汰冗员的同时,IBM将最优秀人才配置到软件服务业上,实现了最优化的人才配置。

4. 第四次转型:确立"随需应变"战略

2000年,互联网泡沫破灭殃及计算机、通讯等行业,到2002年第一季度,IBM已经连续三季度出现利润及营收下滑,下滑幅度达到十年之最。

此时,彭明盛上任CEO,提出了"随需应变"的战略:退出PC硬件业,全面进入知识服务、软件和顾问等服务市场,向客户提供任何需求的任意解决方案。

战略有"取",更要有"舍"!第一步就是全面退出PC业务(卖给联想集团)。同时,对"IBM就是服务"的品牌理念进行了深化,不再只强调IT服务,而是涉及企业的各项业务,提出任何需求的任意解决方案。为了强化服务水平,IBM收购普华永道以及多家软件公司,力求通过打包齐全的软件产品,向客户提供从战略咨询到解决方案的一体化服务。

二、服务业跨国公司的组织形式与基本特征

(一)服务业跨国公司的组织形式

1. 设立办事处。
2. 建立海外附属企业:如大多数国际航空公司。
3. 采取股权投资形式,指服务业对外直接投资者通过全部或部分参股在目标国展开经营,大体可分为新设和并购两种方式。
4. 采取非股权安排形式,指在一般不涉及股权或企业产权的条件下,通过契约转让一项或几项无形资产而进入目标国市场。如特许经营、管理合同。在快餐、零售、酒店等行业中广泛采用。

(二)服务业跨国公司的基本特征

服务业跨国公司主要表现出以下基本特征:(1)经营国际化。保险、银行、零售、广告、会计、餐饮、法律、咨询等行业的跨国化倾向十分明显;(2)业务多样化。制造业向服务业的日益拓展以及服务业各行业间的相互渗透;(3)发展的不平衡性,主要表现为地区不平衡性与行业不平衡性。

三、服务业跨国公司的经营方式

一般而言,跨国公司全球经营的主要形式是国际直接投资和贸易,由于服务业本身的特性,使得服务业国际化呈现更加复杂的形式。根据 Dunning and Lundan(2008)对跨国公司的界定,跨国公司的全球化经营活动分为 FDI、非股权形式和独立企业间贸易。

(一)服务业 FDI

由于服务业可分为可分服务和不可分服务,可分服务不需要生产者和消费者面对面,可以和货物一样进行出口,不可分服务需要生产和消费的同步进行,服务业企业的国际化一般从国际投资开始,服务贸易的发生在投资之后,与制造业企业存在很大的不同,尤其是在很多服务品有可贸易性,如果企业需要扩大国际市场份额,通过 FDI 的形式在当地生产,因此服务业企业国际化与制造业企业贸易投资的线性顺序是不同的,这成为过去 30 年中服务业 FDI 存量比重上升的主要原因。20 世纪 90 年代以后,服务业 FDI 的增加一方面是跟随制造业企业国际化而产生,另一方面是自身扩大国际市场份额的需要,也是全球经济服务化下的必然结果。从 FDI 的形式来看,绿地投资仍然是服务业 FDI 的主要形式和来源。

(二)非股权模式

FDI 的特征是服务业跨国公司至少持有 10% 的股权比例,而长期实现在东道国的经营,国际投资的模式并不仅仅局限于 FDI,服务业跨国公司的全球化经营中非股权模式的重要性日益突出。非股权模式是介于 FDI 和独立企业间贸易的中间模式,非股权经营模式包括合同制造、服务外包、特许经营、技术许可、管理合同,及其他类型的契约关系。与服务业跨国公司

相关的经营活动主要是服务外包、特许经营、技术许可等类型的契约关系。非股权模式的优点是既能实现对全球价值链的协调和控制，又能减少管理的成本。服务业跨国公司进行非股权模式的业务主要是非核心领域业务，特别是一些企业并不具有专长的非核心业务，信息技术业务、人力资源、物流等业务。通过业务外包，企业得以将业务活动集中于自身的核心领域，并能利用外部专业厂商的服务提升自身业务质量，通过外包方式调整业务结构可以较为明显地降低业务成本。表13-1为服务业跨国公司全球治理模式的行业差异。

表13-1 服务业跨国公司全球治理模式的行业差异

组织控制模式	行业分布	相关描述
股权方式	银行、运输、医疗服务业、教育服务业、电信业	倾向于控股，大多数追求绝对控股地位，甚至全资控制
特许经营等非股权式安排	饭店、酒店、快餐和租车公司	这类企业最欣赏的国外经营方式为管理合同或特许安排。在多数情况下，合同可以保护签约者的技术、经营方式或信息交流和业绩等资产。从另一方面看，权一般投资较大，且在有些地方风险较高，股权安排不涉及股权份额，也不存在此类问题
	会计、咨询与法律等一些商务和专业服务	主要资产是人力资本、信誉、联系和牌号，需投入昂贵的构成资本股权的固定资产，这些服务机构的主要竞争优势在于它们可以通过非股权安排（如合伙）进行转让和予以控制
	工程和技术等商务服务	需要适应当地口味的广告、会计和法律服务。与当地合作者合伙和少数参股可以利用当地的专门知识并使自己的产品更适合用户的需要。在工程和建筑行业，当地企业合营有助于跨国公司赢得东道国政府合同，减少过去存在的国有化风险
	投资银行、财产和伤亡保险等行业	股务提供的风险较高，希望与其他企业合作，同分担风险

资料来源：Dunning, John H. Multinational enterprises and the growth of services: some conceptual and theoretical issues [J]. Service industries journal. 1989(1): 5-39.

（三）独立企业间贸易

企业开展国际贸易的原因有两个，一是从比本国更具有价格优势的国家，通过低成本采购获得收益，或者获得更低的中间要素。二是开拓新的市场。目前，服务业企业开展独立企业间贸易存在四种形式：第一，服务企业把其中间投入要素或者最终产品的生产过程外包出去，例如呼叫中心的外包。第二，服务企业希望出口产品到一个新的国外市场中，由于对当地需求状况的相对不了解或者是不确定性，会倾向于购买当地销售机构的服务，因此独立企业间贸易发生。由于售后、维修和保养服务具有增值能力而且对服务质量要求较高，服务企业会建立售后和维修机构，这时候服务企业的国际化形式从贸易转向了投资。第三，通过中间贸易商实现进出口。第四，由于服务很难或者不可能在空间上进行贸易，想要进入国外市场要么采取国外直接投资的形式（如果中间品可以进行贸易），要么采取和进入国生产企业签订合约的形式，比如连锁酒店的批准合同、食品饮料连锁的授权合同（比如麦当劳、星巴克），这种独立企业间贸易与非股权模式接近。

四、服务业跨国公司在我国的发展

服务业跨国公司在我国的发展可以分为三个阶段。

第一阶段，1979年以前。其实早在19世纪以银行业跨国公司为代表的服务业跨国公司已经在中国发展，主要为本土在中国的企业和个人提供服务，比如1848年英国东方银行在中国成立，1858年渣打银行即在中国成立分公司，20世纪30年代是第一阶段中服务业跨国公司在中国发展的高峰时期，大量的贸易公司、银行等集聚在上海等口岸城市，尽管这样的开放是欧美国家殖民主义发展的产物，但是对于中国贸易和世界往来仍发挥了积极的作用。

第二阶段，1979—2001年。这一阶段我国对外开放还处于逐步推进的过程，尤其是服务业的开放显得更加谨慎，因此这段时间服务业跨国公司的发展主要是为制造业跨国公司在中国发展提供服务，更多呈现客户跟随的特点，比如物流、批发零售等与贸易相关的服务业跨国公司获得长足的发展，如马士基。

第三阶段，2001年中国入世之后。由于这一阶段既是中国大步开放，也是全球服务业跨国公司大发展的阶段，既有的制造业基础和中国巨大的市场空间，服务业跨国公司加大了在中国的布局，如银行、保险、零售、法律、专业服务、信息以及其他新兴行业服务业跨国公司不断进入中国。

本章小结

在过去很长时间里，国际直接投资一直青睐制造业，这也是企业家和学者关注的领域。21世纪开启以来，国际直接投资向服务业的转移成为该领域新的发展动向。随着世界各国在服务业开放度的提高，国际直接投资在服务业的规模迅速扩大，增长显著，并逐渐成为国际直接投资的主流。综合利用国际和国内的投资机会和优势，中国企业"走出去"的内生动力日益增强，中国OFDI实现连续多年增长。总体上来看，中国服务业OFDI发展势头良好。

随着服务业国际化经营的发展，服务业跨国公司逐渐活跃在世界舞台上。服务业跨国公司主要表现出以下基本特征：经营国际化、业务多样化、发展的不平衡性。一般而言，跨国公司全球经营的主要形式是国际直接投资和贸易，由于服务业本身的特性，使得服务业国际化呈现更加复杂的形式。根据Dunning and Lundan(2008)对跨国公司的界定，跨国公司的全球化经营活动分为FDI、非股权形式和独立企业间贸易。

思考练习题

一、名词解释

股权合作形式　非股权模式　服务业跨国公司

二、单选题

1. 以下( )不属于对外直接投资的方式。
   A. 国外设立独资企业　　　　　　　　B. 国外设立代表处
   C. 国外设立合营企业　　　　　　　　D. 收购外国企业

2. 20世纪90年代,发达国家总体上服务业对外直接投资份额为( )。
   A. 30%~40%　　B. 40%~50%　　C. 50%~60%　　D. 70%以上

3. 以下( )不属于当前中国服务业对外直接投资特征。
   A. 优势传统服务业依然保持旺盛生命力　　B. 新兴服务业已占据主导地位
   C. 高科技行业对外直接投资初现端倪　　　D. 信息通讯相关行业迅速发展

4. 以下( )不属于中国服务业对外直接投资面临的来自企业自身的挑战。
   A. 我国服务企业的对外直接投资更多是为了"利用资产"
   B. 我国服务企业缺乏所有权优势
   C. 我国企业的文化与制度可能与海外市场产生冲突
   D. 我国企业的治理和管理水平落后

5. 以下( )不属于中国服务业对外直接投资面临的来自外部环境的挑战。
   A. 容易被外国政府与社会误解
   B. 东道国当地的政府部门、利益集团等各方势力会不同程度地影响企业的发展
   C. 有价值的双边投资协定达成数量有限
   D. 双边投资协定谈判进展快速

6. 以下( )不能促进中国服务业对外直接投资发展。
   A. 脱离制造业,专注发展独立的服务业　　B. 合理扩大服务业OFDI的规模
   C. 丰富投资方式,灵活处理投资政策　　　D. 努力提高服务型企业的国际竞争力

7. 服务业跨国公司的来源不包括( )。
   A. 公用基础设施、金融、交通运输、专业服务等服务企业国际化而形成的跨国公司
   B. 从制造业和采矿业跨国公司分离出来的具有全球化特征的服务机构
   C. 依据双边投资协定形成的跨国公司
   D. 基于互联网跨国公司

8. 以下( )不属于服务业跨国公司的基本特征。
   A. 经营国际化　　B. 业务多样化　　C. 发展的不平衡性　　D. 业务标准化

9. 服务业跨国公司的组织形式有哪些( )。
   A. 设立代表处　　　　　　　　　　　B. 建立海外附属企业
   C. 股权投资形式　　　　　　　　　　D. 非股权安排形式

10. 以下( )不属于服务业企业开展独立企业间贸易的形式。
    A. 服务企业把其中间投入要素或者最终产品的生产过程外包出去
    B. 服务企业希望出口产品到一个新的国外市场中,购买当地销售机构的服务
    C. 减少过去存在的国有化风险
    D. 通过中间贸易商实现进出口

三、判断题

1. 当前,服务业跨国公司的经营规模在不断增大,整体收益也高于制造业跨国公司。( )

2. FDI 是指国际间的一般资本流动。（　　）

3. 20 世纪 70 年代初,服务业对外直接投资主要集中在原材料等初级产品,以及以资源为基础的制造业领域。（　　）

4. 当前,我国能源和采矿行业不论在投资金额还是入围企业数量上依然占有主导优势。（　　）

5. 目前,我国的服务业 OFDI 获取的国外知识溢出比较大。（　　）

6. 我国在进行服务业投资时偏向于各东道国的资源导向,资源寻求型的动机更为明显。（　　）

7. 我国服务业 OFDI 的发展依然处于起步阶段,缺乏核心竞争力。（　　）

8. 服务业跨国公司进行非股权模式的业务主要是核心领域业务。（　　）

9. 可分服务不需要生产者和消费者面对面,可以和货物一样进行出口。（　　）

10. 服务企业希望出口产品到一个新的国外市场中,由于对当地需求状况的相对不了解或者是不确定性,会倾向于购买当地销售机构的服务,因此独立企业间贸易发生。（　　）

四、简答题

1. 当前国际服务业转移与服务业 FDI 呈现出哪些基本特征与趋势?
2. 请简要分析制造业跨国公司参与服务业对外直接投资的动因有哪些?
3. 简述服务业跨国公司的三种经营方式。

五、案例分析

服务业经济对外投资引领中国走出去

随着我国经济进入新常态,我国的经济结构也正在由以制造业为主导转变为以服务业为主导。2015 年 4 月 22 日,上海现代服务业联合会会长、上海市前副市长周禹鹏在 2015 中国上海国际投资洽谈会上表示,中国服务业的对外投资,成为中国走出去的主要力量。

"上海服务业规模不断扩大,服务业结构和空间布局不断完善,以服务经济为主的产业体系已初步形成。"周禹鹏说,上海服务业的快速发展,与上海市服务业的进一步对外开放,引进和利用外资是分不开的。

资料显示,2014 年我国服务业增加值占 GDP 的比重已经达到 48.2%,我国经济结构已慢慢向服务业转型。2014 年上海全年服务业外资金额达 163.85 亿美元,同比增长 20.8%,占 2014 年全市外资的比重高达 90.2%。同时,投向金融服务、航运物流、现代商贸,以及环境污染少等项目落户上海,推动了上海服务业的快速发展。

周禹鹏说,上海服务业企业的海外投资和兼并收购成为上海走出去的主力军。据悉,上海绿地集团进入了韩国、美国以及英国等国的房地产市场,敲定了 345 亿美元的海外投资;上海锦江股份有限公司以 13 亿欧元收购了卢浮集团。

面对国际投资带来的机遇和挑战,周禹鹏说,在引进来方面,要集聚全球高端要素;完善相关的法规;加大知识产权保护和信息安全保护力度;加强对高素质人才的培养以及营造服务业发展的宽松政策环境。

问题: 试分析我国发展服务业对外投资的意义。

参考文献

[1] 陈宪.国际服务贸易[M].北京:机械工业出版社,2013.
[2] 张宇馨.国际金融服务贸易[M].北京:对外经济贸易大学出版社,2015.
[3] 李小牧.国际服务贸易[M].北京:电子工业出版社,2012.
[4] 蒋庚华.中国服务贸易结构问题研究[M].北京:首都经济贸易大学出版社,2014.
[5] 程新章.国际服务贸易[M].上海:立信会计出版社,2011.
[6] 石良平,沈桂龙.中国服务业扩大开放与服务贸易发展[M].上海:上海交通大学出版社,2016.
[7] 吴丹,王中涛.中国运输服务贸易国际竞争力综合分析[J].国际商务(对外经济贸易大学学报),2011(6).
[8] 邓庆.中国运输服务贸易的结构与竞争力分析[J].商业时代,2013(19).
[9] 谢志坚."一带一路"对航运业既是挑战更是机遇[J].中国远洋海运,2017(6):53.
[10] 杨文兰.中国文化服务贸易竞争力缺失问题分析[J].商业时代,2011(19).
[11] 王小贝.中国加速释放对外文化贸易活力[N].国际商报,2017-07-28.
[12] 王美伦.浅谈我国服务贸易发展现状与对策[J].才智,2011(3).
[13] 任靓.文化贸易——中国经济的新亮点[J].现代经济信息,2008(3).
[14] 张娟.服务业跨国公司的贸易效应研究[D].上海:上海社会科学院,2015.
[15] 邓晓虹.中国金融服务贸易国际竞争力研究[M].北京:对外经济贸易大学出版社,2014.
[16] 冯宗宪,郭根龙.国际服务贸易[M].西安:西安交通大学出版社,2013.
[17] 蔡宏波.国际服务贸易前沿问题研究[M].北京:经济科学出版社,2016.
[18] 王佃凯.发展中国家服务贸易自由化战略研究[M].北京:经济科学出版社,2010.
[19] 钱中平,王丹中.国际服务贸易及其产业变革研究[M].镇江:江苏大学出版社,2012.
[20] 张国胜,王海文.中外旅游服务贸易国际竞争力比较研究[M].北京:科学出版社,2016.
[21] 栗丽.国际服务贸易[M].北京:中国人民大学出版社,2016.
[22] 王伶俐.中印服务外包的比较研究[M].北京:对外经济贸易大学出版社,2011.
[23] 汪素芹.国际服务贸易[M].北京:对外经济贸易大学出版社,2011.
[24] 李扬,蔡春林.国际服务贸易[M].北京:人民邮电出版社,2011.
[25] 崔玮.国际旅游服务贸易[M].北京:对外经济贸易大学出版社,2015.
[26] 任靓.中美服务贸易研究[M].北京:经济科学出版社,2016.

[27] 陈宪,殷凤.服务经济与贸易[M].北京:清华大学出版社,2011.

[28] 白远,罗立彬.服务业国际直接投资——引进来与走出去[M].北京:中国金融出版社,2010.

[29] 王绍媛,蓝天.国际服务贸易[M].大连:东北财经大学出版社,2013.

[30] 尹晓波,袁永友.国际服务贸易[M].大连:东北财经大学出版社,2013.

[31] 薛洁.国际服务贸易统计的若干理论与实践问题研究[M].北京:经济科学出版社,2013.

[32] 何伟,何忠伟.我国运输服务贸易逆差及其国际竞争力[J].国际贸易问题,2008(11).

[33] 储昭昉,王强,张蕙.我国运输服务贸易竞争力的实证分析[J].国际商务(对外经济贸易大学学报),2012(5).

[34] 杨长春,方玺.基于VAR模型的国际航空客运运输与旅游服务贸易关系的实证分析[J].国际商务(对外经济贸易大学学报),2014(6).

[35] 刘克春.中国文化服务贸易问题与协同创新对策——基于"一带一路"的视角[J].国际贸易,2017(8).

[36] 冯毅,石瀚文.我国文化服务贸易发展现状、问题与对策[J].国际贸易,2017(6).

[37] 梁雯.我国旅游服务贸易的逆差问题与对策[J].改革与战略,2017,33(9).

[38] 陈保霞.基于供给侧结构性改革的我国旅游服务贸易逆差成因及对策[J].改革与战略,2017,33(8).

[39] 蒙英华.服务贸易中的商业存在与自然人流动——促进作用还是抑制作用?[J].财贸研究,2009,20(6).

[40] 王铁山,冯宗宪.服务贸易中发达国家对自然人流动的管制:动因、变革与启示[J].国际贸易,2008(10).

[41] 王铁山,冯宗宪.服务贸易中的自然人流动壁垒:发展中国家的视角[J].国际贸易,2008(1).

[42] 吴峰.国际服务贸易自然人流动规则检视与前瞻[J].商业研究,2014(8).

[43] 刘湘玫.会计服务贸易对外开放对我国经济安全影响及对策研究[J].亚太经济,2006(5).

[44] 李霁友.加入WTO后我国会计服务贸易发展浅探[J].财会月刊,2005(13).

[45] 李平,杨慧梅.离岸服务外包与中国全要素生产率提升——基于发包与承包双重视角的分析[J].国际贸易问题,2017(9).

[46] 张敏.服务外包理论研究的现状与发展趋势——基于SSCI数据库(1990—2013)的科学计量分析[J].经济学家,2014(10).

[47] 尚庆琛.我国服务外包产业的人才供给问题研究[J].中国科技论坛,2014(7).

[48] 朱正浩.全球生产性服务业FDI的新趋势与我国的战略选择[J].科技管理研究,2013,33(17).

[49] 姚战琪.中国服务业开放的现状、问题和对策:基于中国服务业FDI视角的研究[J].国际贸易,2013(8).

[50] 陈永志,张美涛.当代服务贸易的新发展及其对国际价值的影响与启示[J].经济学家,2014(11).

[51] 王卉. 中国国际服务贸易发展的比较分析[J]. 亚太经济,2014,(5).

[52] 鲍晓华,高磊. 中国专业服务贸易:发展现状、国际经验及政策建议[J]. 外国经济与管理,2014,36(9).

[53] 陈永强,徐成贤. 国际服务外包促进服务贸易的途径分析[J]. 国际贸易问题,2013(12).

[54] 李伍荣,冯源.《国际服务贸易协定》与《服务贸易总协定》的比较分析[J]. 财贸经济,2013(12).

[55] 黄建忠,吴超. 国际服务贸易摩擦研究:现状、特征与成因[J]. 国际贸易问题,2013(9).

[56] 王之泰. 国际服务贸易与国际物流服务贸易——战略性的发展机遇[J]. 中国流通经济,2012,26(9).

[57] 杨丽琳. 对《国际服务贸易统计制度》中服务贸易统计框架的分析与评价[J]. 统计研究,2012,29(3).

[58] 张莉. "十二五"时期国际服务贸易发展趋势及我国的对策[J]. 国际贸易,2011(1).

[59] 樊瑛. 国际服务贸易模式与服务贸易自由化研究[J]. 财贸经济,2010(8).

[60] 郑吉昌,朱旭光. 全球服务产业转移与国际服务贸易发展趋势[J]. 财贸经济,2009(8).

[61] Azmat Gani, Michael D. Clemes. Does the strength of the legal systems matter for trade in insurance and financial services? [J]. Research in International Business and Finance, 2016.

[62] Cosimo Beverelli, Matteo Fiorini, Bernard Hoekman. Services trade policy and manufacturing productivity: The role of institutions[J]. Journal of International Economics, 2016.

[63] Hiranya K. Nath, Lirong Liu. Information and Communications Technology (ICT) and Services Trade[J]. Information Economics and Policy, 2017.

[64] Sèna Kimm Gnangnon, Harish Iyer. Does bridging the Internet Access Divide contribute to enhancing countries' integration into the global trade in services markets? [J]. Telecommunications Policy, 2017.

[65] Rashmi Banga. Trade in Services: A Review[J]. Global Economy Journal, 2011.

[66] Colin Kirkpatrick, Clive George, Serban S Scrieciu. Trade Liberalisation in Environmental Services: Why So Little Progress? [J]. Global Economy Journal, 2011.

[67] Suparna Karmakar. Services Trade Liberalisation and Domestic Regulations: The Developing Country Conundrum[J]. Global Economy Journal, 2011.

[68] Emmanuel Nyahoho. Determinants of Comparative Advantage in the International Trade of Services: An Empirical Study of the Hecksher-Ohlin Approach[J]. Global Economy Journal, 2011.

[69] Caf Dowlah. Mode 4 of WTO's General Agreement on Trade in Services: Can it spur Cross-Border Labor Mobility from Developing Countries? [J]. The Law and Development Review, 2012.

[70] Joanna Wyszkowska-Kuna. Competitiveness in International Trade in Knowledge-Intensive Services—The Case of Poland[J]. Comparative Economic Research, 2014.

[71] Joanna Wyszkowska-Kuna. Competitiveness of the New European Union Member

States in International Trade in Knowledge-intensive Business Services[J]. Comparative Economic Research, 2016.

[72] J. Bradford Jensen. Overlooked Opportunity: Trade in Services [J]. The Economists' Voice, 2016.

[73] Hejing Chen, John Whalley. China's Service Trade[J]. Journal of Economic Surveys, 2014.

[74] Udo R. Gottlieb, Mark R. Brown, Judy Drennan. The influence of service quality and trade show effectiveness on post-show purchase intention[J]. European Journal of Marketing, 2011.

[75] Anja Geigenmüller, Harriette Bettis-Outland. Brand equity in B2B services and consequences for the trade show industry[J]. Journal of Business & Industrial Marketing, 2012.

[76] Arik Levinson. Pollution and international trade in services[J]. International Environmental Agreements: Politics, Law and Economics, 2010.

[77] Nikolaj Malchow-Møller, Jakob R. Munch, Jan Rose Skaksen. Services trade, goods trade and productivity growth: evidence from a population of private sector firms[J]. Review of World Economics, 2015.

参考答案

第一章

二、单选题 1. D 2. A 3. D 4. D 5. B 6. D 7. A 8. C 9. C 10. B

三、判断题 1. √ 2. × 3. √ 4. × 5. √ 6. √ 7. × 8. √ 9. √ 10. ×

第二章

二、单选题 1. C 2. D 3. B 4. B 5. C 6. B 7. D 8. C 9. A 10. C

三、判断题 1. × 2. √ 3. √ 4. × 5. √ 6. √ 7. √ 8. √ 9. √ 10. ×

第三章

二、单选题 1. D 2. A 3. C 4. D 5. B 6. C 7. C 8. B 9. D 10. A

三、判断题 1. × 2. √ 3. × 4. × 5. √ 6. × 7. √ 8. × 9. √ 10. ×

第四章

二、单选题 1. C 2. D 3. A 4. C 5. D 6. B 7. D 8. A 9. D 10. C

三、判断题 1. √ 2. √ 3. √ 4. √ 5. √ 6. √ 7. √ 8. × 9. √ 10. ×

第五章

二、单选题 1. D 2. C 3. B 4. A 5. D 6. A 7. B 8. C 9. A 10. B

三、判断题 1. √ 2. √ 3. √ 4. × 5. × 6. × 7. √ 8. √ 9. × 10. ×

第六章

二、单选题 1. A 2. B 3. C 4. A 5. D 6. D 7. A 8. D

三、判断题 1. × 2. × 3. √ 4. × 5. √ 6. × 7. × 8. × 9. × 10. ×

第七章

二、单选题 1. A 2. C 3. B 4. D 5. D 6. D 7. D 8. B

三、判断题 1. √ 2. × 3. × 4. × 5. √ 6. √ 7. √ 8. × 9. √ 10. ×

第八章

二、单选题 1. A 2. B 3. C 4. C 5. D 6. A 7. C 8. C

三、判断题 1. × 2. √ 3. √ 4. × 5. √ 6. × 7. × 8. × 9. √ 10. ×

第九章

二、单选题 1. A 2. C 3. A 4. A 5. B 6. C 7. D 8. D

三、判断题 1. √ 2. × 3. √ 4. √ 5. √ 6. × 7. √ 8. × 9. √ 10. ×

第十章

二、单选题 1. D 2. B 3. A 4. D 5. A 6. A 7. A 8. C

三、判断题 1. × 2. √ 3. √ 4. × 5. √ 6. √ 7. × 8. √ 9. √

第十一章

二、单选题 1. A 2. A 3. D 4. B 5. D 6. C 7. D 8. A 9. A 10. D

三、判断题 1. × 2. √ 3. × 4. √ 5. √ 6. √ 7. √ 8. × 9. √ 10. √

第十二章

二、单选题 1. C 2. D 3. A 4. A 5. D 6. B 7. C 8. D 9. A 10. D

三、判断题 1. √ 2. × 3. × 4. √ 5. × 6. √ 7. √ 8. √ 9. × 10. √

第十三章

二、单选题 1. B 2. C 3. B 4. A 5. D 6. A 7. C 8. D 9. A 10. C

三、判断题 1. √ 2. × 3. √ 4. √ 5. × 6. √ 7. √ 8. × 9. √ 10. √